第1編

# 調理編

FOOD &
COOKING

BASIC TECHNIQUE
for Cooking

# 食事バランスガイド

厚生労働省・農林水産省共同策定（2005年6月、2010年4月一部変更）

2000年3月に策定された「食生活指針」にある、「主食、主菜、副菜を基本に、食事のバランスを」という項目を受けて、具体的な料理例と概量を示したものが「食事バランスガイド」である。1日に「何を」「どれだけ」食べたらよいかが、ひと目でわかるイラストで示されている。

イラストは、日本で古くから親しまれている「コマ」をイメージして描かれ、食事のバランスが悪くなると倒れてしまうということを表している。

## ■ 食事バランスガイド活用方法

### ①自分に必要な1日のエネルギー量は？

年齢・性別・身体活動レベルによって1日に必要なエネルギーはそれぞれ異なるため、自分がどこにあてはまるかをまず確認する。

### ②「何を」「どれだけ」食べるか？

右ページの表から、自分にあてはまる縦の列を見て、「何を」「どれだけ」食べたらいいか確認する。

例えば、一般的な男性の場合、一番右の列にあてはまり、主食は1日に6～8つ必要である。

具体的な数え方は、ごはん小盛り1杯＝1つ（SV）、うどん1杯＝2つ（SV）と数える※。

※ SVはサービング（食事提供量の単位）の略。

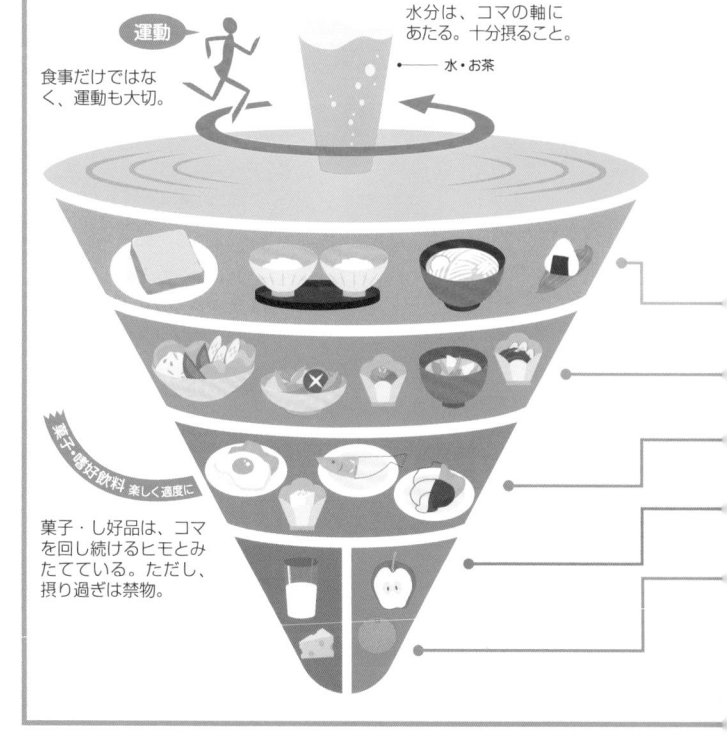

運動
食事だけではなく、運動も大切。

水分は、コマの軸にあたる。十分摂ること。
・水・お茶

菓子・し好飲料 楽しく適度に

菓子・し好品は、コマを回し続けるヒモとみたてている。ただし、摂り過ぎは禁物。

## ■ 食事バランスガイドの具体的な活用例──17歳の女性の場合（2,200kcal）

| | 朝 食 | | 昼 食 | | 夕 食 | | 合計 |
|---|---|---|---|---|---|---|---|
| 主食 | 食パン厚切り1枚 | 1つ | スパゲッティ1皿（ナポリタン） | 2つ | ごはん小2杯 | 2つ | 5つ |
| 副菜 | ミネストローネスープ | 1つ | ナポリタン具 | 1つ | 筑前煮 | 2つ | 6つ |
| | | | 野菜サラダ | 1つ | ほうれん草のお浸し | 1つ | |
| 主菜 | 目玉焼き | 1つ | － | | さんま塩焼き | 2つ | 4つ |
| | | | | | 冷奴 1/3丁 | 1つ | |
| 牛乳・乳製品 | ヨーグルト | 1つ | ミルクコーヒー1杯 | 1つ | － | | 2つ |
| 果物 | いちご6個 | 1つ | － | | みかん1個 | 1つ | 2つ |

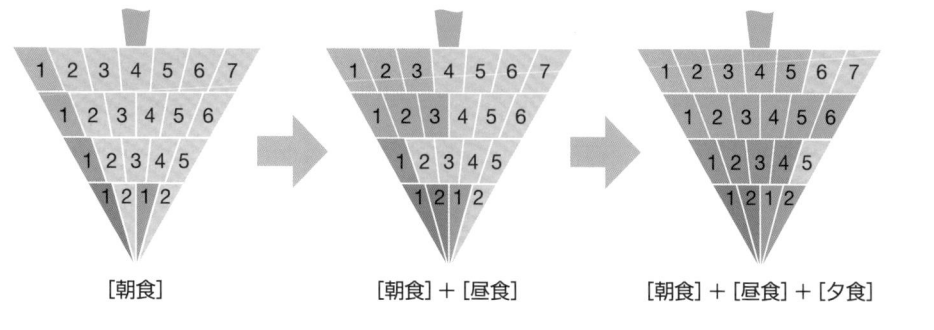

[朝食] → [朝食]＋[昼食] → [朝食]＋[昼食]＋[夕食]

総もくじ ──── 基本マスター **フード＆クッキング** 五訂版

## 第1編 調理編 Part of COOKING

右ページ上に左のマークがあれば、QRコンテンツにアクセスできます。裏表紙のQRコード→アクセスキーの入力で、メニュー画面が表示されます。

CONTENTS

## 第2編 食品成分表編 Part of FOOD COMPOSITION

# 日本の行事食

**1月7日 七草がゆ**

古来より、正月7日に春の七草をつかった「七草がゆ」を食べると万病を払うと信じられてきた。❶せり、❷なずな、❸ごぎょう、❹はこべら、❺ほとけのざ、❻すずな（かぶ）、❼すずしろ（大根）

**1月15日 小正月 あずきがゆ**

**1月1日 正月 おせち料理・屠蘇・雑煮**

正月を祝う縁起物の料理。また、正月を迎える間は煮炊きなどを慎み、料理をつくる人が骨休めできるようにとの意味もあり、冷めてもおいしい料理が工夫されている。

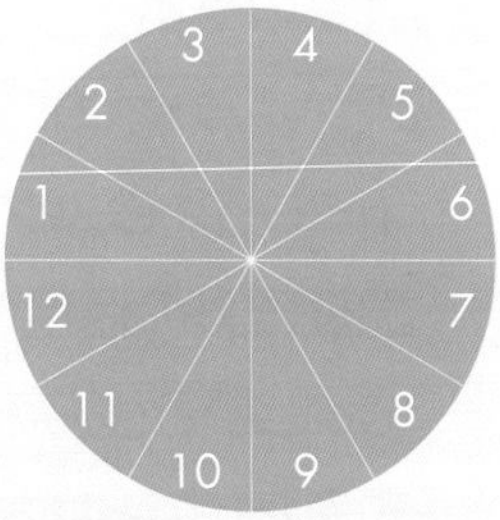

**2月3日 節分**

年の数の煎り大豆を食べる。

**3月3日 桃の節句**

ちらしずし・はまぐりの吸い物

**3月21日ごろ 彼岸の中日**

精進料理、ぼたもち、彼岸だんご

**5月5日 端午の節句**

かしわもち、ちまき

**12月31日 大晦日 年越しそば**

一年間の健康に感謝し、そばのように「細く長く」生きられるように願う。

**9月中旬 中秋の名月**

月見だんご、枝豆、栗、果物

**7月土用 丑の日**

うなぎのかば焼き

**11月15日 七五三 千歳飴**

千歳とは長い年月のたとえで、親が子の長寿を願い、細く長くつくられている。

**12月22日ごろ 冬至**

「冬にかぼちゃを食べると風邪や中風（脳卒中）にならない」といわれる。

## 番外編

現在では、国際交流の進展にともない、外国の行事も、商業ベースにのって広まっている。

**2月14日 バレンタイン・デー**
チョコレート

**10月31日 ハロウィン**
かぼちゃ、かぶ

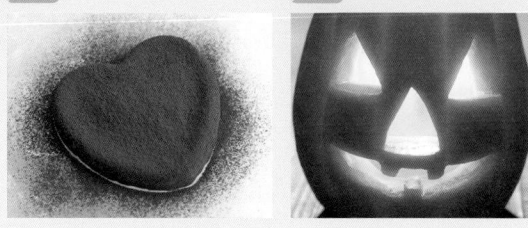

**12月24日 クリスマスイブ**
ケーキ、七面鳥など

# 旬の食材

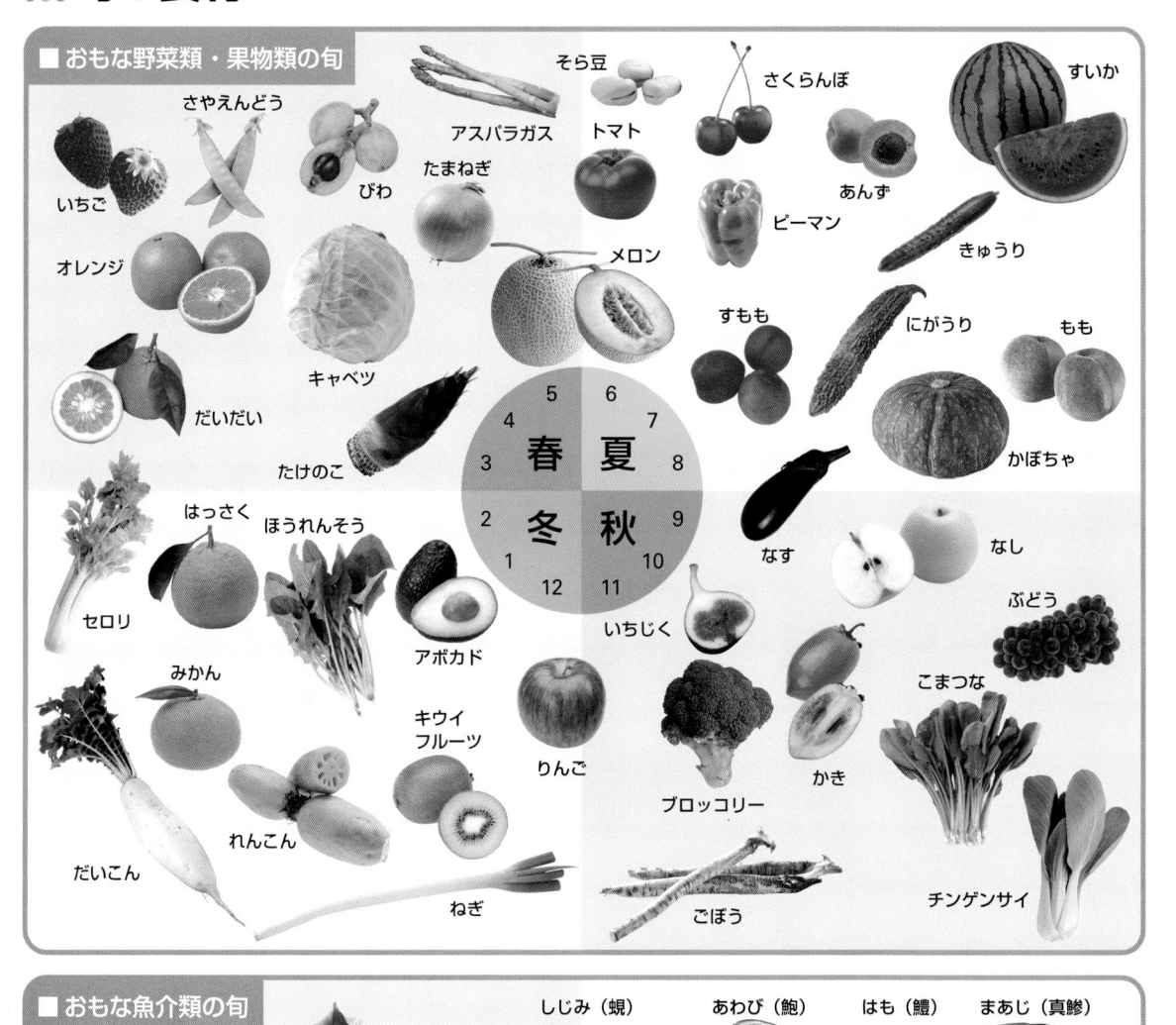

■ おもな野菜類・果物類の旬

さやえんどう
そら豆
さくらんぼ
すいか
いちご
びわ
アスパラガス
トマト
あんず
たまねぎ
ピーマン
きゅうり
オレンジ
メロン
すもも
にがうり
もも
キャベツ
だいだい
かぼちゃ
たけのこ

| | 5 | 6 | |
| 4 | 春 | 夏 | 7 |
| 3 | | | 8 |
| 2 | 冬 | 秋 | 9 |
| 1 | | | 10 |
| | 12 | 11 | |

はっさく
ほうれんそう
なす
なし
セロリ
アボカド
いちじく
ぶどう
みかん
こまつな
キウイフルーツ
りんご
だいこん
ブロッコリー
かき
チンゲンサイ
れんこん
ねぎ
ごぼう

■ おもな魚介類の旬

しじみ（蜆）
あわび（鮑）
はも（鱧）
まあじ（真鯵）
あさり（浅蜊）
ほたるいか（蛍烏賊）
初がつお（鰹）
さざえ（栄螺）
養殖うなぎ（鰻）
たい（鯛）
いさき（伊佐幾）
あゆ（鮎）
にしん（鰊）
するめいか（烏賊）
まいわし（真鰯）

| | 5 | 6 | |
| 4 | 春 | 夏 | 7 |
| 3 | | | 8 |
| 2 | 冬 | 秋 | 9 |
| 1 | | | 10 |
| | 12 | 11 | |

ぶり（鰤）
ずわいがに（津和井蟹）
さば（鯖）
戻りがつお（鰹）
あんこう（鮟鱇）
かき（牡蛎）
ひらめ（鮃）
さんま（秋刀魚）
たら（鱈）
ふぐ（河豚）
ほっけ（𩸲）
ししゃも（柳葉魚）
さけ（鮭）
くるまえび（車海老）

## ■ 穀類

飯1杯
150

玄米おにぎり1個
80

もち1個
50

中華めん生1玉
120

うどん生1玉
170〜250

そうめん1わ
100

食パン6枚切り1枚
60

フランスパン（バタール）1本
300

スパゲティ乾1人分
80

そば生1玉
170

## ■ 野菜・いも・果実・きのこ・藻類

ほうれんそう1わ
200

だいこん1本
800

さつまいも中1本
200〜250

こんにゃく1枚
170〜200

わかめ1食分
10

キャベツ1個
700〜1kg

キャベツ1枚
60

レタス中1個
200

さといも中1個
50〜60

じゃがいも中1個
150〜200

生しいたけ1個
10〜30

乾しいたけ1個
5

はくさい中1株
1〜1.5kg

はくさい1枚
100

きゅうり1本
80〜100

トマト中1個
100〜150

なす1個
100

ミニトマト1個
10〜15

れんこん1節
200

しめじ1パック
100

えのきたけ1袋
100

にがうり1本
250

たまねぎ中1個
200

カリフラワー1株
500

バナナ1本
100〜150

ぶどう中1房
150

すいか1切れ
200

セロリ1本
100〜150

にんじん中1本
200〜250

さやえんどう1さや
3

にんにく1かけ
10

いちご1個
15〜20

もも中1個
250

かき中1個
150〜200

アボカド1個
200

にら1わ
100

根深ねぎ1本
100〜150

しその葉1枚
0.5

しょうが親指大
10〜15

小かぶ中1個
80

もやし1袋
200〜300

キウイフルーツ1個
100

しらぬひ1個
200〜300

みかん1個
100

なし1個
300

かぼちゃ1個
1〜1.5kg

ごぼう1本
180

ピーマン中1個
30〜40

アスパラガス1本
20〜25

ブロッコリー1株
200

とうもろこし1本
300〜350

りんご1個
250

# 食事バランスガイド

あなたの食事は大丈夫？

## 1 日 分

| 男性<br>身体活動レベル | 6〜9歳<br>70歳以上<br>低い | ふつう以上 / 10〜11歳<br>低い | 12〜69歳<br>ふつう以上 |
|---|---|---|---|
| | 1400<br>〜2000kcal | 基本形 2200kcal<br>（±200kcal） | 2400<br>〜3000kcal |
| 主食<br>（ごはん、パン、麺） | 4〜5つ | 5〜7つ<br>ごはん（中盛り）<br>だったら4杯程度 | 6〜8つ |
| 副菜<br>（野菜、きのこ、いも、海藻料理） | 5〜6つ | 5〜6つ<br>野菜料理5皿程度 | 6〜7つ |
| 主菜<br>（肉、魚、卵、大豆料理） | 3〜4つ | 3〜5つ<br>肉・魚・卵・大豆料理から3皿程度 | 4〜6つ |
| 牛乳・乳製品 | 2つ | 2つ<br>牛乳だったら1本程度 | 2〜3つ |
| 果物 | 2つ | 2つ<br>みかんだったら2個程度 | 2〜3つ |
| 女性<br>身体活動レベル<br>6〜11歳<br>70歳以上 | 低い | ふつう以上<br>12〜69歳 | |

## 料 理 例

1つ分 ＝ ごはん小盛り1杯 ＝ おにぎり1個 ＝ 食パン1枚 ＝ ロールパン2個

1.5つ分 ＝ ごはん中盛り1杯　　2つ分 ＝ うどん1杯 ＝ もりそば1杯 ＝ スパゲッティ

1つ分 ＝ 野菜サラダ ＝ きゅうりとわかめの酢の物 ＝ 具たくさん味噌汁 ＝ ほうれん草のお浸し ＝ ひじきの煮物 ＝ 煮豆 ＝ きのこソテー

2つ分 ＝ 野菜の煮物 ＝ 野菜炒め ＝ 芋の煮っころがし

1つ分 ＝ 冷奴 ＝ 納豆 ＝ 目玉焼き一皿　　2つ分 ＝ 焼き魚 ＝ 魚の天ぷら ＝ まぐろとイカの刺身

3つ分 ＝ ハンバーグステーキ ＝ 豚肉のしょうが焼き ＝ 鶏肉のから揚げ

1つ分 ＝ 牛乳コップ半分 ＝ チーズ1かけ ＝ スライスチーズ1枚 ＝ ヨーグルト1パック　　2つ分 ＝ 牛乳瓶1本分

1つ分 ＝ みかん1個 ＝ りんご半分 ＝ かき1個 ＝ 梨半分 ＝ ぶどう半房 ＝ 桃1個

**チェックシート**：昨日実際に食べたものと、それぞれの数（SV）を記入しよう。右のコマをその数分塗ることで、自分の食事をふりかえってみよう。

| | 朝 食 | 昼 食 | 夕 食 | 合計（SV） |
|---|---|---|---|---|
| 主食 | | つ | つ | つ |
| 副菜 | | つ | つ | つ |
| 主菜 | | つ | つ | つ |
| 牛乳・乳製品 | | つ | つ | つ |
| 果物 | | つ | つ | つ |

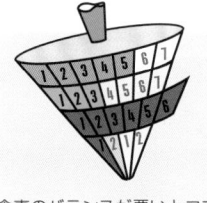

食事のバランスが悪いとコマは傾いてしまう。上の例は、主食や副菜などが少ないのに、主菜が多すぎる。

## 外国にもあるの？

フードガイドという名称で、日本と同様の指標が各国で制作されており、その国らしい工夫がなされている。日本は「コマ」をイメージし、バランスのとれた食生活を重視する意味で「食事バランスガイド」という名称となった。

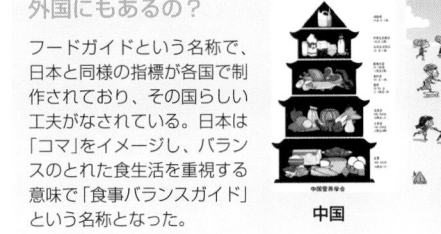

中国 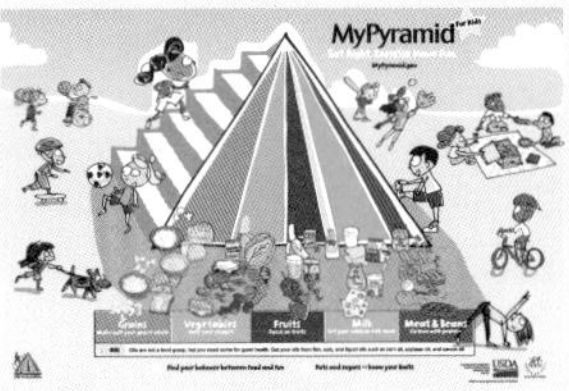　　アメリカ 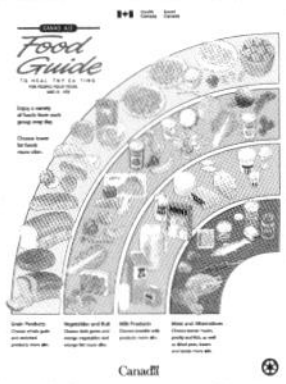　　カナダ

**JAPANESE STYLE**

春

●親子丼―――――――p.25
●吸い物―――――――p.34
●菜の花のからしあえ――p.54

夏

●めし―――――――p.22　●しじみのみそ汁―――p.33
●いわしのかば焼き――p.42　●切干し大根の煮物――p.53

秋

●めし――――――――――p.22　●さばのみそ煮―――――p.41
●吉野鶏の吸い物――――p.34　●ほうれんそうのおひたし
　　　　　　　　　　　　　　　　――――――――――p.54

冬

●めし――――――――――p.22　●豚肉のしょうが焼き――p.40
●豆腐とねぎのみそ汁――p.33　●かぼちゃの甘煮――――p.51

●めし―――――――p.22　●肉じゃが――――――p.37
●吸い物―――――――p.34　●小松菜の煮びたし――p.53

●おにぎり――――――p.24　●いんげんのごまあえ――p.54
●鶏の照り焼き――――p.39　●厚焼き卵――――――p.43
●きんぴらごぼう――――p.52　　〔ミニトマト・パセリ〕

6

- ●チキンカレーピラフ ──── p.26
- ●ポテトサラダ ──────── p.55

- ●カルボナーラ ──────── p.31
- ●フレンチサラダ ─────── p.56
- ●コーヒーゼリー ─────── p.62

- ●さけのムニエル・粉ふきいもとにんじんのグラッセ ──── p.46
- ●パンプキンスープ ─────────────────── p.35
- 〔パン〕

- ●ハッシュドビーフ・バターライス ──── p.27
- ●コールスローサラダ ──────────── p.56

**Menu** → *Chinese Style* ──── ［中国風献立］ ──────── 献立例

- ●炒飯 ──────── p.28
- ●煎蛋菠菜湯 ───── p.36
- 〔ザーサイ〕

- ●青椒肉絲 ──────── p.50
- ●粟米湯 ───────── p.36
- ●いかときゅうりのあえ物 ── p.57

## 日本料理

マナー

### ■ 日常の食事のマナー

熱いものは熱いうちに、冷たいものは冷たいうちにいただく。

焼き魚や煮魚は、左から食べはじめ、食べ終わったら骨や皮をまとめておく。料理の大きさがひと口で食べきれないときは、はしで切り分けてから口に運ぶ。

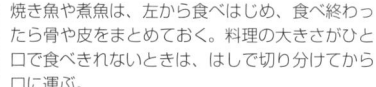
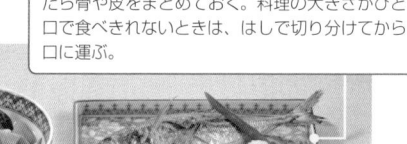

飯をよそう量は、茶碗の約8分目にする。飯と汁物は、茶碗や汁椀を必ず手に持って食べる。食事は、飯をはさんで交互に食べる。

汁物は音をたてずに飲む。

はしは、はしおきにもどす。

❶ 焼き魚・さしみなど　❷ 煮物など
❸ 酢の物・あえ物など　❹ 飯　❺ 汁物

### ■ はしの持ち方

❶右手ではしをとり上げる。　❷はしの下に左手をそえる。

❸右手をはしの端まですべらせる。　❹右手を反転させ左手を離す。

#### 正しい持ち方

上から3分の1くらいのところを持つ。2本のはしの間に中指をそえる。

### ■ 椀を持った場合のはしのとり方

❶椀を左手で持ち、右手ではしをとり、左手の人さし指と中指の間にはさむ。

❷右手ではしの上側、端、下側となぞっていく。

❸椀を左手でしっかり持ち、右手ではしを持つ。

### ■ 尾頭つきの魚の食べ方

❶頭から尾に向かって順に食べる。

❷上の身を食べたら、中骨をはずして皿のすみに置き、下の身を食べる。

❸食べ終わったら、骨はまとめておく。

### 日本料理の流れ

| | |
|---|---|
| 精進料理 | 平安時代から鎌倉時代に、主として禅宗の僧侶が中国で習得した料理法をもとに始められたもの。食材には動物性食品を使用しない。 |
| 本膳料理 | 正式の日本料理の膳立てで、室町時代に武家の礼法とともに基本的な形がととのった。膳には、本膳（一の膳）、二の膳、三の膳、与の膳、五の膳があり、料理の数が増すと膳の数が増える。 |
| 懐石料理 | 安土桃山時代に、茶道とともに発達した。茶席で抹茶をいただく前に供する食事。 |
| 会席料理 | 江戸中期、宴会のできる料亭が増えるとともに形式がととのった。本膳や懐石料理の形式をやや簡略にし、酒宴を中心にした献立。 |

### はし使いのタブー

●**寄せばし**
器をはしで引き寄せる

●**刺しばし**
はしでおかずを刺す

●**迷いばし**
はしを持ってあれこれと迷う

●**探りばし**
好きなものを探して器の中をさぐる

●**渡しばし**
はしを茶碗の上に渡し掛けておく

●**そらばし**
料理に一度はしをつけた後とらない

●**ねぶりばし**
はしをなめまわす

●**指しばし**
食事中にはしで人を指す

TABLE MANNERS

# 西洋料理 マナー

## ■ テーブルセッティング（フルコース）

一番外側のナイフとフォークから使う ❶ オードブル用ナイフ・フォーク ❷ スープスプーン ❸ 魚用ナイフ・フォーク ❹ 肉用ナイフ・フォーク ❺ 位置皿 ❻ ナプキン ❼ パン皿 ❽ バターナイフ ❾ デザート用ナイフ・フォーク ❿ コーヒースプーン

## ■ フルコースの メニュー例

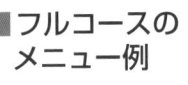

オードブル（前菜）
▼
スープ（パン）
▼
魚料理 ┐
　　　　├ メイン
肉料理 ┘ 料理
▼
サラダ
▼
デザート・フルーツ
▼
コーヒー・紅茶

## ■ ナイフとフォークの扱い方

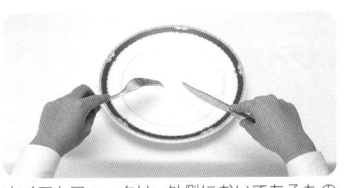

ナイフとフォークは、外側においてあるものから使う。原則として、ナイフは利き手で持つが、ナイフをおき、フォークを利き手に持ちかえて食べてもよい。ナイフは口に入れない。

料理を食べている最中　食べ終わり

## ■ 料理を食べるときのマナー

料理は、左からひと口大に切りながら食べる。食器を持って食べない。

`料理`

スープは、スプーンで手前から向こうへすくって飲む。少量になったら、皿の手前を持ち上げてすくう。

`スープ`

パンは、皿の上でひと口大にちぎって食べる。スープが出てからメイン料理が終わるまでに食べ終わる。

`パン`

## ■ ナプキンの使い方

`置き方`

二つ折りにし、折り目を手前にしてひざの上に。

`使い方`

くちびるや指先の汚れはナプキンの端で押さえる程度に。

`中座するとき`

軽くたたんでテーブルからたらすか、いすの上に置く。

`食事が終わって`

使用済みとわかるよう、軽くたたんでテーブルの上に置く。

# 中国料理 マナー

## ■ テーブルセッティング

❶ ナプキン
❷ はし
❸ スプーン
❹ 取り皿
❺ スープ皿
❻ ちりれんげ
❼ 調味料用小皿
❽ 茶器

テーブルは、回し台を用いることが多く、大皿に盛られた料理をとり分けて食べるのが一般的。

## ■ ちりれんげの持ち方

スプーンと同じようにえんぴつの持ち方をする。

## ■ 料理の取り方

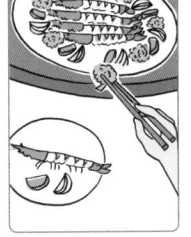

● 主賓や目上の人が料理をとり終えてから時計回りで回す。

● 料理が回ってきたら、早めにとる。分量は人数を考慮して加減する。

● 料理が残っていればおかわりしてもよい。また、嫌いなものは無理にとらなくてよい。

● 取り皿はテーブルに置いたまま食べ、味つけが異なるごとに、新しい皿にかえてよい。

## ■ フルコースのメニュー例

前菜
（オードブル）
▶
大菜
（メイン料理）
▶
湯
（スープ）
▶
点心
飯・めん類
菓子類

# ［調理の**基本テクニック**］

**食材の切り方**

##  包丁の使い方　　テクニック

### ■正しい持ち方 ●

人さし指を曲げ、中指、薬指、小指で柄の元の部分をしっかり握り込むと力が入りやすく、かたいものもよく切れる。

### ■材料を持つ手は ●

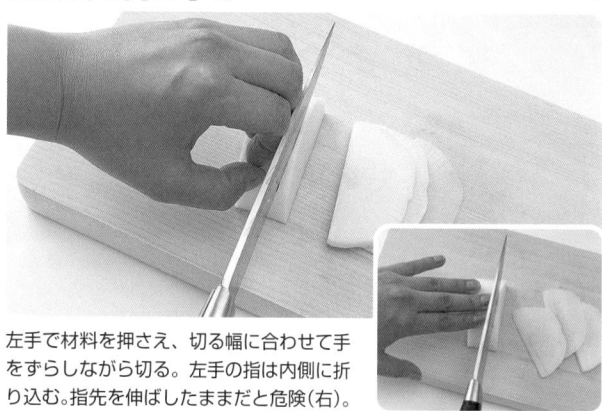

左手で材料を押さえ、切る幅に合わせて手をずらしながら切る。左手の指は内側に折り込む。指先を伸ばしたままだと危険（右）。

---

**●肉をたたく**
肉の繊維を切ってやわらかくする方法で、包丁の背を使うと便利。包丁の重みを利用してたたく。

**●ごぼうの皮をこそげる**
包丁のみねを材料に垂直に当てて、包丁を手前から向こうへ削るようにこそげる。

**●輪切りにする**
だいこんやにんじんなどを、円形に切っていく方法で、包丁の中央部を使う。

**●せん切りにする**
材料を繊維にそって、縦に細かく切る方法。包丁の中央部を使って切る。

---

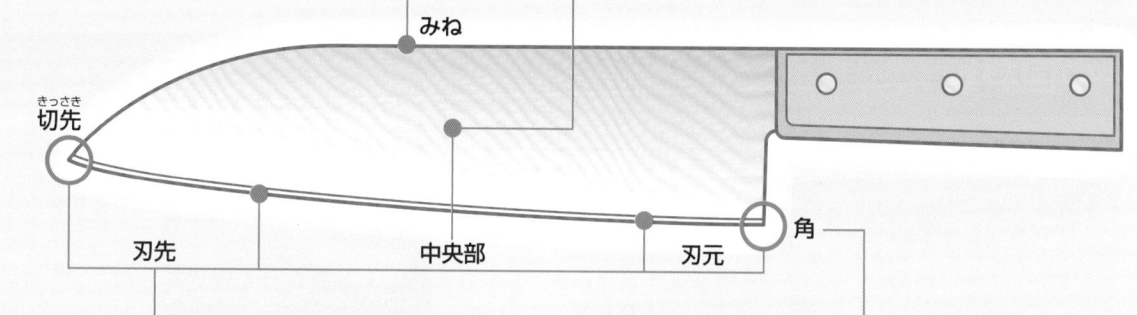

みね

きっさき
切先

切先

刃先　　中央部　　刃元　　角

---

**●なすの皮に切り目を入れる**
味の含みをよくするために入れる切り目は、刃先を使って浅く細かく入れるのがコツ。

**●ごぼうをささがきする**
鉛筆を削る要領で材料を回しながら薄く削っていくささがきには、包丁の刃先を使うのがベスト。

**●トマトのヘタをくりぬく**
ペティナイフの代わりに包丁の切先を利用してくりぬくと便利。

**●じゃがいもの芽を取り除く**
深くてとりにくいじゃがいもの芽は、包丁の角を使うと簡単。角をさし込んでえぐり取る。

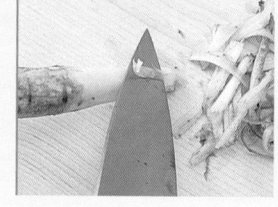
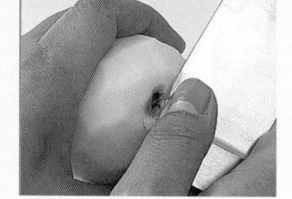

# 野菜の切り方 テクニック

### ■輪切り

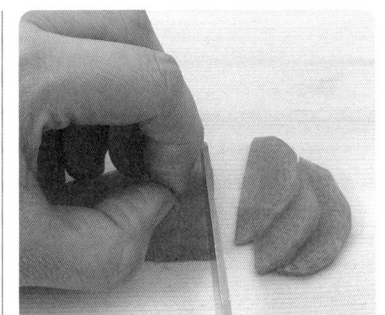

にんじん、だいこんなどの野菜の切り口が輪になるように端から同じ大きさで切る。厚さは料理によって変わる。

### ■半月切り

輪切りをさらに半分に切った状態。にんじんやだいこんを縦半分に切り、さらに切り口をまな板につけて、端から同じ厚さで切る。

### ■いちょう切り

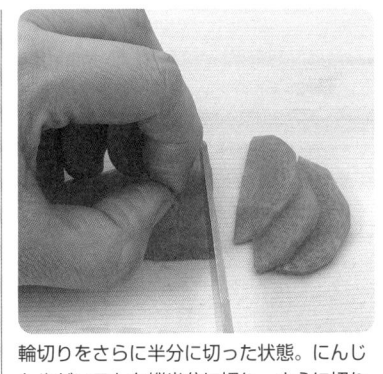

半月切りをさらに半分に切った状態。半月切りと同じように縦半分に切り、さらに縦半分に切って端から同じ厚さで切る。形がいちょうの葉に似ている。

### ■拍子木切り

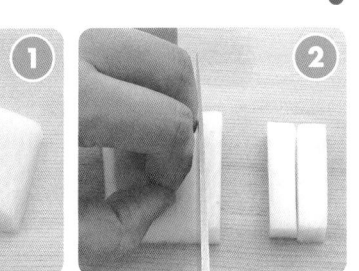

❶ 4cmの長さに切り、繊維にそうよう縦1cm幅に切る。

❷厚さがそろうように1cm幅の細長い棒状に切る。

### ■さいのめ切り

拍子木切りを端から立方体に切る。1辺が0.7～1cmくらい。西洋料理ではマセドアンという。

### ■たんざく切り

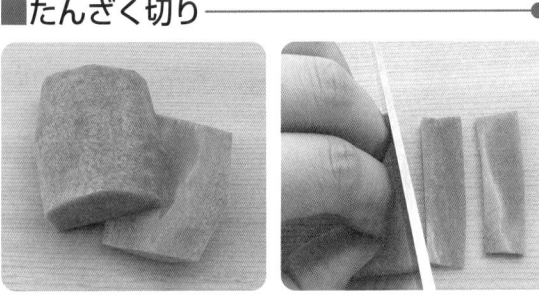

長さ4～5cm、幅1cmのものを、さらに薄く切る。

### ■色紙切り

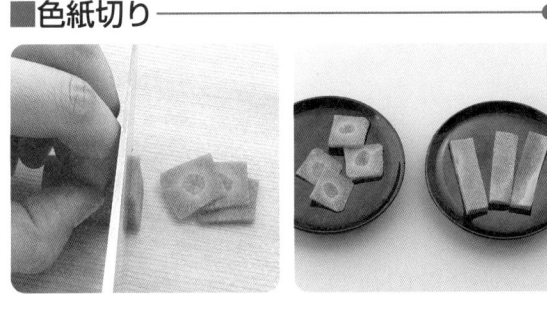

断面が1cmの正方形の直方体を端から薄切りにする。

## 千六本

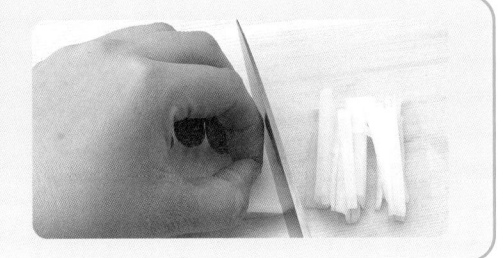

千は千（せん）切りのこと。繊切りとも書くように繊維にそって細く切ること。「六本」は当て字で、もとは中国語でだいこんを表す「蘿蔔（ロウブ）」。「繊蘿蔔」が変化して「センロッポン」になった。これは本来、だいこんのせん切りに限って使われることば。

## ■ じゃがいもの細切り

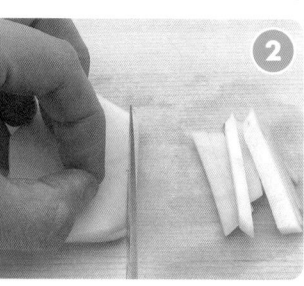

❶皮をむき、端から2mmの厚さの輪切りにする。

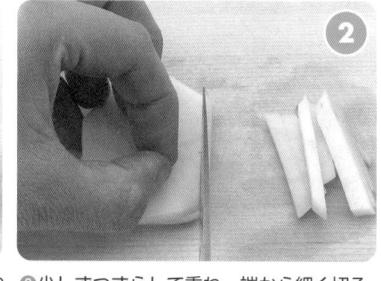

❷少しずつずらして重ね、端から細く切る。

## ■ 小ねぎの小口切り

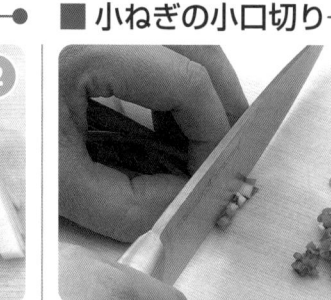

5〜6本をまとめて左手で押さえ、端から一定の長さで切る。

## ■ たまねぎの薄切り・2種

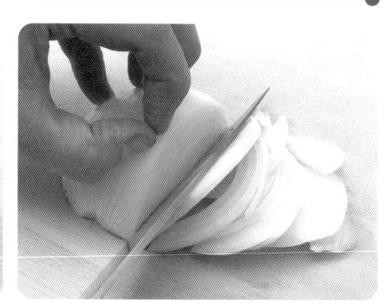

たまねぎの甘味を出したり、やわらかい食感を出したりするための切り方。
皮をむいて縦半分に切る。芯をとり、繊維に垂直方向に切る。

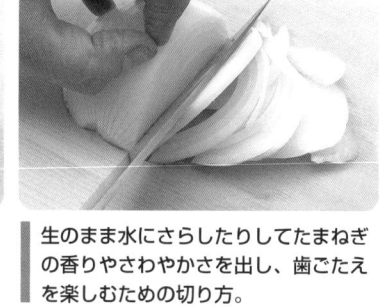

生のまま水にさらしたりしてたまねぎの香りやさわやかさを出し、歯ごたえを楽しむための切り方。
皮をむいて縦半分に切る。芯をとり、繊維に平行に切る。

## ■ きゅうりの乱切り

端から斜めに包丁を入れて切る。手前に回し、切り口の中央に斜めに包丁を入れ、大きさをそろえて切る。

## ■ 長ねぎの斜め切り

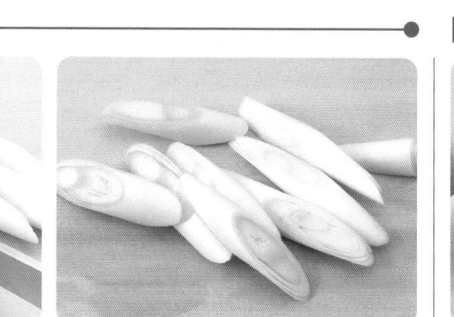

端から包丁を斜めに入れて切る。

## ■ 絹さやの筋

へたを折り、そのまま軽く引いて筋をとり除く。

## ■ しいたけの石づき

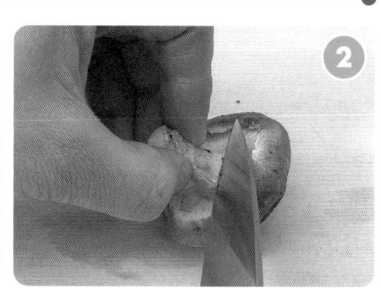

❶石づき（軸の先端のかたい部分）を包丁の刃先で切りとる。

❷軸をとる場合は笠を下にして包丁の刃を入れて切る。

## ■ しいたけのそぎ切り

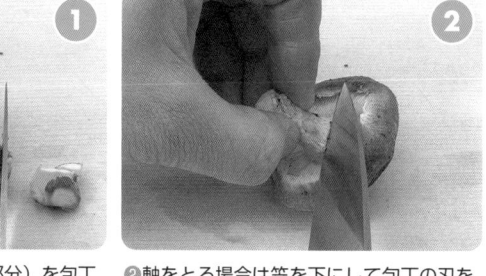

しいたけを右側に置き、包丁を寝かせて引くように薄く切る。

BASIC TECHNIQUE FOR COOKING

# 飾り切りのいろいろ

## ■末広切り

縦半分に切ったなすなどの一端に縦の切り込みを入れて広げる。

## ■じゃばらきゅうり

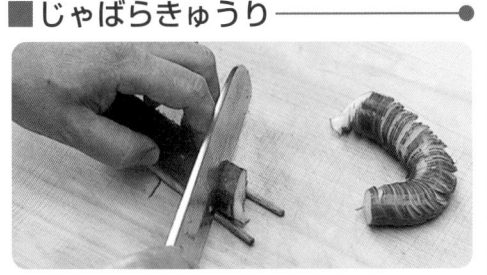

●包丁で太さの半分くらいまで、斜めに細かく切り目を入れ、半回転して垂直に切り目を入れる。きゅうりの両端にはしをそえて切ると、下まで切りすぎず切り目の深さのめやすになる。

## ■たづな切り

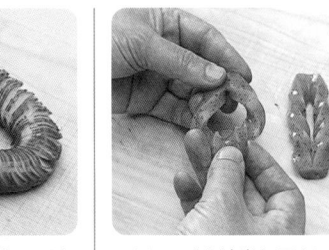

こんにゃくを適当な厚さに切り、真ん中に切り込みを入れ、その切り込みに一方の端をくぐらせてねじれをつくる。

## ■花形にんじん

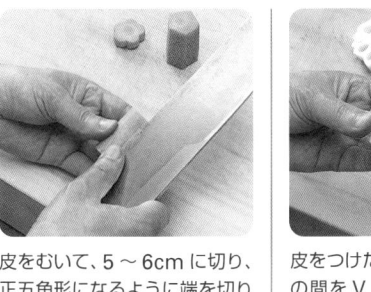

皮をむいて、5〜6cmに切り、正五角形になるように端を切り落とす。適当な厚さに切ってその角を花びらに形どる。

## ■花形れんこん

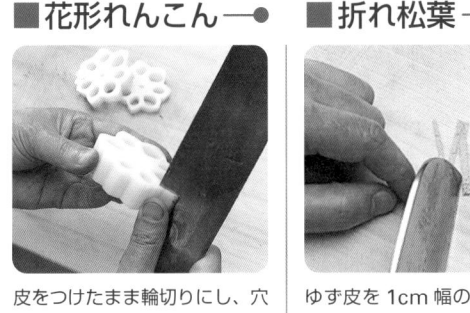

皮をつけたまま輪切りにし、穴の間をV字に切り落とし、そこからV字の切り込みに向けてカーブをつけながら皮をむいて端から輪切りにする。

## ■折れ松葉

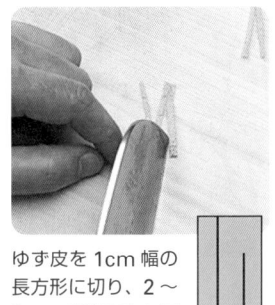

ゆず皮を1cm幅の長方形に切り、2〜3mm間隔で交互に2本の切り込みを入れ、端を組む。

## ■結びかまぼこ

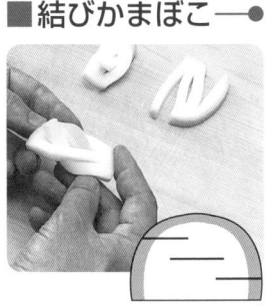

半月切りのかまぼこの左上、真ん中、右下に切り込みを入れ、上の切り込みを下から、下の切り込みを上から真ん中にくぐらす。

## ■うさぎりんご

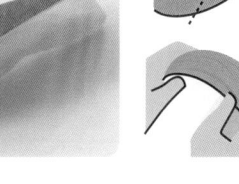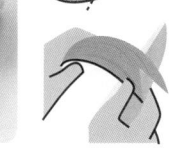

❶くし形に切ったりんごの皮にV字型の切れ目を入れる。

❷皮と果肉の間にナイフを入れ、Vまで切り取る。

## ■りんごの木の葉切り

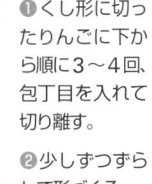

❶くし形に切ったりんごに下から順に3〜4回、包丁目を入れて切り離す。

❷少しずつずらして形づくる。

## ■飾り包丁

火の通りや味のしみ込みをよくするほか、見栄えをよくするために、魚など材料の表面に包丁で切れ目を入れること。

## ■面取り

切った野菜の角を薄く切り取り、丸みをつけること。煮くずれを防ぎ、きれいに仕上がる。

## ■隠し包丁

かたい材料を食べやすくしたり、材料への火の通りや味のしみ込みをよくしたりするために、盛りつけたときに表から見えない部分に包丁で切れ目を入れること。

BASIC TECHNIQUE FOR COOKING

# みじん切り

## ■たまねぎ

❶皮をむいて縦半分に切り、根元を切り離さないように縦に細かく切り込みを入れていく。

❷包丁を横にして根元を切り離さない程度に横に切り込みを入れていく。

❸根元を押さえ、端から細かく切る。

## ■長ねぎ

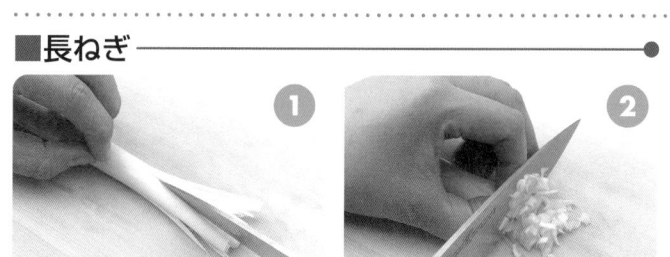

❶ねぎを回しながら、包丁の刃先で縦に何本も切れ目を入れる。

❷切り込みが広がらないように押さえ、端から細かく切る。

## ■にんにく

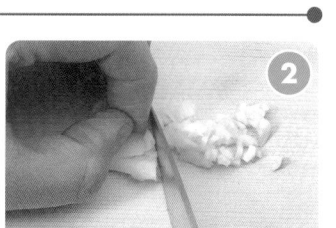

❶香りを出すために、包丁の腹で皮をむいたにんにくをつぶす。

❷それを手で押さえ、端から細かく切っていく。

## ■しょうが

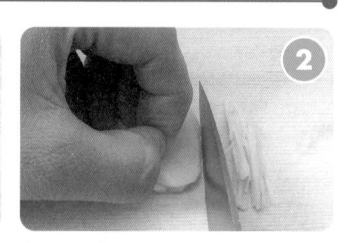

❶皮をむいたしょうがを縦に薄切りする。

❷それを少しずらして重ね、細切りする。

さらに端から
細かく切る。

## 白髪ねぎとは……

**1** ねぎの白い部分を6〜7cmの長さに切り、厚みの半分まで縦に包丁を入れる。

**2** 薄いクリーム色の芯をとり除き、丸まったねぎを平らになるよう上から押さえ、端から繊維にそって細く切る。

**3** 切ったら水につけてぱりっとさせる。煮物やあえ物を盛りつけた上にのせる「天盛り」や料理の香りや味を引き立てるためにそえる「薬味」などとして使う。

## にんにく1片、しょうが1かけ

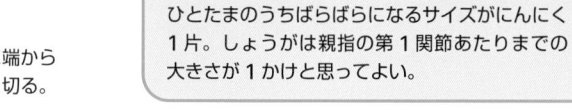

ひとたまのうちばらばらになるサイズがにんにく1片。しょうがは親指の第1関節あたりまでの大きさが1かけと思ってよい。

BASIC TECHNIQUE FOR COOKING

# サラダの野菜の切り方

## ■キャベツのせん切り

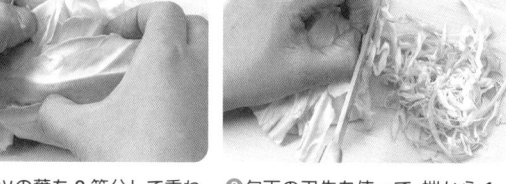

❶キャベツの葉を2等分して重ね、手の中におさまるくらいの大きさに丸める。

❷包丁の刃先を使って、端から1〜2mm幅に細長く切る。

## ■トマトのくし形切り

❶材料を縦半分に切る。
❷切り口をまな板につけて、さらに縦半分に切る。
❸右半分、左半分とも包丁を寝かせてそれぞれ縦に等分に切る。

## ■きゅうりの輪切り・斜め切り・細切り

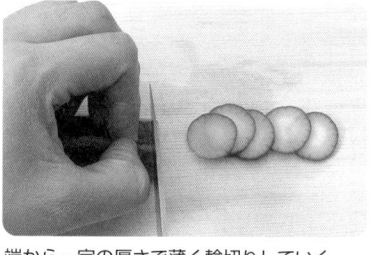

端から一定の厚さで薄く輪切りしていく。

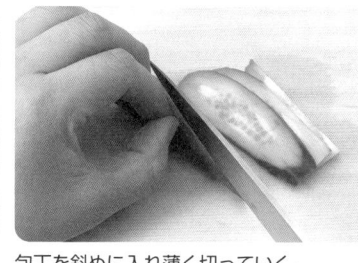

包丁を斜めに入れ薄く切っていく。

薄切りしたきゅうりを少しずらして重ね、端から細く切っていく。

## ■にんじんのせん切り

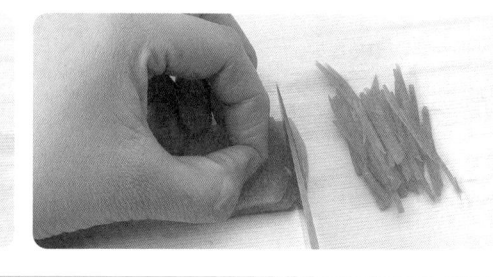

❶長さ4〜5cmの薄切りにする。
❷薄切りを少しずらして重ね、端から細く切る。

---

### 野菜サラダの基本

#### 生野菜サラダの3つのC

**1 — Clean**（クリーン）野菜をきれいに洗うこと。

**2 — Cold**（コールド）冷たくすること。

**3 — Crisp**（クリスプ）パリパリさせること。

＊ドレッシングは食べる直前にかけるのがコツ。

#### 生で用いる野菜

レタス・サラダ菜・クレソン・チコリ・きゅうり・トマト・セロリ・たまねぎ・ピーマン・キャベツ・にんじん・ラディッシュ・パセリなど

#### ゆでて用いる野菜

じゃがいも・にんじん・いんげん・ブロッコリー・グリンピース・アスパラガス・キャベツなど

---

### 手作りドレッシング

#### ●基本／フレンチドレッシング

| | |
|---|---|
| ○サラダ油 | 150mL |
| ○酢 | 50mL |
| ○塩 | 小さじ1 |
| ○こしょう | 少量 |
| ■マスタード | 大さじ1 |

金属製でない器に塩、こしょう、マスタードを入れ、酢を加えて、泡立て器でよく混ぜ合わせる。サラダ油を少しずつ加えて、よくかき混ぜる。

#### ●応用

| ○クリーミードレッシング | 泡立てた生クリーム・サワークリームを加える。 |
|---|---|
| ○アンチョビドレッシング | 細かく刻んだアンチョビ（かたくちいわしのオリーブ油漬）を加える。 |
| ○カレー風味 | カレー粉としょうが・たまねぎのみじん切りを加える。 |
| ○イタリアン | たまねぎ、オリーブのみじん切りを加える。 |
| ○和風 | しょうゆ・わさびを加える |
| ○ハンガリアン | パプリカ（粉）を加える。 |

## 一尾の下処理

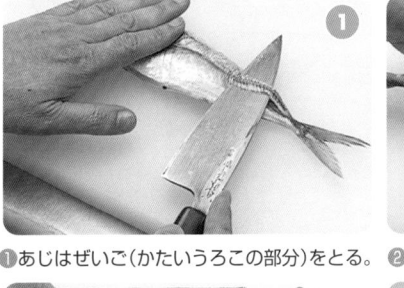

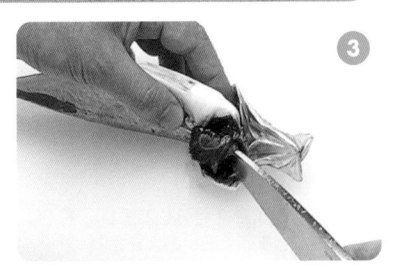

❶あじはぜいご（かたいうろこの部分）をとる。　❷えらの下側から包丁を入れる。　❸包丁の刃先でえらを引き出す。

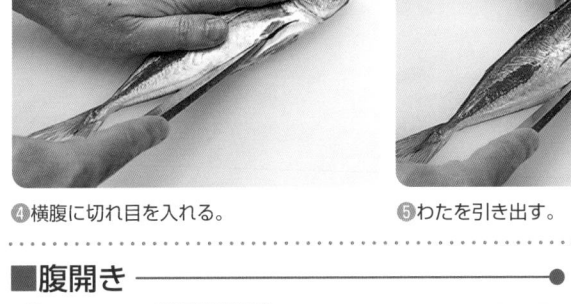

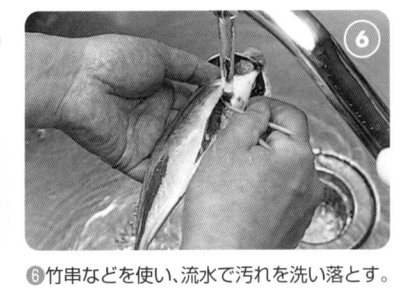

❹横腹に切れ目を入れる。　❺わたを引き出す。　❻竹串などを使い、流水で汚れを洗い落とす。

### ■腹開き

❶わたを抜いて腹側から切り開く。　❷腹側が開いて背側がついている。

### ■背開き

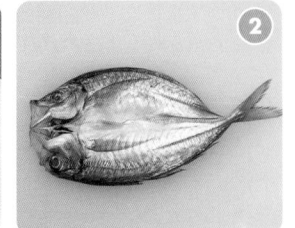

❶えらからわたを抜いて背を切り開く。　❷背側が開いて腹側がついている。

### ■手開き

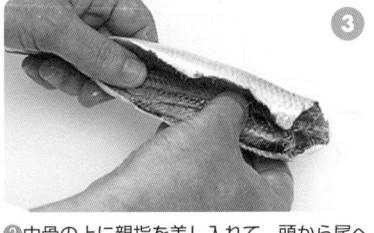

❶腹を上にして両手で持ち、頭を折り曲げてとる。　❷わたをかき出して流水で汚れを洗い流し、水気をふきとる。

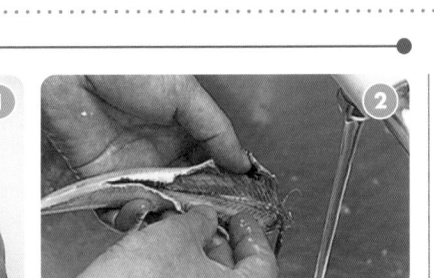

❸中骨の上に親指を差し入れて、頭から尾へ中骨の上をしごくように身をはがす。　❹中骨を指でつまんで身からはがし、尾のつけ根で折ってとる。

### ■開き方3種

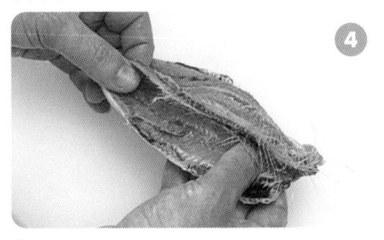

背開きと腹開き

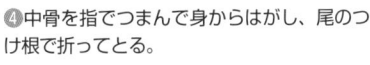

手開き

# 二枚おろしと三枚おろし

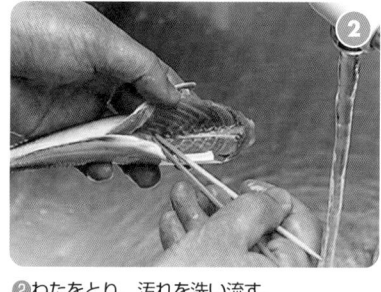

① 胸びれの下から包丁を入れ、頭を切り落とす。

② わたをとり、汚れを洗い流す。

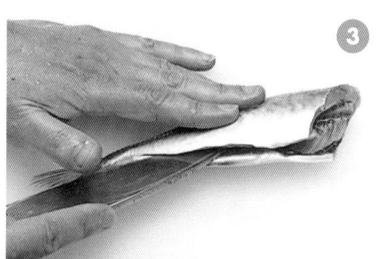

③ 腹側から包丁を入れ、刃先を中骨にそわせて尾まで包丁を引く。

④ 背から包丁を入れ、刃先を中骨にそわせて尾まで包丁を引く。

⑤ 骨を下身に残し、切り離す。

⑥ 二枚おろし。

⑦ 中骨のついている方を下にして、背側と腹側から包丁を入れ、下身を中骨から切り離す。

⑧ 三枚おろし。

## ■腹骨のそぎ方

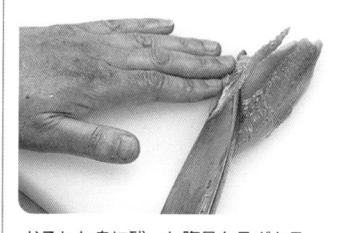

おろした身に残った腹骨をそぎとる。

---

## いかの飾り切り

加熱によってかたくなる、味がしみこみにくい、といった調理上の欠点を補うため、いかの表面に切りこみを入れてから加熱すると見た目にも美しい。

### ●かのこ切り

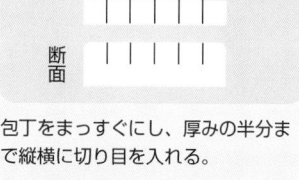

断面

包丁をまっすぐにし、厚みの半分まで縦横に切り目を入れる。

### ●松笠切り

断面

包丁を寝かせ、厚みの半分まで斜めに切り目を交差させる。

### ●花切り

**1** **2**

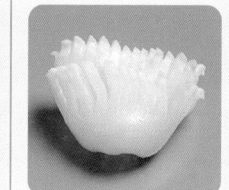

縦に厚さの半分まで直角に包丁を入れる。斜めにそぐように包丁を入れ、1回目は厚さの半分まで、2回目で切り離す。そぐ角度を大きくするときれい。

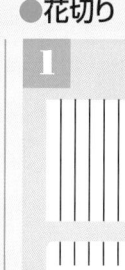

## 計量スプーン テクニック

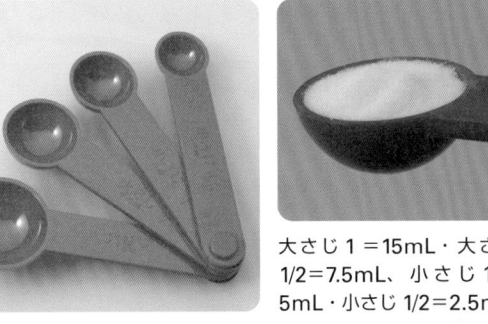

大さじ1＝15mL・大さじ1/2＝7.5mL・小さじ1＝5mL・小さじ1/2＝2.5mL

すりきり：ぴったりにするため、粒子状のものは多めにとってからすりきる。

小さじ1強：表面より少し盛り上がる感じ。

## 計量カップ テクニック

●液体をはかるときには、たいらなところにカップを置いて、はかりたい目盛りの位置まで液をそそぐ。

●粉類をはかるときには、スプーンなどでふっくらと入れ、カップの底をテーブルなどに1〜2回軽くとんとんとうちつけてたいらにして目盛りを確認する。

## はかり テクニック

●アナログ式　　　●デジタル式

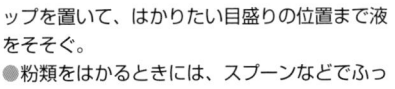

●はかりは水平な台の上に置く。数値は必ずゼロに合わせておく。アナログのはかりは目線を水平にして目盛りを読む。

●上皿に直接のせて計りにくい場合には器に入れてはかると便利。その場合はまず、器だけの重さをはかり、その数値に、はかりたいものの重量をプラスした目盛りまではかる。

### 味つけのたし算はできてもひき算はできない

計量の際、レシピに表記されている調味料は、単純に人数倍すると味が濃くなりすぎ困る場合がある。少し薄めに調味し、味見をして確認することが必要である。

## 手ばかり テクニック

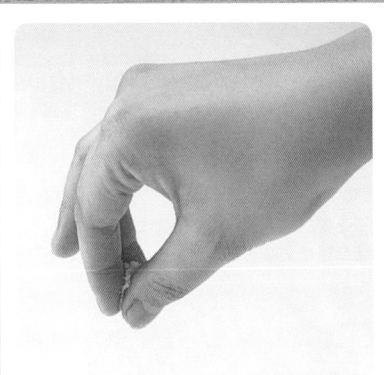
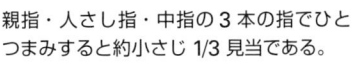

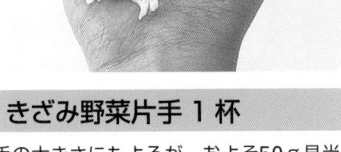

### 塩少々

親指と人さし指の2本の指でひとつまみすると、約小さじ1/5見当である。

### 塩ひとつまみ

親指・人さし指・中指の3本の指でひとつまみすると約小さじ1/3見当である。

### きざみ野菜片手1杯

手の大きさにもよるが、およそ50g見当になる。

# Cooking Technique・4  火かげん・水かげん

## ■ 火かげん テクニック

### 強火
レバーを全開にした状態。勢いよく火が出る。炎がなべの底全体にあたっている状態。

### 中火
レバーは消火と全開のなかほどの位置。ガスの炎の先端がなべの底に少しあたるくらいの状態。

### 弱火
レバーは中火と消火の間くらいの位置。炎の高さは中火の半分ほどの状態。とくに弱くしぼった火はとろ火という。

### ■油の温度の見分け方

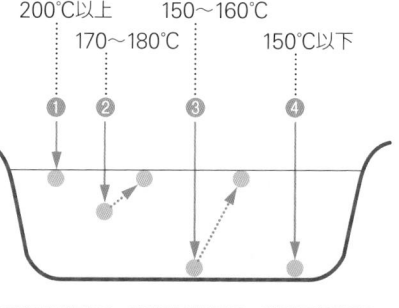

200℃以上
170〜180℃
150〜160℃
150℃以下
① ② ③ ④

衣を少し落としてみる。

❶沈まずに表面に浮くか散る（200℃以上）。
❷途中まで沈んで浮き上がる（170〜180℃）。
❸底に沈んでゆっくり浮き上がる（150〜160℃）。
❹底に沈んで浮き上がりにくい（150℃以下）。

 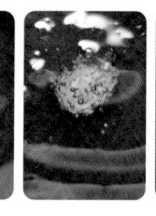 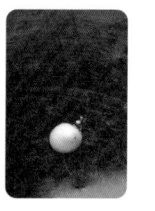

●油の温度低下を防ぐため、材料を一度に多量に揚げない（材料は揚げ油の表面積の2/3以下がめやす）。

## ■ 水かげん テクニック

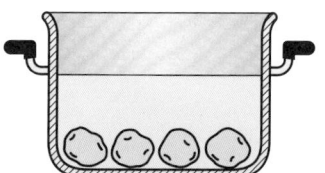

### ひたひたの水
材料が煮汁から少し顔を出している状態。煮汁は材料の重量の約70%。

### かぶるくらいの水
材料が完全に煮汁のなかに入っている状態。煮汁は材料と同じ重量（100%）。

### たっぷりの水
煮汁が材料の高さの倍くらいある状態。煮汁は材料の重量に対して200%。

## 食材別ゆで方

### 水 からゆでるもの

だいこん
かぶ
たけのこ
にんじん
乾燥豆　じゃがいも

野菜は、一般に、根菜類は水からゆで、葉菜類は熱湯でゆでる。乾燥豆のうち、だいずは水に浸してからゆでるが、あずきはすぐにゆでてよい。

魚類、肉類はたんぱく質が逃げないよう、湯からゆでるのが一般的であるが、スープとして利用する場合には、水からゆでる。

### 湯 からゆでるもの

青菜類

ブロッコリー

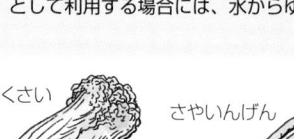
はくさい
さやいんげん

さやえんどう

カリフラワー

グリーンアスパラガス

きゃべつ

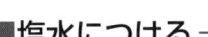

# 下ごしらえのコツ

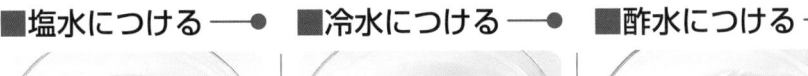

## ■塩水につける

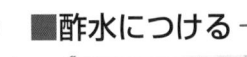

きゅうりは丸のまま塩もみしてもよいが、先に切った場合には1％の塩水につけて青臭さをとる。

## ■冷水につける

なすやじゃがいも・さつまいもなどのいも類は、冷水につけてあくを抜く（さといもの場合はぬめりがあるので、塩水でもむか下ゆでする）。

## ■酢水につける

ごぼうやれんこんのように白い野菜は水1カップに大さじ1程度の酢を加えた酢水につけると黒ずまない。下ゆでする場合も同様に酢水につける。

酢水につけた場合（左）とつけなかった場合の色の違い。

## ■青菜を下ゆでする

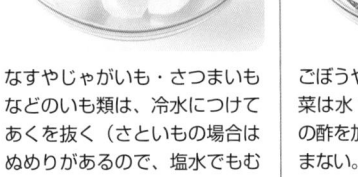

たっぷりの水を沸騰させて塩を加える。

茎から入れ、ふたをせず短時間ゆでる。

冷水でえぐ味をとり、色よく仕上げる。

## ■だいこんを下ゆでする

米のとぎ汁でゆでると、だいこんのあくやえぐ味がとれる。

## ■油抜きする

油揚げ、がんもどきなどは、ざるにのせて熱湯をかけ回すかなべのなかで熱湯にくぐらせる。

## 煮物のテクニック　テクニック

| 落としぶた | あくとり |

魚は煮汁をひと煮立ちさせたところに入れ、表面を高温で加熱凝固させることで、水溶性のうま味成分の溶出を防ぐ。飾り包丁を入れた魚の皮のほうを上にする。ときどき煮汁をすくって回しかけ、落としぶたをして煮る。肉は、シチューなど長く煮込む場合には、とくにていねいにあくをとる。

## 炒め物のテクニック　テクニック

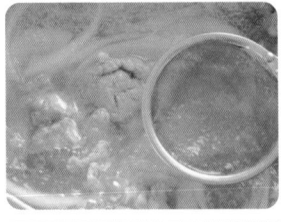

| 下味 | 油通し |

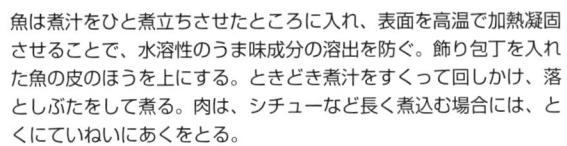

### 食材の下ごしらえ

大きさや形をそろえて切り、火の通りにくい順に加熱する。味のしみにくい魚や肉は下味をつける。さっと油をくぐらせる油通しをすると、野菜の色はあざやかになり、肉はうま味が逃げない。

## Cooking Technique・6 調理器具の活用

### ◆ フードプロセッサの活用  テクニック

#### ■ハンバーグの下ごしらえ

たまねぎのみじん切り。

乾燥した食パンから生パン粉。

#### ■かぼちゃの下ごしらえ

電子レンジでやわらかくしたかぼちゃを小さめに切り、フードプロセッサにかければ、あっという間にピューレ状。

電子レンジでやわらかくしたかぼちゃを裏ごし器に適量ずつのせ、木しゃもじでゆっくりとのばし、なめらかに裏ごししてもよい。

### ◆ 電子レンジ利用あれこれ（500Wの場合） テクニック

#### ■乾物を戻す

干ししいたけをひたひたの水に入れ、浮かないように小皿やラップなどでおさえ、1分半〜2分前後加熱。

#### ■湯せんのかわり

バター30gなら約10秒で溶かしバターに。

#### ■はるさめを戻す

かぶるくらいの水を入れ、ふたかラップをして。20gなら約5分。

#### ■豆腐の水切り

豆腐をペーパータオル2枚で包み、皿にのせて2分程度加熱。

#### ■ドライパセリをつくる

使い切れなかったパセリはみじん切りにして、ペーパータオルにのせて約2分加熱。

#### ■温めて消毒する

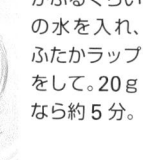

ぬらしたおしぼりを入れ、30〜40秒加熱。温かく衛生的なおしぼりに。

### ◆ ホームフリージングのポイント テクニック

#### ■急速冷凍

−1〜−5℃をできるだけはやく通過させ「急速冷凍」することが大切。徐々に冷やす緩慢冷凍では、食品に含まれる水分が凍るときに膨張し、肉・魚・野菜の細胞を破壊してしまう。
魚は内臓をとり除くなどの下処理をする。

#### ■加熱したものは冷まして小分けに

残ったごはんや下調理したひき肉、多くつくっただしなどは、冷ましてから小分けにして冷凍する。ほうれんそうやブロッコリーなどの野菜類は、ブランチング（かたゆで）する。

#### ■空気を抜いて酸化を防ぐ

霜がつくと味や栄養が失われる。　−18℃以下の安定保存。

空気が入っていると、酸化（酸素と結びついて品質が落ちる）や霜がつくもと。余分な空気を抜いて密閉保存。

# おいしいごはんの炊き方

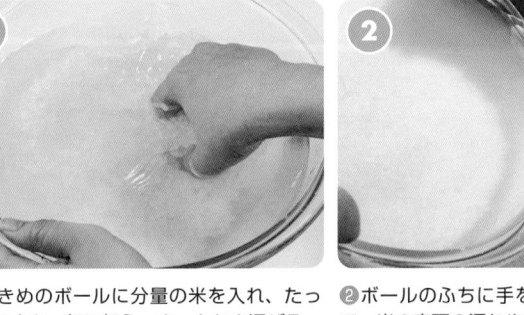

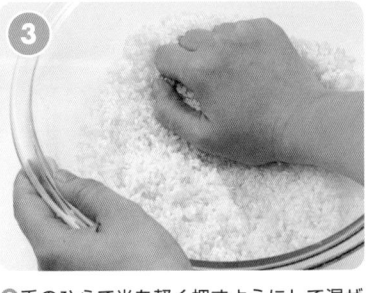

❶大きめのボールに分量の米を入れ、たっぷりの水を一気に加え、さっとかき混ぜる。

❷ボールのふちに手をあててすぐに水を捨て、米の表面の汚れやぬかを洗い流す。

❸手のひらで米を軽く押すようにして混ぜる。

❹水を3～4回かえてすすぐ。

❺炊飯器に米を入れ、米の量に合わせて水を入れる。約30分浸水させて炊く。

❻炊きあがったら約10分ほど蒸らし、水でぬらしたしゃもじで全体を大きく混ぜる。

BASIC TECHNIQUE FOR COOKING

## おいしく炊くポイント

●米は乾燥しているので水分の吸収がはやく、ぬか臭さが残りやすい。最初の水はすばやく捨てることが大切。

●ぬかは3～4回水をかえて洗うとほとんど流れてしまうので、長く洗う必要はない。

●米の量はカップで、水の量は炊飯釜の線できっちりとはかる。水分を多く含む新米は目盛りよりやや少なめに、反対に古米はやや多めの水加減にする。

●必要な水の量は、一般には、米の重量の1.5倍（容量は1.2倍がめやす）。

## 文化なべで炊く場合の火加減

❶なべにふたをして火にかける。

❷沸騰するまで強めの中火。

❸沸騰してきたら徐々に火を弱火にして15分。

❹最後に1～2秒強火にする。

❺7～10分ほど蒸らす。

## ゆで卵の加熱温度と時間　　●生卵を水から入れ、それぞれの温度に達してからの加熱時間。

**温泉卵（65～70℃）**

30分 — 半熟 — ほぼ固まる

**全半熟卵（70～75℃）**

5分 — 少し固まり始める／半熟になりかける

10分 — 半熟、わずかに生／半熟

15分 — 半熟／半熟

**半熟卵～完熟卵（95～100℃）**

3分 — 少しやわらかいがほぼ固まる／生

5分 — 凝固／中心半熟

8分 — 凝固／ほとんど凝固、中心少し半熟

11分 — 凝固／ほとんど凝固

14分 — 凝固／完熟（卵白・卵黄の境目が暗緑色）

# 和風だしのとり方

## かつお節だし

### 材料（4C・2C分）

| | 一番だし | 二番だし |
|---|---|---|
| ●水 | 5C強 | 2C強 |
| ●削りがつお | 30g | 30g |

### 一番だし

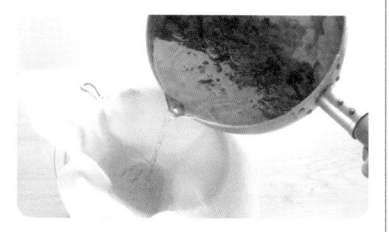

❶水を沸騰させ、かつお節を入れてすぐに火を止める。

❷かつお節が沈んだら、静かに上澄みをこす。

### 二番だし

一番だしをとった残りに一番だしの半量の水を入れ、沸騰したら火を止め、上澄み液をとる。

## 昆布だし・混合だし

### 材料（4C分）

| | 昆布だし | 混合だし |
|---|---|---|
| ●水 | 5C強 | 5C強 |
| ●昆布 | 20g | 10g |
| ●削りがつお | － | 20g |

### 昆布だし

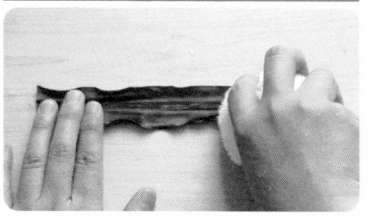

❶昆布を固く絞ったふきんでふき、なべに分量の水と一緒に入れて30分から一晩つけておく。

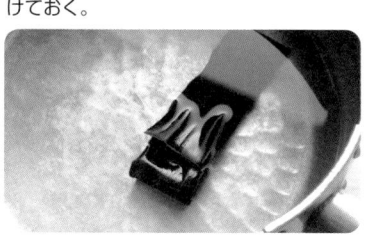

❷そのまま火にかけ、沸騰直前に昆布をとり出す。

### 混合だし

昆布だしをとり、沸騰したところでかつお節だしの一番だしと同じ方法でだしをとる。

## 煮干しだし

### 材料（4C分）

| | 煮干しだし |
|---|---|
| ●水 | 5C |
| ●煮干し | 30g |

❶煮干しの苦味が出ないように頭と内臓をとり除く。

❷なべに煮干しと水を一緒に入れて30分つけておく。

❸そのまま火にかけ、沸騰後、あくをとりながら3分くらい煮てからこす。

## うま味の相乗効果とは何か？

　汁物や煮物などで食材を生かし、おいしくするための決め手となるのが「だし」。素材の持つおいしさをひきだすとともに、さらに一層の「うま味」を与える。

　昆布のうま味成分（グルタミン酸）と、かつお節のうま味成分（イノシン酸）を一緒にすると、うま味が強くなりおいしいだしがとれる。これを『うま味の相乗効果』と言う。

　洋風のブイヨンや、中華の湯（タン）の場合にも、ねぎやにんじんなどの香味野菜（グルタミン酸を含む）と肉や魚（イノシン酸を含む）の2つのうま味を組み合わせて使用している。

## ●うま味成分を多く含む食品の番付表

| 番付 | グルタミン酸 | イノシン酸 | グアニル酸 |
|---|---|---|---|
| 横綱 | 利尻昆布 | 煮干し | 干ししいたけ |
| 大関 | チーズ | かつお節 | まつたけ |
| 関脇 | しょうゆ | しらす干し | えのきたけ |
| 小結 | 一番茶 | あじ | 生しいたけ |
| 前頭 | みそ | さんま | 鯨肉 |
| | いわし | たい | 豚肉 |
| | ブロッコリー | 豚肉 | 牛肉 |
| | トマト | 牛肉 | 鶏肉 |
| | はくさい | くるまえび | |

主食 # おにぎり

## ▼おにぎり

| 材料と分量 | 1人分（2個分） |
|---|---|

**めし**
| 米 | 100g |
| 水 | 150mL |
| 梅干し | 1個 |
| 昆布つくだ煮 | 5g |
| 塩 | 少量 |
| のり | 2/3枚 |

| エネルギー | 370kcal |
|---|---|
| 塩分 | 4.8g |

■ **応用材料**　　具は他にたらこ、さけフレークなど。ごまや梅肉をまぶしてもよい。

---

## ·····●下ごしらえ

❶ 米を炊く。（p.22 参照）

❷ 手につける水、塩、具、のりなどの材料を準備する。

❸ 炊きあがり後7～10分めしを蒸らし、しゃもじでかき混ぜる。

❹ 茶わんに1/3ほど盛り、具を入れ、さらにめしをかぶせる。

---

**作り方**

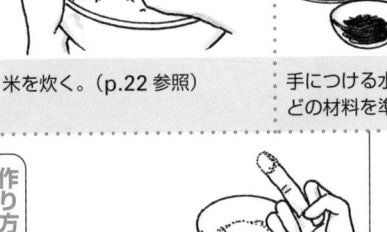

塩は中指の第一関節につく量が基本

❶ 軽く手水をつけてから塩をつけ、茶わんのめしをまとめ、あら熱をとって手にとる。

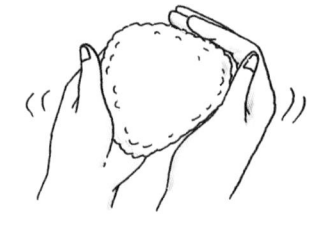

❷ 上の手を「く」の字に曲げ、めしのかたちを三角にととのえながら、リズミカルに回転させてにぎる。

❸ 手のひら全体でにぎらず、指先や手のひらのふくらみ部分にやや力を入れる。

❹ めしがあたたかいうちに、1枚を1/3にしたのりで巻く。

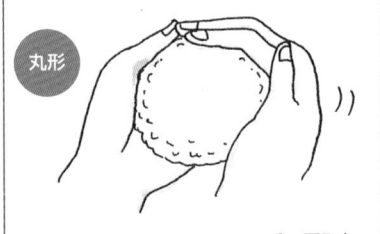

丸形　上の手で丸みをもたせ、下の手で厚みを調節し、クルクル回しながらにぎる。

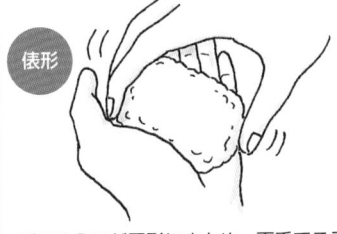

俵形　手のひらでだ円形にまとめ、両手でころがしながら筒状にする。上の手で長さを押さえて形をととのえる。

---

**KEYWORD**

● 蒸らす·········炊きあがったあとの米に、水分をなじませふっくらさせるために、そのまま時間をおくこと。

● 手水·········材料を手でまとめるときに、手につかないようにつける水。

● あら熱をとる···加熱した素材の熱をほどほどの熱さまで冷ますこと。

# 主食 親子丼

## ▽親子丼

| 材料と分量 | 1人分 |
|---|---|
| 米 | 80g（1/2C） |
| 水 | 120mL |

● 煮汁

| | |
|---|---|
| 煮だし汁 | 60mL |
| しょうゆ | 15mL（大1） |
| みりん | 15mL（大1） |
| 鶏肉（もも肉） | 50g |
| たまねぎ | 50g |
| みつば | 5g |
| 卵 | 60g（1個） |
| のり | 1/4枚 |

| エネルギー | 553kcal |
|---|---|
| 塩分 | 3.0g |

■ 応用材料　煮汁は、めんつゆ（2倍濃縮）40mL、水40mL、みりん10mL（大2/3）でもよい。

## ……●下ごしらえ

| ❶ | ❷ | ❸ | ❹ |
|---|---|---|---|
| 米を炊く（p.22参照）。水の分量は、やや少なめにしてもよい。 | 鶏肉は約2cmの角切りにする。 | たまねぎは薄切り、みつばは3cmの長さに切る。 | 煮汁は合わせておく。卵は割りほぐす。 |

## 作り方

**1** 親子なべに1人分の煮汁を強火で煮立て、中火にして、鶏肉とたまねぎを入れる。

**2** 鶏肉に火が通ったらみつばをちらし、溶き卵を外側から円をかくようにまわし入れ、半熟状態になるまで煮る。

**3** 炊きたての熱いめしを、どんぶりに八分目くらいに盛る。

**4** ❸のめしの上に❷の具をすべらせるようにして移し、形よくのせる。

**5** どんぶりにふたをして蒸らす。

**6** 具の上に切ったのりをちらす。

## KEYWORD

- まわし入れる……なべの縁からまわすように入れること。分量が均等になる。
- 半熟……………まだ十分に加熱されていない状態。

## POINT

- 親子なべがない場合は、小さめのフライパンでもよい。
- めしは炊きたてがもっともよい。冷めためしでは、汁を吸収せず、水っぽくなる。

## 主食 チキンカレーピラフ・チキンライス

| ▼チキンカレーピラフ | |
|---|---|
| **材料と分量** | **1人分** |
| 米 | 100g |
| 鶏肉（もも肉） | 40g |
| たまねぎ | 30g |
| マッシュルーム | 10g |
| 塩 | 0.5g |
| こしょう | 少量 |
| ●スープストック | |
| 水 | 140mL |
| 固形ブイヨン | 1.5g |
| ●調味料A | |
| カレー粉 | 2g（大 1/4） |
| トマトケチャップ | 12g（大 4/5） |
| 塩 | 0.8g |
| こしょう | 少量 |
| バター | 3g（大 1/4） |

| エネルギー | 494kcal |
|---|---|
| 塩分 | 0.9g |

| ▼チキンライス | |
|---|---|
| **材料と分量** | **1人分** |
| めし（あたたかいもの） | 150g |
| 鶏肉（むね肉） | 50g |
| たまねぎ | 30g |
| 生しいたけ | 10g |
| サラダ油 | 7.5mL（大 1/2） |
| ●調味料A | |
| しょうゆ | 2.5mL（小 1/2） |
| 塩 | 少量 |
| こしょう | 少量 |
| トマトケチャップ | 30g（大 2） |
| グリンピース | 10g |

| エネルギー | 463kcal |
|---|---|
| 塩分 | 1.5g |

■めしから作る場合は、1回に作る量が2人分くらいまでがうまく炒められる。

### チキンカレーピラフ……● 下ごしらえ

| ❶ | ❷ | ❸ | ❹ |
|---|---|---|---|
| 米を洗ってざるにあげておく。 | 鶏肉を7mm角、マッシュルームを薄切りにする。 | たまねぎを粗いみじん切りにする。 | 炊飯器にスープ、調味料Aを入れ、保温スイッチを入れておく。 |

**作り方**

**1** フライパンにバターを溶かし、たまねぎ、鶏肉を炒め、色が変わったら米を加え、米があたたまるまで炒める。

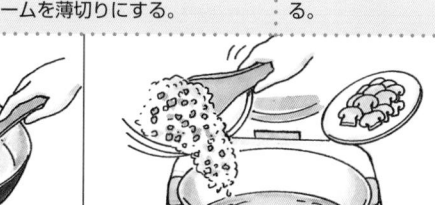

**2** マッシュルームに塩・こしょうし、❶と一緒に炊飯器に入れ、たいらにならしてふつうに炊く。

**3** 炊きあがったら5分ほど蒸らし、しゃもじでよく混ぜて盛りつける。

### チキンライス…………● めしから作る場合

**作り方**

**1** 鶏肉を1.5cm角、たまねぎ、生しいたけを1cm角に切る。フライパンに油を熱して鶏肉から炒める。

**2** 調味料Aで味をととのえ、めしを加えて強火で手早く炒め、弱火にしてからケチャップを加え、炒める。

**3** 小さめのボールにグリンピースを入れて❷を詰め、皿に返し、形をととのえる。

**KEYWORD** ●ピラフ………「プラオ」（インド料理）、「ピラウ」（トルコ料理）が語源とされる。ともに米を油やバターで炒めてから炊きあげる。

# 主食 ハッシュドビーフ

## ▼ハッシュドビーフ

| 材料と分量 | 1人分 |
|---|---|
| 牛肉（もも薄切り肉）…… | 70g |
| ●下味 | |
| パプリカ……………… | 少量 |
| 塩………………… | 少量 |
| サラダ油（炒め用）・8mL | （大1/2） |
| たまねぎ…………… | 50g |
| マッシュルーム……… | 25g |
| 赤ワイン・・25mL | （大1 2/3） |
| ドミグラスソース（缶詰）※… | 80g |
| 水………………… | 適量 |

| エネルギー | 334kcal |
|---|---|
| 塩分 | 2.9g |

※1缶は約290g。ドミグラスソースを70gにし、トマトケチャップ20g、ウスターソース7mLを加えて調味してもよい。

## ▼バターライス

| 材料と分量 | 1人分 |
|---|---|
| 米…………………… | 80g（1/2C） |
| バター……………… | 5g（小1強） |
| ●スープストック | |
| 水………… | 100mL（1/2C） |
| 固形ブイヨン…………… | 2g |
| 塩………………… | 少量 |
| パセリ（みじん切り）…… | 適量 |

| エネルギー | 327kcal |
|---|---|
| 塩分 | 1.0g |

## ……● 下ごしらえ

**❶** 肉は3cmの大きさに切り、下味をつける。

**❷** たまねぎを縦半分に切り、薄切りにする。

**❸** マッシュルームを薄切りにする。

**❹** フライパンを熱し、油を入れてまわす。

### 作り方

**1** たまねぎ、マッシュルームの順に入れて炒める。

**2** さらに牛肉を加えて炒める。

**3** ドミグラスソースと赤ワインを加え、ときどきかき混ぜながら中火で4～5分煮る。味が濃ければ水でのばす。

## バターライス

### 作り方

**1** 米を洗ってざるにあげ、水気を切っておく。

**A 2** なべにバターを溶かして米を炒める。米にバターがまわったら、塩・スープを加えて炊く。パセリをちらす。

**B 2** 炊いたあたたかいめしにバターをからめて、パセリをちらす。

## KEYWORD

● ハッシュドビーフ(hashed beef)…細かく刻んだ薄切り牛肉。

● ドミグラスソース…牛肉と野菜などを煮込んだフォンドボーを基本にしたブラウンソース。

## POINT

● 肉は強火で短時間で炒めるとうま味が逃げずにおいしくできる。

主食 **炒飯・五目炒飯**

### ▼炒飯

| 材料と分量 | 1人分 |
|---|---|
| ねぎ | 12g |
| 卵 | 50g（1個） |
| めし | 180g |
| サラダ油 | 7.5mL（大1/2） |
| 塩 | 少量 |
| こしょう | 少量 |
| しょうゆ | 2.5mL（小1/2） |
| 酒 | 2.5mL（小1/2） |
| エネルギー | 441kcal |
| 塩分 | 0.6g |

### ▼五目炒飯

| 材料と分量 | 1人分 |
|---|---|
| 豚肉（薄切り） | 20g |
| ハム | 10g |
| 生しいたけ | 15g（1個） |
| むきえび | 30g |
| ねぎ | 12g |
| グリンピース | 10g |
| 卵 | 50g（1個） |
| めし | 180g |
| サラダ油 | 15mL（大1） |
| 塩 | 少量 |
| こしょう | 少量 |
| しょうゆ | 2.5mL（小1/2） |
| 酒 | 2.5mL（小1/2） |
| エネルギー | 590kcal |
| 塩分 | 1.2g |

## 炒飯 ─● Process

作り方

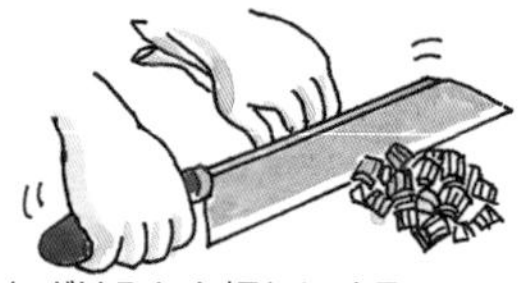

**1** ねぎはみじん切りにする。

**2** 卵を割りほぐす。ボールに入れたあたたかいめしに加え、よく混ぜておく。

**3** 中華なべに油を入れて熱し、**2**を入れ、めしの粒に卵がからむよう強火で炒める。

**4** めしがほぐれたら塩・こしょうをふり、しょうゆと酒をなべ肌からまわし入れる。

**5** 最後に、ねぎを加えて全体を混ぜ、火を止める。

### POINT !

●炒飯の具材の水分量
〔水分がほとんどない材料〕
　焼き豚・ハム・えび・生しいたけ・ちりめんじゃこ・グリンピースなど
〔よく炒めて水分を飛ばして用いる材料〕
　たまねぎ、かに缶、はくさいなど

## 五目炒飯 ─● Process

作り方

**1** 豚肉・ハム・生しいたけは5〜6mm角に切る。

**2** むきえびは背わたがあればとり、5〜6mm幅の輪切りにする。

**3** ねぎはみじん切りにする。グリンピースは熱湯でさっとゆでる。

**4** 卵を割りほぐす。ボールに入れたあたたかいめしに加え、よく混ぜておく。

**5** 中華なべに油を半量入れて熱し、豚肉、生しいたけ、ハム、むきえびの順に加え、十分に炒めてからとり出す。

**6** ふたたび中華なべに油を半量入れ、**4**をめしの粒に卵がからむよう強火で炒める。

**7** **5**を加えて全体を混ぜる。塩・こしょうをふり、しょうゆと酒をなべ肌からまわし入れる。

**8** 最後にねぎとグリンピースを混ぜて火を止める。

主食

# サンドイッチ・フレンチトースト

主食

## ▼サンドイッチ

| 材料と分量 | 1人分 |
|---|---|

食パン（12枚切り）……3枚
バター……………7g（小2弱）
マスタード………………2g

● A
固ゆで卵……30g（1/2個）
マヨネーズ……5g（小1強）
パセリ（みじん切り）‥1.5g（小1/2）

● B
ツナ……………………30g
レモン汁‥2.5mL（小1/2）
たまねぎ…………………5g
マヨネーズ……5g（小1強）

● C
ハム……………………20g
きゅうり………………25g
トマト…………………30g
塩………………………少量

| エネルギー | 537kcal |
|---|---|
| 塩分 | 2.5g |

## ▼フレンチトースト

| 材料と分量 | 1人分 |
|---|---|

食パン（8枚切り）………2枚

● 卵液
卵………………50g（1個）
牛乳…………………100mL
はちみつ‥22.5mL（大1 1/2）
バター………18g（小2）
粉糖…………………適量

| エネルギー | 610kcal |
|---|---|
| 塩分 | 1.8g |

### サンドイッチ……………●下ごしらえ

**①** バターを食パンの片面に薄くぬり、その上にマスタードもぬる。

**②** 固ゆで卵を粗みじん切りにし、パセリとマヨネーズであえる。

**③** 油を切ったツナに、レモン汁と水にさらした薄切りたまねぎを加え、マヨネーズであえる。

**④** きゅうりとトマトを薄切りにして塩をふり、水気をとる。

**作り方**

**1** バターとマスタードをぬった面で、具がたいらになるようにはさむ。

**2** 乾いたふきんに包み、皿で重しをする。

**3** 15分ほどで重しをはずし、パンを押さえ、包丁を手前に引くようにして耳を切り、適当な大きさに切る。

### フレンチトースト

**作り方**

**1** ボールに卵液を入れてよく混ぜる。斜め半分に切った食パンを入れ、途中で返しながら約10分ひたす。

**2** フライパンにバターを溶かし、①の食パンを入れて、両面がきつね色になるまで焼く。

**3** 皿に取り、好みで粉糖をふりかける。

### KEYWORD

●マスタード…洋がらしの総称。サンドイッチには、酢やワインを加えたタイプのものがよい。

### POINT

●バターをパンのすぐ上にぬることで、パンに水分がしみこむのを防ぐ。またパンと具が離れるのも防ぐ。

# 主食 マカロニグラタン

## ▼マカロニグラタン

| 材料と分量 | 1人分 | | |
| --- | --- | --- | --- |
| マカロニ | 40g | パン粉（生） | 3g |
| たまねぎ | 30g | パルメザンチーズ | 3g(大1/2) |
| マッシュルーム | 10g | パセリ（みじん切り） | 適量 |
| 鶏肉（むね肉） | 50g | | |
| バター | 5g | | |
| 塩 | 少量 | | |
| こしょう | 少量 | | |

●ホワイトソース

| | | |
| --- | --- | --- |
| バター | 9g（大3/4） | |
| 薄力粉 | 9g（大1） | |
| 牛乳 | 120mL | |
| ●スープストック | | |
| 水 | 40mL | |
| 固形ブイヨン | 0.6g | |
| 塩 | 少量 | |
| こしょう | 少量 | |

| エネルギー | 505kcal |
| --- | --- |
| 塩分 | 0.8g |

## ·····●下ごしらえ

**1** マカロニは、0.5％の塩を加えた湯（マカロニの重さの約10倍）でゆで、ざるにあげる。

**2** たまねぎとマッシュルームは薄切りにする。

**3** 鶏肉は2〜3cmの角切りにする。

**4** オーブンを使う場合は、200〜220℃に温めておく。（予熱）

### 作り方

**1** ホワイトソースを作る。厚手のなべにバターを溶かして薄力粉を加え、弱火で5分ほど炒める。

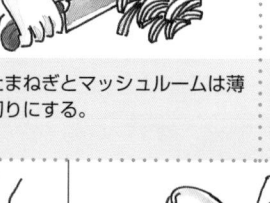

**2** 1に温めた牛乳とスープストックを少しずつ加えてのばす。塩・こしょうで味をつける。

**3** フライパンにバターを溶かし、たまねぎ・マッシュルーム・鶏肉の順に炒める。マカロニを加え、塩・こしょうをふる。

**4** 3の具を1/2の量の2であえてグラタン皿に盛る。上に2の残り、生パン粉、粉チーズをかける。

**5** オーブンの上段で7〜8分、焦げ目がつくまで焼く。オーブントースターの場合は、5〜6分焼く。

**6** パセリをちらし、ひとまわり大きな皿にグラタン皿をのせる。

## POINT

●1の薄力粉は弱火でじっくりと炒めると、さらっとした仕上がりになる。焦がさないよう注意する。

●1をのばすときは、温めた（約40℃）牛乳を少しずつ加えて固さを確かめながら、だまにならないようなめらかにのばす。

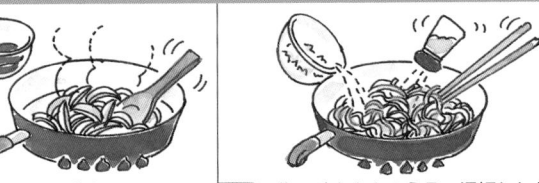

主食 **パスタ・2種**

主食

### ▼ カルボナーラ

| 材料と分量 | 1人分 |
| --- | --- |
| スパゲッティ | 80g |
| 塩（ゆで用） | 適量（ゆで汁の1%） |
| ベーコン（ロースハム） | 50g |
| オリーブ油 | 5mL（小1） |
| 卵黄 | 25g（1個） |
| 粉チーズ | 10g |
| 生クリーム | 25mL（大1 2/3） |
| 塩 | 少量 |
| 黒こしょう | 少量 |

| エネルギー | 871kcal |
| --- | --- |
| 塩分 | 2.0g |

### ▼ アマトリチャーナ

| 材料と分量 | 1人分 |
| --- | --- |
| スパゲッティ | 80g |
| 塩（ゆで用） | 適量（ゆで汁の1%） |
| たまねぎ | 70g（1/4個） |
| ベーコン | 50g（2枚） |
| トマト（水煮缶） | 120g |
| オリーブ油 | 15mL（大1） |
| 塩 | 少量 |
| パルメザンチーズ | 6g（大1） |
| 黒こしょう | 少量 |

| エネルギー | 694kcal |
| --- | --- |
| 塩分 | 2.1g |

## スパゲッティ …………● 下ごしらえ

**1** 深なべにスパゲッティの10倍の湯を沸かし、1%の塩を加える。

**2** スパゲッティを軽くねじりながらまわし入れる。

**3** 再び沸騰したら火を弱め、ときどきかき混ぜる。

**4** 少し芯のある状態（アルデンテ）で、ざるにあげ、湯を切る。

## カルボナーラ

作り方

**1** ベーコンを拍子木切りにし、よく熱したオリーブ油でカリカリに炒め、キッチンペーパーで油切りする。

**2** ボールに卵黄を溶きほぐし、粉チーズ、生クリームを加え混ぜる。

**3** 2にベーコンと湯切りしたスパゲッティを入れ、めんの余熱でソースをからめ、塩・黒こしょうで味をととのえる。

## アマトリチャーナ

作り方

**1** ベーコンは1cm幅、たまねぎは薄切りにする。トマトはつぶしておく。

**2** フライパンにオリーブ油を入れ、たまねぎを中火で炒める。ベーコン、トマトの順に加えて約5分煮る。

**3** 塩で味をととのえる。湯切りしたスパゲッティを入れてあえ、チーズ・黒こしょうをふる。

## KEYWORD 🍳

- ●アルデンテ…イタリア語。alは「〜に対して」、denteは「歯」。歯ごたえのある状態。
- ●余熱…………火を消しても残っている熱。

## POINT ❗

- ●ゆで汁に塩を入れると湯の沸点を上げる効果がある。
- ●卵白は冷凍し、いかなどの下ごしらえやメレンゲに使う。
- ●たまねぎを炒めるとき、焦がさないようにじっくり炒める。

## 主食 豚肉のせん切り焼きそば

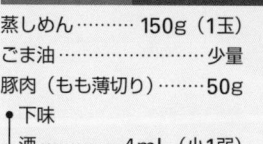

### ▼豚肉のせん切り焼きそば（肉絲炒麺）ロウ スーチャオミェン

| 材料と分量 | 1人分 |
| --- | --- |

| 材料 | 分量 | 材料 | 分量 |
| --- | --- | --- | --- |
| 蒸しめん | 150g（1玉） | ■スープストック | |
| ごま油 | 少量 | 水 | 120mL（3/5C） |
| 豚肉（もも薄切り） | 50g | 中華だしの素 | 2.5g |
| ■下味 | | ■調味料 | |
| 酒 | 4mL（小1弱） | 酒 | 4mL（小1弱） |
| しょうゆ | 2.5mL（小1/2） | 砂糖 | 1.5g（小1/2） |
| こしょう | 少量 | 塩 | 1.5g（小1/4） |
| かたくり粉 | 4g（小1強） | しょうゆ | 5mL（小1） |
| 油 | 2mL（小1/2弱） | ■水溶きかたくり粉 | |
| 小松菜 | 25g | かたくり粉 | 3g（小1） |
| にら | 25g | 水 | 8mL（大1/2強） |
| にんじん | 8g | めんを焼く油 | 15mL（大1） |
| たけのこ | 25g | | |
| 干ししいたけ | 4g | | |
| ねぎ | 2.5g | | |
| しょうが | 1.4g | | |
| 炒め油 | 7.5mL（大1/2） | | |

| エネルギー | 593kcal |
| --- | --- |
| 塩分 | 4.8g |

### ……●下ごしらえ

❶ 豚肉をせん切りにして下味をつけ、かたくり粉をまぶし、油をたらす。

❷ 小松菜、にらは、3〜4cmの長さに切る。

❸ 干ししいたけは水で戻し、他の具と同様にせん切りにする。

❹ めんはほぐしてごま油をたらしておく。

### 作り方

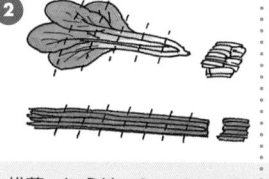

❶ 中華なべに油を熱し、豚肉を炒める。肉の色が変わったら、干ししいたけ、にんじん、たけのこの順に炒める。

❷ さらに小松菜、にら、ねぎ、しょうがを加えて炒める。

❸ ❷のなべにスープストック、調味料を加えて味をととのえ、水溶きかたくり粉で濃度をつける。

❹ 別の中華なべをよく焼いて、油をなべ肌になじませたら、めんをたいらに入れる。

❺ なべをゆすりながらめんに焦げ目がつくまで焼き、めんの反対側も焼く。外側はカリッと中はやわらかく。

❻ ❺のめんをまな板において包丁で4つに分け、皿に盛って❸のあんをかける。

### KEYWORD

●水で戻す……乾物を水につけてやわらかくする。

●なべ肌………なべの内側の面。

### POINT

●火が均一に通るように具の切り方をそろえる。

●めんを焼くときはなべをよく焼く。焼きが足りないとめんがなべにつく。

# 汁物 汁物・3種

## ▽ 豆腐とねぎのみそ汁

| 材料と分量 | 1人分 |
| --- | --- |
| ●煮だし汁 | |
| 水 ………… | 150mL（3/4C） |
| 煮干し | 5g |
| 絹ごし豆腐 | 50g |
| あさつき | 3g |
| みそ ………… | 12g（大1弱） |

| エネルギー | 59kcal |
| --- | --- |
| 塩分 | 2.1g |

## ▽ しじみのみそ汁

| 材料と分量 | 1人分 |
| --- | --- |
| 水 ………… | 150mL（3/4C） |
| しじみ（砂出ししたもの）… | 100g |
| みそ（赤だし）… | 12g（大1弱） |

| エネルギー | 79kcal |
| --- | --- |
| 塩分 | 2.2g |

## ▽ 豚汁

| 材料と分量 | 1人分 |
| --- | --- |
| 水 ………… | 200mL（1C） |
| 豚肉（もも薄切り肉）… | 40g |
| にんじん | 10g |
| だいこん | 10g |
| ごぼう | 10g |
| さといも ………… | 40g |
| ねぎ ………… | 5g |
| みそ ………… | 16g（大1強） |
| サラダ油…… | 4mL（小1弱） |

| エネルギー | 148kcal |
| --- | --- |
| 塩分 | 2.5g |

汁物

---

### 豆腐とねぎのみそ汁 ──● Process

作り方

**1** あさつきを小口切りにする。

**2** 煮干しの煮だし汁（p.23参照）を煮立て、みそを溶き入れる。

**3** 豆腐をスプーンですくいながら入れる。ひと煮立ちしたら、あさつきをちらす。

---

### しじみのみそ汁 ──● Process

作り方

**1** 砂出ししてあるしじみをボールに入れ、がらがらかき混ぜながら流水で洗う。

**2** なべに水を入れて強火にかけ、煮立ったらしじみを加え、再び煮立ったら中火にしてあくをとる。

**3** 貝が開いたら火を止め、みそを溶き入れて再び火にかけ、あたたまったら火を止める。

---

### 豚汁 ──● Process

作り方

**1** 豚肉を一口大、にんじん、だいこんをいちょう切り、ごぼうは皮をこそげて斜め薄切り、さといもは皮をむいて5〜6mmの厚さに切る。

**2** なべに油を熱し、肉、野菜を炒め合わせ、肉の色が変わったら水を加え、あくをとりながら煮る。

**3** 野菜がやわらかくなったらみそを溶き入れさっと煮て、小口切りにしたねぎをちらす。

---

## KEYWORD 👨‍🍳

- ●ひと煮立ち…沸騰してから数秒煮て火を止めること。
- ●あく…………野菜や肉類を調理する際に材料からでる泡。
- ●こそげる……皮を包丁やたわしでこすりとる。

## POINT ❗

- ●香りがとんでしまうので、みそを加えてからは沸騰させない。
- ●貝類はかたくなるので長く煮ない。

汁物 # 吉野鶏の吸い物

## ▽吉野鶏の吸い物

| 材料と分量 | 1人分 |
|---|---|
| 鶏肉（ささ身）……………… | 30g（3/4本） |
| かたくり粉………………… | 少量 |
| かいわれだいこん…………… | 5g |
| しめじ …………………… | 10g |
| 混合だし*……………… | 150mL |
| 酒 …………………… | 2.5mL（小1/2） |
| 塩 …………………… | 1.2g（小1/5） |
| うすくちしょうゆ…… | 1.3mL（小1/4） |
| ゆずの皮 ………………… | 少量 |

| エネルギー | 41kcal |
|---|---|
| 塩分 | 1.8g |

※混合だし150mLは、水200mL、こんぶ4g、かつお節6gの材料でとる（p.23参照）。

## ……●下ごしらえ

❶ 鶏肉は筋を取り、一口大のそぎ切りにする。かたくり粉をまぶす。

❷ かいわれだいこんは根元を切り落とす。

❸ しめじは根元を切り落とし、小房に分ける。

❹ ゆずの皮は、p.13を参考に折れ松葉にする。

作り方

❶ 熱湯に塩を少量入れ、しめじを軽くゆでてとり出す。続けて鶏肉も火を通しておく。

❷ p.23を参考に混合だしを作る。なべに150mLのだし汁と酒・塩を加える。

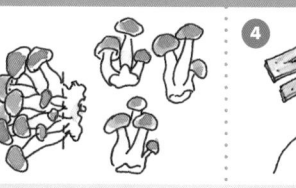

❸ ❷を沸騰させ、うすくちしょうゆを加えたら、香りがとばないようすぐ火を止める。

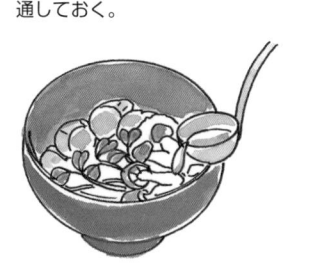

❹ 鶏肉・しめじ・かいわれだいこんを椀に盛り、上から汁を注ぐ。吸い口のゆずの皮を浮かせる。

## POINT !

●鶏肉にかたくり粉をまぶすとき、よく水分をとって薄くつける。

## 吸い物のバリエーション

中身
- ①たね（実）……… 主材料
- ②つま（あしらい）… 色の調和と形の変化を添える
- ③吸い口………… 香りと季節感を与える

▼吸い物に入れるもの

| | | |
|---|---|---|
| たね（実） | 魚介類 | たい・ひらめ・白魚・きす・さより えび・いか・はまぐり・かき・貝柱 |
| | 鶏肉・卵 | 鶏肉・かも肉・鶏卵 |
| | 練り製品 | かまぼこ・はんぺん・つみれ |
| | 大豆製品 | 豆腐・湯葉・高野豆腐 |
| | 粉製品 | そうめん・麸・そば |
| つま（あしらい） | 野菜 | みつば・せり・ほうれんそう・きゅうり わらび・じゅん菜・菜の花 |
| | きのこ 海藻 | まつたけ・しいたけ・しめじ・なめこ こんぶ・わかめ・青のり |
| 吸い口 | 多種 | ゆず・しその実・ふきのとう・木の芽・ しょうが・さんしょう・みょうが |

## 汁物 洋風スープ・2種

### ▽パンプキンスープ

| 材料と分量 | 1人分 |
|---|---|
| ●スープストック | |
| 水 | 75mL |
| 固形ブイヨン | 1g |
| かぼちゃ | 75g |
| たまねぎ | 20g |
| バター | 6g（大1/2） |
| 牛乳 | 100mL（1/2C） |
| 塩 | 1.5g（小1/4） |
| こしょう | 少量 |
| パセリ（みじん切り） | 適量 |

| エネルギー | 200kcal |
|---|---|
| 塩分 | 2.1g |

### ▽クラムチャウダー

| 材料と分量 | 1人分 |
|---|---|
| ●スープストック | |
| 水 | 175mL（0.9C） |
| 固形ブイヨン | 1.3g |
| あさり（缶詰） | 40g |
| じゃがいも | 30g |
| たまねぎ | 30g |
| にんじん | 10g |
| ベーコン | 7.5g |
| バター | 3g（小1弱） |
| ●ブールマニエ | |
| 薄力粉 | 7g（小2強） |
| バター | 7g（小2弱） |
| 牛乳 | 50mL（1/4C） |
| 塩 | 2g（小1/2） |
| こしょう | 少量 |
| パセリ（みじん切り） | 適量 |

| エネルギー | 252kcal |
|---|---|
| 塩分 | 3.4g |

### パンプキンスープ ─● Process

作り方

**1** かぼちゃの種をとって皮をむき、薄切りにする。

**2** たまねぎをみじん切りにする。

**3** たまねぎとかぼちゃをバターで炒める。

**4** スープを加え、かぼちゃがやわらかくなるまで煮る。

**5** ④を少し冷ましてミキサーにかける。

**6** なべに戻して牛乳を加え、塩・こしょうで味をととのえる。最後にパセリをちらす。

### POINT ❗

- かぼちゃは短時間、電子レンジで加熱すると切りやすくなる。
- 味をまろやかにするために、生クリーム（50mL）を加えてもよい。
- かぼちゃのペースト状のものは、多めに作って冷凍しておくと便利。

### クラムチャウダー ─● Process

作り方

**1** あさりの身と汁は分けておく。

**2** じゃがいも2cm角、たまねぎ3cm角、にんじん1cm角、ベーコンは1cm幅に切る。

**3** バターと薄力粉をよく練り合わせ、ブールマニエを作る。

**4** バターとベーコンをなべに入れて中火で炒め、野菜を加えてさらに炒める。

**5** あさりの汁とスープを加え、野菜をやわらかく煮て、汁でのばしたブールマニエを加えて弱火にする。

**6** 牛乳とあさりを加え、塩・こしょうで味をととのえる。最後にパセリをちらす。

### KEYWORD 👨‍🍳

- ブールマニエ（beurre manie）…フランス語。バターと小麦粉を練り合わせたもので、ポタージュや煮込み料理などに加えて濃度（とろみ）をつける。

# 汁物 中華スープ・2種

## 粟米湯（コーンスープ）（スーミータン）

| 材料と分量 | 1人分 |
| --- | --- |

- スープストック
  - 水 ……… 150mL（3/4C）
  - 中華だしの素 ……… 1.2g
- 塩 …………… 0.75g（小1/8）
- 酒 …………… 3mL（小1/2強）
- コーン（クリームスタイル）… 90g
- 水溶きかたくり粉
  - かたくり粉 … 2.5g（大1/4）
  - 水 …………… 6mL（小1強）
- 卵 …………… 30g（大1/2個）

| エネルギー | 135kcal |
| --- | --- |
| 塩分 | 2.0g |

## 煎蛋菠菜湯（丸焼き卵とほうれんそうのスープ）（チェンタンポォツァイタン）

| 材料と分量 | 1人分 |
| --- | --- |

- スープストック※
  - 水 …………… 200mL
  - 中華だしの素 ……… 2.5g
- 塩 …………… 1g（小1/5弱）
- 酒 …………… 4mL（大1/4）
- しょうゆ ……… 1.5mL（小1/3）
- こしょう …………… 少量
- 卵 …………… 40g
  - スープストック … 10mL（小2）
  - 油 …………… 12mL（大4/5）
- ほうれんそう ……… 40g
- きくらげ（乾）……… 1g
- ねぎ …………… 15g
- しょうが …………… 10g

| エネルギー | 176kcal |
| --- | --- |
| 塩分 | 2.8g |

※スープストックのうち一部は卵に加える。

---

### 粟米湯（スーミータン） ● Process

作り方

1. なべに水と中華だしの素を入れ、火にかけて溶かす。
2. 卵を割りほぐしておく。
3. かたくり粉は分量の水で溶いておく。
4. スープにコーンを加えて火にかけ、酒、塩で調味する。

5. 弱火にしてスープをかき混ぜながら水溶きかたくり粉を加え、沸騰させてとろみをつける。
6. 少し沸騰するくらいの弱火でかき混ぜ、溶き卵を流し入れ、ひと煮立ちしたら火をとめる。

### KEYWORD
- 湯（タン）…中国料理で、だしやそれをもとにつくった汁物のこと。

### POINT
- 卵を入れてから沸騰させると卵のなめらかさが失われるので注意。

---

### 煎蛋菠菜湯（チェンタンポォツァイタン） ● Process

作り方

1. きくらげは水で戻しておく。
2. 卵を割りほぐし、スープを加えて下味をつける。
3. ほうれんそうを5〜6cmに切り、ねぎとしょうがを薄切りにする。
4. 中華なべで大きな卵焼きをつくる。

5. ④のなべに薄切りのねぎ、しょうが、残りのスープと調味料を加えて、2〜3分煮こむ。
6. ここにきくらげ、ほうれんそうを加えて仕上げる。

### POINT
- 卵焼きは、中華なべをよく焼き、卵1個に油大1を使い、強火のまま卵を流し入れ手早く両面をしっかり焼く。

## 主菜 肉じゃが

| 肉じゃが | |
|---|---|
| 材料と分量 | 1人分 |
| じゃがいも | 70g |
| にんじん | 30g |
| たまねぎ | 30g |
| 牛肉（ばら肉） | 50g |
| さやえんどう | 5g（3本） |
| しらたき | 30g |
| ┌ 煮汁 | |
| 煮だし汁※ | 75mL |
| 砂糖 | 4g（小1 1/3） |
| みりん | 5mL（小1） |
| 酒 | 5mL（小1） |
| └ しょうゆ | 15mL（大1） |
| サラダ油 | 4mL（小1弱） |

| | |
|---|---|
| エネルギー | 563kcal |
| 塩分 | 3.3g |

※だし汁のとり方は、p.23 参照。

主菜

### ……●下ごしらえ

**1** じゃがいもは皮をむき、大きめの乱切りにして水につける。

**2** にんじんは皮をむいて乱切り、たまねぎは 2cm 幅のくし形に切る。

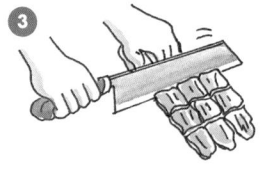
**3** 牛肉は一口大に切る。

**4** さやえんどうは筋をとって約 1 分ゆでる。同じ湯でしらたきを軽くゆで、一口大に切る。

### 作り方

**1** なべに油を熱し、じゃがいも・にんじん・たまねぎの順に強火で炒める。

**2** 煮汁の材料を、表の上から順に加え沸騰させる。牛肉を入れる。

**3** 牛肉に火が通ったら、しらたきを加え、あくをとる。

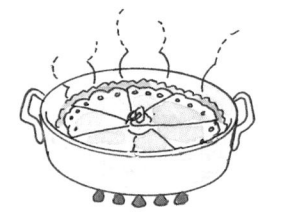
**4** 落としぶたをして、中火で約 15 分煮る。

**5** 野菜がやわらかくなり、煮汁が煮つまったら、なべをゆすり材料の上下を入れかえる。

**6** 火を止める直前にさやえんどうを加え、味をなじませる。

### KEYWORD

●落としぶた…煮物のときに用いる、なべよりひとまわり小さいふたのこと。材料の上に直接のせて使う。煮くずれがしにくく、味が均一にしみこむ。

### POINT

●牛肉は、うま味を逃がさないように、煮汁が沸騰した後加える。
●煮込むときは、煮くずれを防ぎ、また煮汁を透明に仕上げるため、強火で煮立てないよう注意する。

主菜 # いりどり

**♥いりどり**

| 材料と分量 | 1人分 |
|---|---|
| 鶏肉（もも肉）………… | 75g |
| 干ししいたけ…………… | 2g |
| ゆでたけのこ………… | 25g |
| にんじん…………… | 40g |
| ごぼう…………… | 40g |
| れんこん…………… | 50g |
| こんにゃく…………… | 50g |
| さやえんどう………… | 7g |
| サラダ油……… | 5mL（小1） |
| ●煮だし汁 | |
| 水…………… | 120mL |
| 和風だしの素…………… | 1g |
| 酒………… | 8mL（大1/2強） |
| 砂糖………… | 10g（大1強） |
| みりん……… | 3mL（小1/2弱） |
| しょうゆ……… | 15mL（大1） |

| エネルギー | 347kcal |
|---|---|
| 塩分 | 3.2g |

## ······●下ごしらえ

**①** 干ししいたけをぬるま湯で戻し、軸をとって4つに切る。

**②** こんにゃくはたづな切り（p.13参照）、さやえんどうは筋をとり、それぞれ熱湯でさっとゆでる。

**③** 野菜を乱切りにし、れんこん、ごぼうは水にさらす。

**④** 鶏肉は余分な脂をとり、皮を下にして3cmくらいに切る。

作り方

**①** フライパンに油を熱し、鶏肉を入れて表面が白くなるまで焼くように炒める。

**②** 水を切ったにんじん、れんこん、ごぼう、ゆでたけのこ、こんにゃく、しいたけを加え、油がなじむまで炒める。

**③** 煮だし汁・酒・砂糖を加え、煮立ったらあくをとり、ふたをして弱めの中火で5分煮る。

**④** しょうゆとみりんを加えてときどきかき混ぜながら18分ほど煮る。

**⑤** ふたをとり、木べらでかき混ぜながら強火で煮汁を煮つめ、材料にからめる。

**⑥** 器に盛り、半分に切ったさやえんどうをちらす。

## KEYWORD

●いりどり……筑前煮、がめ煮ともいう九州の郷土食。
●たづな切り…左右に波打ったようすが綱のように見えるため、このようにいう。

## POINT

●れんこんやごぼうは、色が変わってしまうので水につける。
●煮物の調味…さ（砂糖）・し（塩）・す（酢）・せ（せうゆ＝しょうゆ）・そ（（み）そ）の順に加えるとよく味がしみる。

主菜 **鶏の照り焼き**

▼鶏の照り焼き

| 材料と分量 | 1人分 |
|---|---|
| 鶏肉（もも肉）……… | 100g |
| 薄力粉……………… | 少量 |
| たれ | |
| 　砂糖……………… | 2.3g（大1/4） |
| 　しょうゆ………… | 7.5mL（大1/2） |
| 　みりん…………… | 7.5mL（大1/2） |
| 　酒………………… | 7.5mL（大1/2） |
| サラダ油…………… | 7.5mL（大1/2） |
| 粉さんしょう……… | 少量 |
| ししとう…………… | 10g（2本） |
| 塩…………………… | 少量 |

| エネルギー | 303kcal |
|---|---|
| 塩分 | 1.4g |

■応用材料　　豚肉、かじき、まぐろなど。粉さんしょうがなければ七味とうがらしでもよい。

主菜

## ……●下ごしらえ

① 鶏肉は余分な脂肪をとり、皮にフォークで穴をあける。

② 薄力粉を薄くまぶす。余分な粉ははたいておく。

③ ししとうは、竹串で何か所か刺しておく。

④ たれの調味料を合わせておく。

作り方

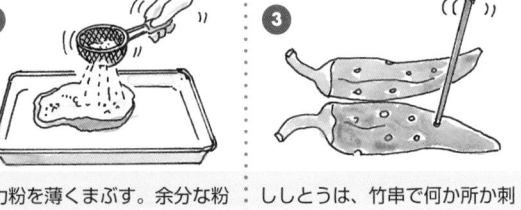
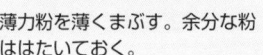

1 フライパンに油の分量の 2/3 を入れてなじませ、皮を下にして強火で焼く。焼き色がついたら裏返して同様に焼く。

2 フライパンに残った油を捨てる。たれを加えてふたをし、弱火で約3分、鶏肉に火を通す。

3 ふたをとり、たれを煮つめながら、からめて仕上げる。

4 鶏肉は皮を上にしてまな板の上におき、少し冷めたら 1cm 幅のそぎ切りにする。

5 熱したフライパンに油の分量の 1/3 を入れ、ししとうを中火で軽く炒める。塩を少量ふって味をつける。

6 ④を皿に盛り、粉さんしょうをふる。手前にししとうをそえる。

## KEYWORD

●照り焼き……魚や鶏肉・野菜などを、調味料をつけてつやよく焼き上げたもの。つけ焼きともいう。

## POINT

●鶏肉を焼くときは、縮みを防ぐため、はじめに皮を下にして焼く。

## 主菜 豚肉のしょうが焼き

### ▼豚肉のしょうが焼き

| 材料と分量 | 1人分 |
|---|---|
| 豚肉（ロース薄切り） | 80g |
| ●たれ | |
| しょうゆ | 10mL（小2） |
| みりん | 5mL（小1） |
| 酒 | 4mL（小1弱） |
| 砂糖 | 1g（小1/3） |
| しょうが汁 | 2.5mL（小1/2） |
| サラダ油 | 5mL（小1） |

| エネルギー | 279kcal |
|---|---|
| 塩分 | 1.8g |

### ▼つけあわせ

| 材料と分量 | 1人分 |
|---|---|
| キャベツ | 50g |
| トマト | 30g |
| パセリ | 3g |

| エネルギー | 19kcal |
|---|---|
| 塩分 | 0g |

### ……●下ごしらえ

**①** 豚肉は筋切りをする。

**②** たれに7〜8分間つけこむ。

**③** キャベツはせん切りにして水にさっとつけてざるにとる。

**④** トマトはくし形に切る。パセリは小房に分け、水気をとる。

### 作り方

**1** フライパンに油を入れて、まわし広げて強火にかける。

**2** ②の豚肉の汁気を切って、完全に火が通るまで両面を焼き、とり出す。

**3** ②と同じフライパンに②のたれを入れ、少し煮つめる。

**4** ③に豚肉を戻して、たれをからめる。

**5** 皿に盛り、せん切りキャベツ、トマト、パセリをそえる。

**6** 皿がたれで汚れたら、ふきとってきれいにする。

### KEYWORD

●豚ロース肉…豚の肩とももの間にある背側の肉。やわらかくきめこまかい肉質で、脂肪にもうま味がある。

### POINT

●肉は筋切りをしておくと、焼いたときの縮みが少ない。
●しょうがは肉の生ぐさみを消し、肉質をやわらかくするなど、豚肉との相性がよい。

# ∷ 調理の基礎 ∷

## ■手洗い

### ●調理を始める前にはしっかり洗おう

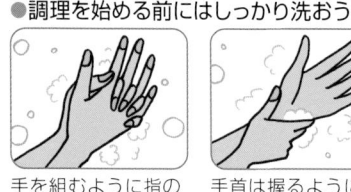

手を組むように指の間もていねいに。

手首は握るように回しながら。

水でよく洗い流し、清潔なタオルでふく。

## ■計量の基本

### ●計量カップ

1カップ=200mL

### ●手ばかり

**塩少量（少々）**
2本の指で約0.5g

**塩ひとつまみ**
3本の指で約1g

## ■計量スプーン

大さじ1=15mL

小さじ1=5mL

粒子状

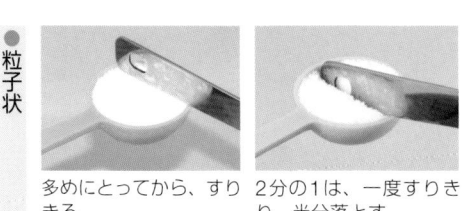

多めにとってから、すりきる。

2分の1は、一度すりきり、半分落とす。

液体・ペースト

表面が盛り上がるくらいまで入れる。

2分の1は、6〜7分目まで入れる。

## ■火加減

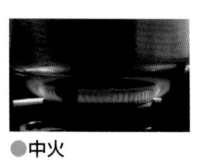

**●強火**
炎がなべの底全体にあたっている状態。

**●中火**
炎の先端がなべの底に少しあたるくらい。

**●弱火**
中火の半分程度で、なべの底にあたらない状態。

## ■水加減

**●ひたひたの水**
材料が煮汁から少し頭を出した状態。

**●かぶるくらいの水**
材料が完全に煮汁の中に入った状態。

**●たっぷりの水**
煮汁が材料の高さの倍程度の状態。

# ∷ 包丁の使い方 ∷

## ■包丁の名称

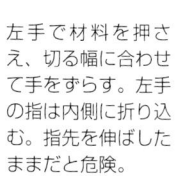

みね
切先（刃先）
柄　刃元
中央

## ■材料を持つ手

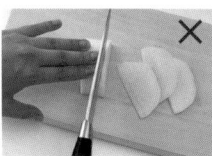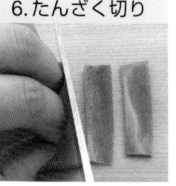

○　×

左手で材料を押さえ、切る幅に合わせて手をずらす。左手の指は内側に折り込む。指先を伸ばしたままだと危険。

## ■基本切り

1. 輪切り
2. 半月切り
3. いちょう切り
4. 拍子木切り
5. さいの目切り
6. たんざく切り

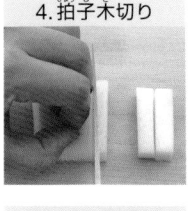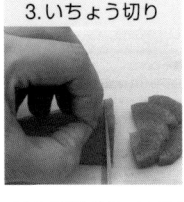

7. 色紙切り
8. 小口切り
9. 乱切り
10. くし形切り
11. ささがき
12. そぎ切り

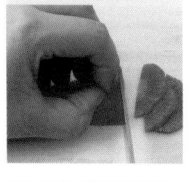

13. 斜め切り
14. せん切り
15. みじん切り（たまねぎ）
16. みじん切り（長ねぎ）

# :: 食品の重量のめやす（単位g） ::

## ■ 廃棄率を使った食品の重量の求め方

$$可食部重量 = 購入重量 \times \left(1 - \frac{廃棄率}{100}\right) \qquad 購入重量 = 可食部重量 \times \left(\frac{100}{100 - 廃棄率}\right)$$

| ▼食品 | 小さじ [5mL] | 大さじ [15mL] | カップ [200mL] |
|---|---|---|---|
| 水・酢・酒 | 5 | 15 | 200 |
| しょうゆ | 6 | 18 | 230 |
| みりん | 6 | 18 | 230 |
| みそ | 6 | 18 | 230 |
| 砂糖 ●上白糖 | 3 | 9 | 130 |
| ●グラニュー糖 | 4 | 12 | 180 |
| 食塩 | 6 | 18 | 240 |
| 油・バター | 4 | 12 | 180 |
| ショートニング | 4 | 12 | 160 |
| コーンスターチ | 2 | 6 | 100 |

| ▼食品 | 小さじ [5mL] | 大さじ [15mL] | カップ [200mL] |
|---|---|---|---|
| 米 ●精白米 | – | – | 170 |
| ●無洗米 | – | – | 180 |
| 小麦粉（薄力粉,強力粉） | 3 | 9 | 110 |
| 米粉 | 3 | 9 | 100 |
| かたくり粉 | 3 | 9 | 130 |
| ベーキングパウダー | 4 | 12 | – |
| パン粉 | 1 | 3 | 40 |
| 粉ゼラチン | 3 | 9 | – |
| 粉チーズ | 2 | 6 | 90 |
| 牛乳（普通牛乳） | 5 | 15 | 210 |

| ▼食品 | 小さじ [5mL] | 大さじ [15mL] | カップ [200mL] |
|---|---|---|---|
| 脱脂粉乳 | 2 | 6 | 90 |
| いりごま, すりごま | 2 | 6 | – |
| トマトケチャップ | 6 | 18 | 240 |
| トマトピューレー | 6 | 18 | 230 |
| ウスターソース | 6 | 18 | 240 |
| マヨネーズ | 4 | 12 | 190 |
| レギュラーコーヒー | 2 | 6 | – |
| 煎茶, 番茶, 紅茶（茶葉） | 2 | 6 | – |
| ココア | 2 | 6 | – |
| 抹茶 | 2 | 6 | – |

女子栄養大学発表の標準値

**第1群 ■ 乳・卵類**

プロセスチーズ 1枚 20

鶏卵中1個 60

牛乳1カップ 210

**■ 豆類**

生揚げ1枚 120～140

油揚げ1枚 20～30

豆腐1丁 300～400

**第2群 ■ 魚介・肉類**

あじ中1尾 70～100

いか1ぱい 250～300

魚の切り身1切 70～100

鶏ささ身1枚 40

豚肉薄切り1枚 30

鶏もも肉 1枚 200

ベーコン1枚 15～20

あさりむき身1個 2～3

くるまえび1尾 40

ロースハム1枚 20

ウインナーソーセージ1本 15～25

**第3群 ■ 野菜・いも・果物・きのこ・藻類**

キャベツ半分 350～500

キャベツ1枚 60

根深ねぎ1本 100～150

ごぼう 1本 180

さやえんどう 1さや 3

れんこん1節 200

生しいたけ1個 10～30

しめじ1パック 100

じゃがいも 中1個 150～200

こんにゃく1枚 170～200

バナナ 1本 100～150

いちご1個 15～20

キウイフルーツ半分 50

りんご1個 250

ほうれんそう1わ 200

だいこん1本 800

はくさい中半分 500～750

はくさい1枚 100

かぼちゃ半分 500～750

きゅうり1本 80～100

たまねぎ 中1個 200

トマト中1個 100～150

ミニトマト1個 10～15

アスパラガス 1本 20～25

しょうが親指大 10～15

レタス中半分 100

ほしのり1枚 2

なす1個 100

にんじん中1本 200～250

ブロッコリー1株 200

ピーマン中1個 30～40

しその葉1枚 0.5

にんにく1かけ 10

**第4群 ■ 穀類**

食パン6枚切り1枚 60

飯1杯 150（＝米65g）

スパゲティ乾1人分 80

うどん生1玉 170～250

中華めん生1玉 120

※4群は、他に砂糖と油脂類も含む。

## 主菜 さばのみそ煮

### ▼さばのみそ煮

| 材料と分量 | 1人分 |
|---|---|
| さば | 80g（1切れ） |
| ●調味料 | |
| 水 | 50mL（1/4C） |
| 酒 | 20mL（大1 1/3） |
| しょうゆ | 6mL（小1強） |
| 砂糖 | 7g（小2強） |
| みそ（赤） | 16g（小2 2/3） |
| しょうが | 2.5g |
| わけぎ（または万能ねぎ） | 40g |

| エネルギー | 257kcal |
|---|---|
| 塩分 | 3.4g |

主菜

### ……●下ごしらえ

**①** さばの胸びれの下に両面から包丁を入れ、頭をとる。

**②** 内臓をとり出し、よく洗って水気をとる。

**③** 身を2枚におろし、80gくらいの切り身にする。

**④** 皮に飾り包丁を入れ、ざるにのせて熱湯をかけ、水で洗う。

作り方

**1** わけぎは4cmの長さに切る。しょうがは皮をむいて薄切りにする。

**2** みそ以外の調味料と水をはかり、なべに入れて火にかける。

**3** **2**にしょうがを入れ、さばをならべて入れ、水でぬらした落としぶたをして中火で7～8分煮る。

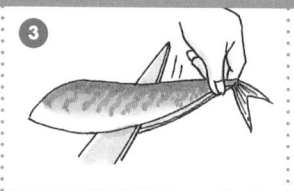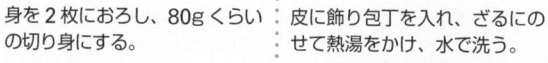

**4** なべにわけぎを加えてしんなりしたら、みそに少量の煮汁を加えて混ぜ、煮汁に溶かす。

**5** 再び落としぶたをして4～5分煮る。

**6** 皿に盛り、残った煮汁をかけ、わけぎを手前に盛る。

KEYWORD

●飾り包丁……火の通りや味のしみこみをよくするほか、見栄えをよくするために、材料の表面に包丁で切れ目を入れること。

●落としぶた…煮物のとき用いる、なべよりひとまわり小さいふたのこと。材料の上に直接のせて使う。煮くずれがしにくく、味が均一にしみこむ。

# 主菜 いわしのかば焼き

### ▼いわしのかば焼き

| 材料と分量 | 1人分 |
|---|---|
| いわし | 75g（小1尾） |
| ●たれ | |
| しょうゆ | 13mL（大4/5強） |
| 砂糖 | 5g（大1/2弱） |
| みりん | 5mL（小1） |
| 酒＋水（2：3） | 50mL（1/4C） |
| 粉さんしょう | 少量 |
| 薄力粉 | 4g（小1強） |
| サラダ油 | 4mL（小1弱） |
| ししとう | 10g（2本） |

| エネルギー | 275kcal |
|---|---|
| 塩分 | 2.5g |

## ……●下ごしらえ

**❶** いわしは頭を折ってとり、内臓を引き出して洗う。

**❷** 親指の爪を中骨にあて、骨にそって尾の方に身を引きはがす。

**❸** 下身の中骨もはがし、尾の付け根で骨をとり、塩水で洗う。

**❹** ペーパータオルで、しっかりと水分をとっておく。

## 作り方

**1** 調味料を合わせて、たれを作っておく。

**2** いわしに薄力粉をつける。余分な薄力粉ははたいておく。

**3** フライパンに油を熱し、身を下にしていわしを入れて中火で焼き、焼き色がついたら裏返す。

**4** 皮の面にも焼き色がついたらフライパンの汚れをペーパータオルでふきとり、たれを一気に注ぎ入れる。

**5** ふたをしないで強火で煮る。たれがとろりとしてきたら、全体にまわしかけ、味をしみこませる。

**6** たれが1/2量になったらししとうを入れてさらに煮る。あめ状になったら火を止める。

### KEYWORD

- ●いわし（鰯）…さかなへんに弱いと書くのは肉質がやわらかく傷みやすいから。
- ●あめ状………砂糖などを煮つめたどろっとした状態。

### POINT

- ●魚の下処理は、まな板に新聞紙を敷いておき、骨や内臓を包んで捨てる。
- ●薄力粉をつけすぎない。

## 主菜 厚焼き卵・薄焼き卵

### ▼厚焼き卵

| 材料と分量 | 1人分 |
|---|---|
| 卵※ | 80g |
| 煮だし汁 水 | 8mL（大1/2強） |
| 和風だしの素 | 少量 |
| 砂糖 | 3g（小1） |
| みりん | 2mL（小1/2弱） |
| しょうゆ | 4mL（小1弱） |
| サラダ油 | 7.5mL（大1/2） |
| だいこん | 15g |

| エネルギー | 200kcal |
|---|---|
| 塩分 | 1.0g |

※ 13cm×19cmのなべでは、卵（MS50g）が5個のときの分量にするとよい。

### ▼薄焼き卵

| 材料と分量 | 1人分 |
|---|---|
| 卵 | 50g（1個） |
| 塩 | 1g（小1/6） |
| サラダ油 | 5mL（小1） |

| エネルギー | 113kcal |
|---|---|
| 塩分 | 1.2g |

### 厚焼き卵

作り方

**1** 卵を割りほぐし、だし汁と調味料を加え、だまにならないよう混ぜる。

**2** なべを中火で空焼きしたら、全体に薄く油をひいてなじませる。

**3** 弱めの中火にし、1/4量を流し入れ、卵がふくらんだらはしでつぶし、表面が半熟状になるまで火を通す。

**4** はしで手前に向かって転がして巻きながら、前によせる。向こう側のあいたところに油をひく。

**5** ❹を向こうに移動させ、あいたところに油をひいてまた1/4量を流し入れ、焼いた卵の下へ流しこむ。

**6** 半熟になったらはしで手前に転がしながら巻く。これを繰り返し、最後に巻きすで形をととのえる。

### 薄焼き卵

作り方

**1** 卵を割りほぐして塩を加え、裏ごししておく。

**2** フライパンを熱して薄く油をひき、玉じゃくし1杯ほどを流し入れて広げ、余分な卵を器に戻し、火からおろす。

**3** フライパンについただけの薄さなので、へりのところからはしを入れて持ち上げて返す。

**KEYWORD**
- だま………ほぐれないで固まりになっていたり、よく溶けないでぶつぶつがある状態。
- 錦糸卵………薄焼き卵が冷めたら端から巻いてせん切りにすると錦糸卵ができる。

# 主菜 茶わん蒸し

▼茶わん蒸し

| 材料と分量 | 1人分 |
|---|---|
| ●卵液 | |
| 卵 ········· | 30g（大1/2個） |
| 煮だし汁 ········· | 100mL（1/2C） |
| 塩 ········· | 1g（小1/6） |
| うすくちしょうゆ ····· | 1mL（小1/5） |
| 鶏肉（ささ身） ········· | 15g |
| 生しいたけ ········· | 8g |
| えび ········· | 10g（1尾） |
| みつば ········· | 3g |

| エネルギー | 73kcal |
|---|---|
| 塩分 | 1.5g |

■応用材料　　かまぼこ、ぎんなん、ふなど

## ……●下ごしらえ

**①** だし汁（p.23 参照）を作り、ここに調味料を加える。

**②** えびの皮をむき、頭と背わたをとる。

**③** 鶏肉は筋をとり、そぎ切りにする。

**④** しいたけは軸をとって4つに切り、みつばは3cmの長さに切る。

## 作り方

**1** 卵をよく溶きほぐし、①と合わせてよく混ぜ、ざるでこす。

**2** 器に鶏肉、えび、生しいたけ、みつばを入れる。

**3** こした卵液を玉じゃくしで静かに注ぎ入れ、表面の泡をすくいとる。

**4** 蒸し器に湯を入れて火にかけ、蒸気があがったところで茶わんをならべ、ふきんをかぶせたふたをする。

**5** 最初の 2〜3 分はやや強火、その後は少し火を弱めて 7〜8 分、さらにふたをずらして 5〜6 分蒸す。

**6** 竹串を刺してみて、透明な汁が出てきたら蒸し上がり。

## KEYWORD

- ●背わた……えびの背にある黒いひも状の腸。
- ●こす………ざるなどを通してなめらかにする。

## POINT

- ●蒸す温度が高くなりすぎると卵液が穴のあいた状態で凝固（すだち現象）するので、温度に注意する。
- ●かまぼこを使う場合は幅 5mm に切る。

# 主菜 ハンバーグステーキ

## ▼ハンバーグステーキ

| 材料と分量 | 1人分 |
|---|---|
| たまねぎ | 25g |
| サラダ油 | 2mL（小1/2） |
| パン粉 | 10g |
| 牛乳（水） | 10mL（小2） |
| 合いびき肉 | 80g |
| 卵 | 6g |
| 塩 | 1g（小1/6） |
| こしょう | 少量 |
| ナツメグ | 少量 |
| サラダ油 | 5mL（小1） |
| ・ソース | |
| ウスターソース | 10mL |
| トマトケチャップ | 10mL |
| 赤ワイン（水） | 10mL |
| マスタード | 3g |

| エネルギー | 330kcal |
|---|---|
| 塩分 | 2.7g |

## ▼つけあわせ

| 材料と分量 | 1人分 |
|---|---|
| さやいんげんのソテー | |
| さやいんげん | 25g |
| バター | 3g（小1弱） |
| 塩 | 少量 |
| こしょう | 少量 |
| カラーピーマンのソテー | |
| 赤ピーマン | 20g |
| 黄ピーマン | 20g |
| バター | 4g（小1） |
| 塩 | 少量 |
| こしょう | 少量 |

| エネルギー | 69kcal |
|---|---|
| 塩分 | 0.1g |

## ハンバーグステーキ

作り方

**1** たまねぎをみじん切りにし、油を入れたフライパンで、薄く褐色に色づくまで中火で炒め、冷ます。

**2** パン粉は牛乳（水）にひたし、軽く絞っておく。

**3** ボールに、ひき肉・**1**・**2**・卵・塩・こしょう・ナツメグを入れ、粘りが出るまでよくこねる。

**4** 手に薄く油をぬり、**3**をだ円形にまとめる。両手で交互に打ちつけて中の空気を抜き、中央をくぼませる。

**5** フライパンに油を入れて熱し、**4**のくぼみをつけた方を上にして強火で約20秒焼き、焦げ目がついたら弱火にする。

**6** ふたをして2〜3分加熱する。裏返して同様に焼き、火が通ったら皿に盛る。つけあわせをそえる。

## ソース

作り方

**1** **6**のフライパンの肉汁の中に、材料のすべてを加えて中火にかける。ひと煮立ちしたら火を止める。

## いんげんのソテー

**1** いんげんは筋をとり半分に切って、熱湯で2〜3分ゆでる。バターで軽く炒めて塩・こしょうをふる。

## カラーピーマンのソテー

**1** 赤ピーマン・黄ピーマンは、幅5mm程度のせん切りにし、バターで軽く炒め、塩・こしょうをふる。

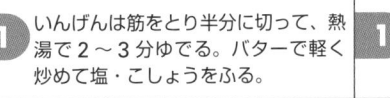

## POINT ！

- 形を整えるとき、しっかり空気を抜いておく。抜かないと、ハンバーグの中の空気が膨張し、焼いているうちに形がくずれる原因になる。
- ハンバーグの中心をくぼませるのは、もっとも火の通りが悪い中心部をはじめから薄くし、均等に火が通るようにするため。

# 主菜 さけのムニエル

## ▼さけのムニエル

| 材料と分量 | 1人分 |
|---|---|
| さけ | 80g（1切れ） |
| 塩 | 2g |
| こしょう | 少量 |
| 薄力粉 | 適量 |
| バター（焼き用） | 4g（小1） |
| サラダ油 | 4mL（小1弱） |
| バター（ソース用） | 16g（大1 1/3） |
| しょうゆ | 3mL（小1/2） |
| レモン | 適量 |
| パセリ | 適量 |

| エネルギー | 317kcal |
|---|---|
| 塩分 | 3.1g |

## ▼つけあわせ

| 材料と分量 | 1人分 |
|---|---|
| 粉ふきいも | |
| じゃがいも（男爵） | 80g |
| 塩 | 少量 |
| こしょう | 少量 |
| にんじんのグラッセ | |
| にんじん | 50g |
| バター | 3g（小1弱） |
| 砂糖 | 1g（小1/3） |
| 塩 | 少量 |
| ●スープストック | |
| 水 | 25mL（大1 2/3） |
| 固形ブイヨン | 少量 |

| エネルギー | 106kcal |
|---|---|
| 塩分 | 0.2g |

## ムニエル ─●Process

作り方

**1** さけの切り身に塩・こしょうをふり、30分くらいおく。

**2** 切り身の水気をよくとって、薄力粉を薄くつける。（茶こしでふりかけてもよい。）

**3** フライパンにサラダ油とバターをひいて中火にかけ、全体にいきわたらせる。

**4** さけの表側を下にして、フライパンをよく動かしながら、よい焼き色になるようにする。裏側も同様に焼く。

**5** フライパンの油をペーパータオルでふきとり、バターを溶かしてしょうゆを加えて混ぜ、ソースを作る。

**6** さけを皿に盛り、上からソースをかけ、パセリ・レモンとつけあわせをそえる。

## 粉ふきいも ─●Process

作り方

**1** じゃがいもの皮をむき1/4に切り、かぶるくらいの水（p.19参照）でゆでる。

**2** 竹串がすっと通るくらいになったら湯を切る。

**3** 再び火にかけ、ゆすりながら水分をとばし、塩、こしょうで味をととのえる。

## にんじんのグラッセ ─●Process

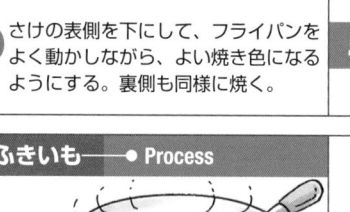

**1** にんじんの皮をむき、3〜5mmの輪切りにして面とりし、下ゆでしておく。

**2** スープストック、バター、砂糖、塩を入れたなべに下ゆでしたにんじんを入れ、弱火で煮つめ、照りを出す。

## KEYWORD

●グラッセ……氷（グラス）のようにつやのある料理の意。バター煮、つや煮。

●面とり……野菜（おもに煮物材料）の切り口の角をとって形を整え、煮くずれしにくくすること。

## 主菜 オムレツ・スクランブルエッグ

### ▼オムレツ

| 材料と分量 | 1人分 |
|---|---|
| 卵 | 120g（大2個） |
| 塩 | 少量 |
| こしょう | 少量 |
| バター※ | 15g |
| トマトケチャップ | 10mL（小2） |
| ミニトマト | 10g（1個） |
| パセリ | 適量 |

| エネルギー | 308kcal |
|---|---|
| 塩分 | 1.1g |

### ▼スクランブルエッグ

| 材料と分量 | 1人分 |
|---|---|
| 卵 | 120g（大2個） |
| 塩 | 少量 |
| こしょう | 少量 |
| 生クリーム | 15mL（大1） |
| バター | 10g（大1弱） |
| パセリ | 適量 |

| エネルギー | 321kcal |
|---|---|
| 塩分 | 1.3g |

※サラダ油と混ぜてもよい。

主菜

### オムレツ

作り方

1 ボールに卵を割り、少量の塩・こしょうを加えて溶きほぐす。

2 フライパンにバターを入れて中火にかけ、バターが少し焦げ始めたら、全体にバターをまわす。

3 中火のまま、ここに卵を一気に流し入れ、卵を大きく混ぜる。

4 フライパンを動かしながら、はしで手早くかき混ぜ、半熟状態になるまで強火にして大きく混ぜる。

5 フライパンを傾けて、卵を片側によせ、フライパンの柄をポンポンたたいて一回転させる。

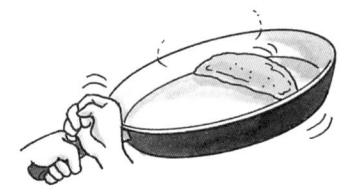

6 フライパンに皿をかぶせてひっくり返し、皿に卵を移す。上にふきんをかぶせ、形をととのえる。

### スクランブルエッグ

作り方

1 ボールに卵を割り、塩・こしょうを加えてはしで溶きほぐす。

2 フライパンにバターを溶かし、卵を一気に流し入れて弱火にし、クリーム状になるまでゆっくりかき混ぜる。

3 火からおろし、生クリームを加えてかき混ぜ、余熱で半熟に仕上げる。

KEYWORD ●半熟…………まだ十分に加熱されていないで、とろっとした部分もあるふわふわした状態。

## 主菜 焼き餃子・焼売

▼焼き餃子（鍋貼 グォティエ）

| 材料と分量 | 1人分（8個分） |
| --- | --- |
| 豚ひき肉 | 65g |
| はくさいまたはキャベツ | 70g |
| にら | 20g |
| ・調味料 | |
| 塩 | 1g |
| 酒 | 5mL |
| しょうゆ | 5mL |
| こしょう | 少量 |
| ごま油 | 5mL |
| 焼き油 | 適量 |
| 餃子の皮 | 8枚 |

| エネルギー | 356kcal |
| --- | --- |
| 塩分 | 2.0g |

・合わせじょうゆ

| しょうゆ | 10mL |
| --- | --- |
| 酢 | 5mL |
| ラー油 | 少量 |

▼焼売

| 材料と分量 | 1人分（8個分） |
| --- | --- |
| 豚ひき肉 | 100g |
| 干ししいたけ | 1枚 |
| ゆでたけのこ | 50g |
| たまねぎ | 35g |
| かたくり粉 | 少量 |
| しょうが | 2.5g |
| 焼売の皮 | 8枚 |
| ・調味料 | |
| しょうゆ | 4mL（大1/4強） |
| 砂糖 | 3g（小1） |
| 塩 | 1.5g（小1/4） |
| こしょう | 少量 |

| エネルギー | 367kcal |
| --- | --- |
| 塩分 | 1.7g |

### 焼き餃子 ──● Process

作り方

**1** はくさいはみじん切りにし、塩少量を加え、ふきんでしっかり水気を絞る。にらもみじん切りにする。

**2** ボールにひき肉を入れ、調味料を加えて粘りが出るまで手でよく混ぜ、みじん切りの野菜を加えて混ぜる。

**3** 具を皮の真ん中に置き、皮の端に少し水をぬって、ひだをよせながら包み込む。

**4** フライパンに油を入れてなじませ、餃子をならべ、フライパンをまわしながら焼き色をつける。

**5** 1/2カップの湯をなべに注ぎ、ふたをして蒸し焼きにする。

**6** 水分がなくなったらふたをとり、油を少し入れて皮をカリカリに仕上げる。

### 焼売 ──● Process

作り方

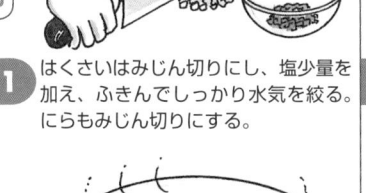

**1** 干ししいたけは水で戻してみじん切り、ゆでたけのこ、しょうがもみじん切りにする。

**2** たまねぎもみじん切りにしてかたくり粉を軽くまぶしてばらばらにする。

**3** ボールにひき肉を入れ、調味料、しょうがのみじん切りを入れてよく混ぜ、野菜を加えて混ぜる。

**4** 軽くにぎった手の上に皮をおき、③の具を一口大のせ、ナイフで詰め口をたいらにならしながら詰める。

**5** 蒸し器にぬれぶきんを敷き、焼売がくっつきあわないようにおき、強火で10分蒸す。

### POINT !

● 具になる野菜の水気が多いと、餃子の皮が破れる原因になる。はくさいに塩をふることで、野菜の水気を外に出し、しんなりさせ、塩味もつける。

● 蒸し焼きは、水ではなく湯を注ぐ。

主菜 **麻婆豆腐**
マー ボー トウ フ

▼麻婆豆腐

| 材料と分量 | 1人分 |

| 絹ごし豆腐‥‥‥‥‥‥ 100g | ●水溶きかたくり粉 |
|---|---|
| 牛ひき肉‥‥‥‥‥‥ 25g | かたくり粉‥‥ 4g（小1強） |
| ねぎ‥‥‥‥‥‥‥‥ 25g | 水‥‥‥‥ 12mL（大4/5） |
| にんにく‥‥‥‥‥‥ 2.5g | サラダ油（仕上げ用）‥‥少量 |
| サラダ油‥‥ 12mL（大4/5） | |
| 塩‥‥‥‥‥‥‥‥‥ 0.5g | |
| 甜麺醤（テンメンジャン）‥‥‥‥‥‥‥ 5g | |
| 豆板醤（トウバンジャン）‥‥‥‥‥‥‥ 2g | |
| しょうゆ‥‥8mL（大1/2強） | |
| 酒‥‥‥‥‥‥ 5mL（小1） | |
| ●スープストック | |
| 水‥‥‥‥‥‥‥‥ 100mL | |
| 中華だしの素‥‥‥‥‥ 3g | |
| 豆鼓（トウチー）‥‥‥‥‥‥‥‥‥ 2g | |

| エネルギー | 255kcal |
|---|---|
| 塩分 | 2.9g |

■応用材料　豆腐の代わりになすを具にしてもよい。

## ……●下ごしらえ

❶ 調味料をはかっておく。かたくり粉は水に溶いておく。

❷ 豆腐を1cm角に切る。

❸ たっぷりの湯に約30秒通し、ざるに5分おいて水気を切る。

❹ ねぎ、にんにくをみじん切りにする。

作り方

1 中華なべをよく焼き、油をなべによくなじませてから、にんにくのみじん切りを炒める。

2 ここにひき肉を入れ、色が変わるまで炒める。

3 さらに豆板醤、甜麺醤、豆鼓を入れて味をなじませる。

4 よく炒まったらひと混ぜし、スープストックを加えて混ぜ、塩、しょうゆ、酒を入れる。

5 水切りしておいた豆腐を静かに加えて木べらで3〜4回混ぜて煮込む。

6 ねぎのみじん切りを加えて混ぜ、水溶きかたくり粉で濃度をつけて最後に油を少量加える。

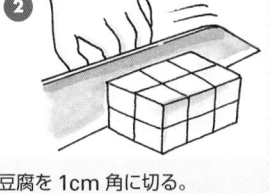

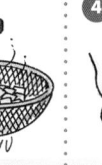

### KEYWORD
●豆鼓‥‥‥‥蒸しただいずを麹で発酵させ乾燥させた調味料。
●麻婆‥‥‥‥中国四川省でこの料理を作ったのがあばた（麻子）（マーツ）のおばあさんだったことから名付けられた。

### POINT
●豆腐は、炒めるときにくずれないように、先にゆでる。
●最後に油をたらすのはつやと照りを出すため。

主菜

主菜 青椒肉絲・肉絲湯麺
（チン ジャオ ロウ スー　ロウ スー タン ミェン）

### ▼青椒肉絲

| 材料と分量 | 1人分 |
| --- | --- |

豚肉（もも肉）…………50g
●下味
　塩・こしょう…………少量
　酒………2.5mL（小1/2）
　溶き卵…………………7g
　かたくり粉……1g（小1/3）
　サラダ油…………………少量
ピーマン………40g（1個）
たけのこ…………………20g
●調味料
　しょうゆ…………5mL（小1）
　酒………2.5mL（小1/2）
　砂糖……1.5g（小1/2）
　こしょう…………………少量
　スープストック…5mL（小1）
　●水溶きかたくり粉
　　かたくり粉…0.8g（小1/4）
　　水………2.5mL（小1/2）

サラダ油……7.5mL（大1/2）

| エネルギー | 192kcal |
| --- | --- |
| 塩分 | 1.0g |

### ▼肉絲湯麺

| 材料と分量 | 1人分 |
| --- | --- |

●スープストック
　水………………………250mL
　塩………………………少量
　鶏肉（ささ身）…160g（4枚）
中華だしの素…………………3g
●調味料
　しょうゆ……15mL（大1）
　ごま油・塩・こしょう…少量
中華めん………120g（1玉）

| エネルギー | 525kcal |
| --- | --- |
| 塩分 | 5.2g |

---

### 青椒肉絲（チンジャオロウスー）…………●下ごしらえ

**①** 豚肉は繊維にそって3mmくらいの細切りにする。

**②** ①をボールに入れ、下味を表の上から順に肉にまぶし、そのつど手でよくもみこむ。

**③** ピーマンは二つに切り、種をのぞいて縦に細切り、たけのこも繊維にそって細切りにする。

**④** 調味料を合わせておく。

**作り方**

**1** 中華なべに油を入れて熱し、下味をつけた豚肉をほぐしながら強火で炒める。

**2** 肉の色が変わったらピーマンとたけのこを加えて手早く炒める。

**3** 調味料を入れて軽く炒め、皿に盛る。

---

### 肉絲湯麺（ロウスータンミェン）

**作り方**

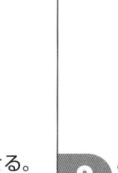

**1** 分量の水と塩を入れて沸騰させる。ささ身を1枚ずつ入れ、2～3分煮て火を止める。ささ身をとり出す。

**2** どんぶりを温めた後、中華だしの素と調味料を合わせておく。①のスープストックを注ぐ。

**3** 並行して中華めんを沸騰した多めの湯でゆで、しっかり水気を切って②に入れる。青椒肉絲を上にのせる。

---

**KEYWORD**

●繊維にそって切る…加熱しても形がくずれにくく、炒め物などに向く。シャキシャキした歯ごたえになる。

**POINT**

●肉にしっかり味をつけておく。
●材料は、均一に火が通るよう、切り方をそろえる。
●調味料はあらかじめ合わせておく。

副菜
# かぼちゃの甘煮・そぼろあんかけ

### ▼かぼちゃの甘煮

| 材料と分量 | 1人分 |
| --- | --- |
| かぼちゃ※ | 100g |
| 水 | 80mL |
| ●調味料 | |
| 砂糖 | 5g（大1/2） |
| しょうゆ | 6mL（小1強） |
| みりん | 7.5mL（大1/2） |

| エネルギー | 137kcal |
| --- | --- |
| 塩分 | 1.0g |

※かぼちゃは冷凍かぼちゃを利用してもよい。その場合、水と調味料を沸騰させた中に凍ったままのかぼちゃを入れる。

### ▼そぼろあんかけ

| 材料と分量 | 1人分 |
| --- | --- |
| 鶏ひき肉 | 30g |
| 酒 | 5mL（小1） |
| しょうゆ | 7.5mL（大1/2） |
| かぼちゃの煮汁＋水 | 60mL |
| しょうが汁 | 2mL |
| ●水溶きかたくり粉 | |
| かたくり粉 | 1.5g（小1/2） |
| 水 | 5mL（小1） |

| エネルギー | 67kcal |
| --- | --- |
| 塩分 | 1.4g |

## かぼちゃの甘煮 ●下ごしらえ

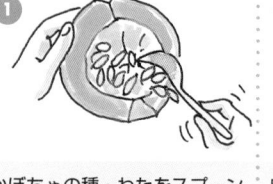

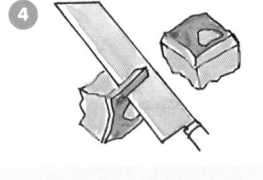

1 かぼちゃの種・わたをスプーンでとりのぞく。

2 皮をところどころむく。

3 3〜4cm角に切る。

4 煮くずれしないよう面とりをする。

作り方

1 皮を下にしてかぼちゃをならべて入れる。

2 水と調味料を加えて強火にかけ、一度沸騰させる。その後、落としぶたをして、弱火で煮含める。

3 竹串が通るくらいやわらかくなったら火を止める。器に盛る。

## そぼろあんかけ

作り方

1 なべにひき肉を入れ、酒としょうゆを加え、さいばし5〜6本でよく混ぜる。

2 かぼちゃの煮汁と水を加え、かき混ぜながら中火にかける。

3 肉に火が通ったら、しょうが汁と水溶きかたくり粉を加える。とろみがついたら、かぼちゃの上にかける。

### KEYWORD

●面とり……野菜（おもに煮物材料）の切り口の角をとって形を整え、煮くずれしにくくすること。

### POINT

●味を均一にするため、かぼちゃの大きさをそろえる。
●あくの少ないものは直煮（下ゆでしないで直接煮汁に入れて煮ること）ができ、材料の持ち味を生かすことができる。

副菜

# 副菜 きんぴら・2種

| ▽きんぴらごぼう | |
| --- | --- |
| 材料と分量 | 1人分 |
| ごぼう | 50g |
| にんじん | 50g |
| 赤とうがらし | 1g（1/4本） |
| ごま油 | 4mL（大1/4） |
| 水 | 20mL |
| 酒 | 5mL（小1） |
| 砂糖 | 5g（小2弱） |
| しょうゆ | 8mL（大1/2強） |
| 白ごま | 少量 |

| エネルギー | 178kcal |
| --- | --- |
| 塩分 | 1.4g |

| ▽牛ごぼう | |
| --- | --- |
| 材料と分量 | 1人分 |
| 牛肉（もも肉） | 40g |
| ごぼう | 40g |
| しょうが | 8g |
| ●煮汁 | |
| 水 | 25mL |
| 酒 | 5mL（小1） |
| しょうゆ | 20mL（大1 1/3） |
| 砂糖 | 10g（大1強） |
| めし | 180g |

| エネルギー | 475kcal |
| --- | --- |
| 塩分 | 3.5g |

## きんぴらごぼう ………… ● 下ごしらえ

1 ごぼうをたわしで洗い、包丁の背で皮をこそげる。

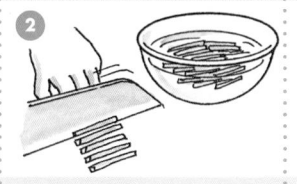
2 斜め薄切りにしてから重ねて細く切り、水につける。

3 にんじんの皮をむき、ごぼうにそろえて細く切る。

4 赤とうがらしは種をのぞき、キッチンばさみで小口切りにする。

作り方

1 強火でごま油を熱し、香りが出たら、ざるで水切りしたごぼう、にんじんを入れ、なべをゆすって3分ほど炒める。

2 酒と水を加えて煮立て、赤とうがらし、砂糖、しょうゆの順に入れて強火で炒め、汁気をとばす。

3 ほぼ汁気がなくなったら、上下を返してひと混ぜし、火を止める。白ごまをふる。

## 牛ごぼう

作り方

1 ごぼうは皮を洗い、縦半分に切ってから斜め薄切りにし、水につける。牛肉は一口大、しょうがは細切り。

2 なべに煮汁を煮立て、牛肉をほぐして入れ、次にしょうがとごぼうを加えてやわらかくなるまで煮る。

3 あたたかいめしに加え、切るように混ぜると、牛ごぼうめしになる。

### KEYWORD

●切るように混ぜる…しゃもじを横にして、線を入れるように混ぜること。

### POINT

●ごぼうはあくが強く、水につけないと黒くなる。
●ごぼうはささがきにしてもよい。

副菜
# 切干し大根の煮物・小松菜の煮びたし

| ▼ 切干し大根の煮物 | |
|---|---|
| **材料と分量** | **1人分** |
| 切干し大根 | 5g |
| にんじん | 25g |
| 油揚げ | 5g（1/4枚） |
| ●煮だし汁 | |
| 水 | 50mL（1/4C） |
| 和風だしの素 | 1g |
| 砂糖 | 3g |
| しょうゆ | 8mL（大1/2強） |

| エネルギー | 63kcal |
|---|---|
| 塩分 | 1.9g |

| ▼ 小松菜の煮びたし | |
|---|---|
| **材料と分量** | **1人分** |
| 小松菜 | 100g |
| 厚揚げ | 50g |
| サラダ油 | 5mL（小1） |
| ●煮だし汁 | |
| 水 | 50mL（1/4C） |
| 和風だしの素 | 1g |
| みりん | 5mL（小1） |
| しょうゆ | 8mL（大1/2強） |

| エネルギー | 167kcal |
|---|---|
| 塩分 | 1.8g |

## 切干し大根の煮物

作り方

**1** 切干し大根はもみ洗いしてからたっぷりの水に入れ、浮かないよう平皿をのせて10分ほどつけて戻す。

**2** にんじんは皮をむいて4cmの長さの細切りにする。

**3** 油揚げは熱湯をかけて油抜きし、縦半分に切って細切りにする。

**4** 切干し大根をとり出し、固く絞って4cmの長さに切る。

**5** 煮だし汁に砂糖を入れ、切干し大根、にんじん、油揚げを加え、落としぶたをして中火で5分煮る。

**6** なべを傾け、材料に直接かからないよう煮汁にしょうゆを加え、再び落としぶたをして15分煮る。

## 小松菜の煮びたし

作り方

**1** 厚揚げを熱湯でさっとゆでて油抜きし、縦2つに切ってから1cm幅に切る。

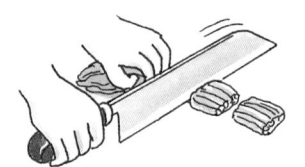 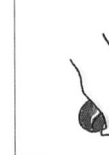

**2** 小松菜は洗って4〜5cmの長さに切る。

**3** なべに油を熱し、小松菜の茎、葉の順に炒め、煮だし汁、調味料を加える。厚揚げを加え、中火で4〜5分煮る。

**KEYWORD**

●煮びたし……たっぷりの煮汁で煮たり、加熱した材料を煮汁にひたして味を含ませる方法。
●油抜き………油揚げ、厚揚げなどの余分な油や油臭さを抜くために、熱湯をかけたり湯通しをして表面の油をとること。

## 副菜 青菜のあえ物・3種

### ▼ ほうれんそうのおひたし

| 材料と分量 | 1人分 |
|---|---|
| ほうれんそう | 50g |
| 塩（ゆで用） | 少量 |

- 調味液
| | |
|---|---|
| 煮だし汁 | 30mL |
| しょうゆ・2.5mL（小1/2） | |
| みりん | 少量 |
| 塩 | 少量 |
| かつお節 | 適量 |

| エネルギー | 19kcal |
|---|---|
| 塩分 | 0.6g |

### ▼ いんげんのごまあえ

| 材料と分量 | 1人分 |
|---|---|
| さやいんげん | 50g |
| 塩（ゆで用） | 適量 |
| 白ごま | 3g |
| 砂糖 | 2g（小1/2強） |
| しょうゆ | 2mL（小1/2弱） |

| エネルギー | 39kcal |
|---|---|
| 塩分 | 0.3g |

### ▼ 菜の花のからしあえ

| 材料と分量 | 1人分 |
|---|---|
| 菜の花 | 50g |
| 塩（ゆで用） | 少量 |
| しょうゆ | 8mL（大1/2強） |
| 練りからし | 3g |
| マヨネーズ | 5g（小1強） |

| エネルギー | 68kcal |
|---|---|
| 塩分 | 1.7g |

---

### ほうれんそうのおひたし ── ● Process

作り方

**1** ほうれんそうをよく洗い、たっぷりの熱湯に1％の塩を入れ、茎の方から入れて手早くゆでる。

**2** ほうれんそうを水にとって冷まし、水気をよく絞って根元を切りとり、長さ3cmに切る。

**3** 調味液にほぐし入れて味をなじませ、器に汁ごと盛ってかつお節をかける。

### いんげんのごまあえ ── ● Process

作り方

**1** いんげんは洗ってへたと筋をとり、塩を加えた熱湯で1分30秒〜2分ほどゆでる。

**2** 冷水にとって冷まし、3つに斜め切りする（少量のしょうゆをふっておくとあえごろもとなじみやすい）。

**3** すった白ごまに砂糖、しょうゆを混ぜてあえごろもを作り、水気をよく絞ったいんげんを入れてあえる。

### 菜の花のからしあえ ── ● Process

作り方

**1** 菜の花は洗ってほぐし、塩を加えた熱湯でゆでる。

**2** 冷水にとって冷まし、水気をよく絞ってから食べやすい長さに切る。

**3** マヨネーズと練りからし、しょうゆを混ぜたボールに、菜の花を入れてあえる。

---

### POINT !

- 青菜をゆでるときには塩を加えると色鮮やかに仕上がる。さらに冷水でしめることによってあくがとれる。
- すりばちでごまをする際には、下にふきんを敷くと安定する。
- あえ物は食べる直前にあえること。

# 副菜 ポテトサラダ

## ▼ポテトサラダ

| 材料と分量 | 1人分 |
| --- | --- |

じゃがいも……………… 100g
にんじん………………… 20g
　下味
　酢 ………8mL（大1/2強）
　サラダ油…… 4mL（小1弱）
　塩 ……………………少量
　こしょう………………少量
たまねぎ ……………… 15g
きゅうり ……………… 25g
ハム …………………… 20g
サラダ菜………………… 5g

**マヨネーズソース**
卵黄 ……………………… 3g
サラダ油… 20mL（大1 1/3）
酢 ………3mL（小1/2強）
　調味料
　マスタード…………少量
　塩 ……………………少量
　こしょう………………少量
　砂糖……………………少量

| エネルギー | 339kcal |
| --- | --- |
| 塩分 | 0.5g |

副菜

## ポテトサラダ ……………… ●下ごしらえ

① じゃがいもを洗って皮つきのまま2つに切る。にんじんは皮をむいて縦2つに切る。

② ①を竹串が通るくらいまでゆでたら、にんじんをとり出す。

③ ゆで汁を捨て、じゃがいもを弱火にかけて水気をとり、熱いうちに皮をむく。

④ じゃがいもは粗くつぶし、にんじんはいちょう切りにして、下味をつける。

作り方

① たまねぎは薄切りして塩もみし、水にさらしてから、水気を切る。

② きゅうりは板ずりして小口切り、ハムは一口大に切る。サラダ菜は洗って水気を切る。

③ マヨネーズソースを作り、サラダ菜以外の具とあえ、サラダ菜を敷いた器に盛る。

## マヨネーズソース

作り方

① 卵黄に調味料を混ぜ、泡立て器でよく混ぜ、半分の酢を加えてさらに混ぜる。

② サラダ油を2〜3滴加えてよく混ぜる。これを繰り返す。

③ ソースがかたくなったら残りの酢を加える。全体がなめらかになるように油を少しずつ加えていく。

**KEYWORD**
●板ずり………まな板の上で塩をまぶした材料を手のひらで軽くおさえながら前後にころがすこと。きゅうりなどの青臭さをとり、緑色を鮮やかにする効果もある。

# フレンチサラダ・コールスローサラダ

副菜

▼フレンチサラダ

| 材料と分量 | 1人分 |
|---|---|
| レタス | 50g |
| トマト | 40g |
| きゅうり | 30g |
| ●フレンチドレッシング | |
| 塩 | 1g（小1/6） |
| こしょう | 少量 |
| 酢 | 5mL（小1） |
| サラダ油 | 8〜12mL（小2〜3） |

| エネルギー | 93kcal |
|---|---|
| 塩分 | 1.0g |

▼コールスローサラダ

| 材料と分量 | 1人分 |
|---|---|
| キャベツ | 60g |
| にんじん | 15g |
| きゅうり | 20g |
| ハム | 20g |
| スイートコーン（缶詰） | 20g |
| マヨネーズ | 8g（小2） |
| レモン汁 | 2mL（小2/5） |
| サラダ油 | 4mL（小4/5） |
| 塩 | 少量 |
| こしょう | 少量 |

| エネルギー | 161kcal |
|---|---|
| 塩分 | 0.8g |

## フレンチサラダ　●下ごしらえ

① レタスは食べやすい大きさに手でちぎり、水気を切る。

② トマトはくし形に切る。

③ きゅうりは斜め薄切りにする。

④ 野菜をそれぞれ冷蔵庫で冷やしておく。

作り方

1 ドレッシングを作る。ボールに塩・こしょう・酢を加えて混ぜ、サラダ油を少しずつ加えてよく混ぜる。

2 食べる直前に、冷やしておいた野菜をドレッシングであえる。

▼サラダ用ドレッシングの種類

基本：フレンチドレッシング（セパレートタイプ）

応用：◎ラヴィゴットソース…たまねぎ・パセリ・ピーマンなどのみじん切りを混ぜる

◎スパイスドレッシング…西洋わさび・しょうがなど各種スパイスを混ぜる

◎しょうゆドレッシング…しょうゆ・ごまなどを加えた和風のドレッシング

基本：マヨネーズソース（乳化タイプ）

応用：◎タルタルソース…ゆで卵・たまねぎ・ピクルス・パセリなどのみじん切りを混ぜる

◎トマトマヨネーズ…トマトピューレまたはトマトケチャップを混ぜる

◎クリームマヨネーズ…生クリーム（4〜5分立て）とレモン汁少量を混ぜる

## コールスローサラダ

作り方

1 キャベツ・にんじん・きゅうり、ハムはせん切りにし、ボールに入れる。

2 1にコーンを加え、マヨネーズ・レモン汁・サラダ油・塩・こしょうを加えてよくあえる。冷蔵庫で冷やす。

## POINT !

●野菜の水気はよく切らないと、ドレッシングが水っぽくなる。

●サラダの野菜はよく冷やしておくと、歯触りがよくおいしい。

●コールスローサラダは、調味料を入れてからよく混ぜ、味をなじませる。

副菜 **いかときゅうりのあえ物・棒々鶏**
バン バン チイ

### ▽いかときゅうりのあえ物（拌魷黄瓜）
バンユウホワングワ

| 材料と分量 | 1人分 |
| --- | --- |
| もんごういか | 50g |
| 塩 | 少量 |
| きゅうり | 40g（1/2本） |
| しょうが | 3g |
| 赤とうがらし | 少量 |

● 調味料

| | |
| --- | --- |
| 黒酢※ | 7.5mL（大1/2） |
| 砂糖 | 4.5g（大1/2） |
| しょうゆ | 7.5mL（大1/2） |
| ごま油 | 2.5mL（小1/2） |

| エネルギー | 83kcal |
| --- | --- |
| 塩分 | 1.7g |

※黒酢のかわりに穀物酢でもよい。

### ▽棒々鶏

| 材料と分量 | 1人分 |
| --- | --- |
| 鶏肉（むね肉） | 80g |
| しょうが | 6g |
| ねぎ | 4g |
| 酒 | 7.5mL（大1/2） |
| きゅうり | 40g（1/2本） |
| トマト | 50g（1/2個） |

● たれ

| | |
| --- | --- |
| 酢 | 2.5mL（小1/2） |
| 砂糖 | 4.5g（大1/2） |
| しょうゆ | 15mL（大1） |
| 練りごま | 12g（大4/3） |
| ラー油 | 6g（大1/2） |
| ねぎ | 4g |
| しょうが | 2g |
| ごま油 | 1.3mL（小1/4） |

| エネルギー | 345kcal |
| --- | --- |
| 塩分 | 2.7g |

---

### いかときゅうりのあえ物 ● Process

作り方

**1** いかは、p.17を参考に飾り切りにする。さっと熱湯に通して水気を切り、塩を少量ふる。

**2** きゅうりは、p.13を参考にじゃばらきゅうりにする。
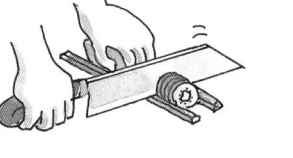

**3** 2の表面全体に少量の塩をふり、しんなりしたら水で軽く洗って水気を絞る。一口大に手でちぎる。

**4** しょうがは約1mm幅のせん切りにする。赤とうがらしは種を除き、キッチンばさみで小口切りにする。

**5** ボールにいか・きゅうり・しょうが・赤とうがらしを入れ、調味料であえる。

### POINT !

●じゃばらきゅうりを切るとき、きゅうりの両側にはしをそえると、下まで切りすぎることはなく、深めに切り込みを入れることができる。

---

### 棒々鶏 ● Process
バンバンチイ

作り方

**1** 沸騰した湯に、鶏肉・しょうが・ねぎ・酒を入れる。

**2** 再び沸騰したら弱火にしてあくをとり、20分くらいゆでる。

**3** 鶏肉を皿にとり出し、そのまま冷ます。冷めたら5〜6mm厚さにさく。

**4** きゅうりは長さ5cm、幅3mmくらいのせん切り、トマトは薄切りにする。

**5** たれに使うねぎ・しょうがをみじん切りにする。

**6** ボールに酢と砂糖を入れて混ぜる。のこりのたれの材料を、表の上から順に加えてよく混ぜる。

**7** 皿に薄切りにしたトマトを並べ、その上にきゅうりと3の鶏肉をのせる。6は別の器に入れ、食べる直前にあえる。

副菜

# 利休まんじゅう

デザート

### ▼利休まんじゅう

| 材料と分量 | 10 個分 |
|---|---|
| 薄力粉………………………… | 100g |
| 黒砂糖………………………… | 45g |
| 砂糖（上白糖）……………… | 30g |
| 湯（熱湯）…………………… | 33mL |
| 重曹…………………… | 3g（小3/4） |
| 水……………………… | 5mL（小1） |
| こしあん……………………… | 200g |

| エネルギー | 677kcal |
|---|---|
| 塩分 | 0.5g |

分量外
手粉（薄力粉）……………………… 少量

## ……●下ごしらえ

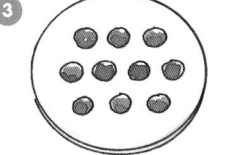

**1** 薄力粉は 2 回ふるい、砂糖と黒砂糖は 1 回ふるっておく。

**2** 重曹は分量の水で溶いておく。

**3** こしあんは 10 個のだんご状に丸めておく。

**4** 蒸し器に水を入れ、沸騰させておく。

### 作り方

**1** ボールに砂糖と黒砂糖を入れ、熱湯を加えて溶かし、なめらかにする。こして大きなボールに入れる。

**2** ❶が冷めたら❷を加え、木べらで手早く混ぜる。続けて薄力粉を加え、粉っぽさがなくなるまで混ぜる。

**3** 手粉をつけた手で、なめらかにまとまるまでよくこねる。

**4** ❸の生地を 10 等分する。手のひらの上でたいらにし、こしあんを包んで丸くする。

**5** ぬれぶきんを敷いた蒸し器に並べ、強火で約 10 分蒸す。

**6** 蒸し上がったらざるにとり、うちわであおいでつやを出す。

## POINT

- ●黒砂糖は、粉末状のものを買うと使いやすい。粉末状でないものを使う場合、かたまりがあれば包丁で細かく刻んでおく。
- ●重曹は、40℃以上で炭酸ガスを発生し始めるので、砂糖液が完全に冷めてから加える。
- ●手粉はつけすぎるとなめらかに仕上がらないので注意する。

# デザート 豆腐白玉・なんきん白玉

## ▽豆腐白玉

| 材料と分量 | 1人分 |
|---|---|

もち粉（白玉粉）………60g
絹ごし豆腐………………75g
●みたらしあん
　しょうゆ… 12mL（大2/3）
　砂糖 ………20g（大2強）
　●水溶きかたくり粉
　かたくり粉…3g（小1）
　水 ……20mL（大1 1/3）
あずきあん（缶詰）………50g
きなこ …………………………6g
青のり …………………………適量

| エネルギー | 495kcal |
|---|---|
| 塩分 | 2.2g |

## ▽なんきん白玉

| 材料と分量 | 1人分 |
|---|---|

もち粉（白玉粉）………30g
水 …………… 30mL（大2）
かぼちゃ ………………30g
きなこ …………………………6g
黒みつ …………………………10g

| エネルギー | 190kcal |
|---|---|
| 塩分 | 0g |

---

### 豆腐白玉

作り方

**1** ボールにもち粉を入れ、豆腐をつぶしながら加えて、よくこねる。

**2** 耳たぶのかたさになったらまとめ、ちぎって丸める。

**3** 沸騰した湯でゆで、浮き上がってきたものから、網じゃくしですくって冷水にとる。

**4** しょうゆ、砂糖を火にかけ、とろみを確認しながら水溶きかたくり粉を混ぜ、みたらしあんを作る。

**5** 水気を切っただんごを串に刺し、みたらしあんをかける。

**6** ほかに、きなこ、青のり、あずきあんなどをつけて好みの味を楽しむ。

---

### なんきん白玉

作り方

**1** かぼちゃは皮をむいてゆでるか、電子レンジ加熱でやわらかくし、熱いうちにつぶしてなめらかにする。

**2** もち粉に水を加えて混ぜたものにつぶしたかぼちゃを加え、よく練って食べやすいサイズに丸める。

**3** 沸騰した湯でゆで、浮き上がってきたら冷水にとる。水気を切って、器に盛り、黒みつときなこをかける。

---

### KEYWORD

●**もち粉**……だんご用にブレンドされた粉。白玉粉を使ってもなめらかに仕上がる。
●**なんきん**…南京。かぼちゃのこと。

### POINT

●豆腐が水のかわりになっているので時間がたってもかたくならない。白玉を丸めたら指で中央をつぶして形づくると熱の通りがよく、形もかわいい。

デザート

# デザート　**クッキー**

## ▼クッキー

| 材料と分量 | 1人分 |
| --- | --- |
| 薄力粉 | 50g |
| 砂糖（上白糖） | 17g |
| バター（無塩） | 40g |
| 卵 | 9g |
| バニラエッセンス | 少量 |

| エネルギー | 568kcal |
| --- | --- |
| 塩分 | 0.1g |

■ 応用材料 ｜ ココア生地の場合、薄力粉 45g、ココア 5g にする。

## ……●下ごしらえ

| ① | ② | ③ | ④ |
| --- | --- | --- | --- |
| 薄力粉は 2 〜 3 回ふるっておく。砂糖は 1 回ふるっておく。 | バターは常温でやわらかくしておく。 | オーブンは 160℃にあたためておく（予熱）。 | 天板にクッキングシートを敷いておく。 |

### 作り方

**1** ボールにバターを入れ、木べらで白っぽくクリーム状になるまで練る。

**2** ①に砂糖を 2 〜 3 回に分けて加え、白っぽくふんわりするまで泡立て器でよく混ぜる。

**3** ②に溶き卵を少しずつ加えてよく混ぜる。バニラエッセンスも加える。

**4** 薄力粉を 2 〜 3 回に分けて加え、ゴムべらなどで、こねないよう切るように混ぜる。20 分おく。

**5** 星形の口金をつけた絞り袋に生地を入れ、好みの形に絞り出す。焼くとふくらむので間隔をあける。

**6** 160℃のオーブンで約 15 分焼く。

## POINT

- ●ココア生地にする場合は、薄力粉をふるうときにココアもあわせてふるっておく。
- ●バターは白っぽくクリーム状になるまで混ぜると、さっくり仕上がっておいしい。
- ● 20 分おくとき、暑くて生地がだれる場合は、冷蔵庫に入れるとよい。

デザート

# マドレーヌ・パウンドケーキ

## ▼マドレーヌ

### 材料と分量 (菊型直径10cm、4個分)

| | |
|---|---|
| 薄力粉 | 60g |
| ベーキングパウダー | 0.5g(小1/8) |
| 砂糖 | 60g |
| バター(無塩) | 60g |
| 卵 | 72g |
| バニラエッセンス | 少量 |

| エネルギー | 1018kcal |
|---|---|
| 塩分 | 0.4g |

分量外
型に使うバター…………少量
型に使う薄力粉…………少量

## ▼パウンドケーキ

### 材料と分量 (長さ18cmのパウンド型1本分)

| | |
|---|---|
| 薄力粉 | 100g |
| ベーキングパウダー | 1.5g(小1/2弱) |
| 砂糖 | 80g |
| バター(無塩) | 100g |
| 卵 | 100g(2個) |
| バナナ | 100g(小1本) |
| レモン汁 | 10mL(小2) |

| エネルギー | 1680kcal |
|---|---|
| 塩分 | 0.7g |

デザート

---

### マドレーヌ　●下ごしらえ

❶ 型にバター(分量外)をぬり、薄力粉(分量外)を薄くふりかけ、冷蔵庫で冷やしておく。

❷ 薄力粉とベーキングパウダーを合わせて2回ふるう。砂糖は1回ふるう。

❸ バターは湯せんで完全に溶かしておく。

❹ オーブンを170℃にあたためておく。(予熱)

作り方

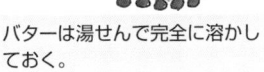

❶ ボールに❷を入れて泡立て器で軽く混ぜる。割りほぐした卵を加えてよく混ぜる。

❷ ❶がやわらかくなったら、バニラエッセンスとバターを加え、木べらでよく混ぜる。

❸ 型に八分目まで入れ、オーブンで10〜15分焼く。

---

### パウンドケーキ　●下ごしらえ

❶ 薄力粉とベーキングパウダーを合わせて2回ふるう。砂糖は1回ふるう。

❷ バターを常温でやわらかくしておく。

❸ バナナは皮をむき、フォークの背でつぶす。レモン汁を混ぜておく。

❹ パウンドケーキ型にパラフィン紙を敷く。オーブンを170℃にあたためておく。

作り方

❶ ボールにバターを入れ、泡立て器でなめらかにする。砂糖を加え、白っぽくなるまでよく混ぜる。

❷ 卵を割りほぐし、❶に少しずつ加えて混ぜる。❸を入れて木べらでさっと混ぜ、薄力粉を加えて切るように混ぜる。

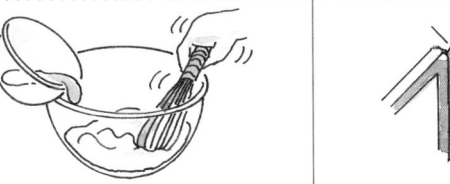

❸ オーブンに入れ、35〜40分ほど焼く。竹串を刺して生地がついてこなければよい。

# プリン・コーヒーゼリー

デザート

## ▼プリン

| 材料と分量 | 1人分 |
|---|---|

- 卵液
  - 卵 ……………… 25g
  - 牛乳 ……… 50mL（1/4C）
  - 砂糖 ……… 10g（大1強）
  - バニラエッセンス …… 少量
- カラメルソース
  - 砂糖 ……… 7.5g（小2 1/2）
  - 水 ……………5mL（小1）
  - 湯（差し湯）…… 6〜7.5mL

| エネルギー | 140kcal |
|---|---|
| 塩分 | 0.2g |

分量外
型に使うバター………… 少量

## ▼コーヒーゼリー

| 材料と分量 | 1人分 |
|---|---|

- 粉ゼラチン …… 2.5g（小1弱）
- 水 ……… 15mL（大1）
- コーヒー液
  - 水 ……… 75mL（3/8C）
  - インスタントコーヒー … 3g（大1/2）
  - 砂糖 ……… 20g（大2強）
- 生クリーム 25mL（大1 2/3）

| エネルギー | 203kcal |
|---|---|
| 塩分 | 0g |

## プリン ● Process

作り方

1 型にバター（分量外）を薄くぬっておく。

2 カラメルソースを作る。なべに砂糖と水を入れて火にかけ、褐色になるまで待つ。

3 焦げ色がついたところで差し湯をし、かき混ぜないで煮溶かし、型に流し入れる。

4 卵を泡立てないように混ぜ、約50℃にあたためた牛乳、砂糖、バニラエッセンスを加える。

5 卵液をこし、カラメルソースの入った型に流し入れ、表面の泡をすくいとる。

6 天板に約80℃の湯を型の高さの1/2から1/3ほど入れ、160℃で12分焼き、そのまま5分おいておく。

## コーヒーゼリー ● Process

作り方

1 器に水を入れ、粉ゼラチンをふり入れて10分ほどひたす。

2 なべに、水とインスタントコーヒー・砂糖を入れて火にかけ、コーヒー液を作る。

3 十分に水を吸ったゼラチンを、あたたかいコーヒー液の中に加えて溶かす。

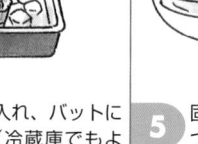

4 水でぬらした型に流し入れ、バットに入れた氷水で冷やす（冷蔵庫でもよい）。

5 固まったら型をぬるま湯に5秒ほどつけて中身をとり出し、グラスに盛って生クリームをそえる。

### KEYWORD

● 差し湯…… 調理している材料に途中で湯を加えること。

### POINT

● ゼラチンは40℃で溶けるので、煮立てたりすると凝固力が落ちる。

# デザート ロールスポンジケーキ

## ▼ロールスポンジケーキ

| 材料と分量 | 1本分（天板25cm×25cm） |
|---|---|
| 卵 | 200g（3〜4個） |
| 砂糖 | 90g（3/4C弱） |
| 薄力粉 | 90g（3/4C強） |
| 牛乳 | 30mL（大2） |
| バター（無塩） | 30g（大2 1/2） |
| バニラエッセンス | 少量 |
| あんずジャム | 80g |
| ●フィリング | |
| 生クリーム | 100mL（1/2C） |
| 粉糖 | 10g |
| くだもの※ | 120g |

| エネルギー | 1916kcal |
|---|---|
| 塩分 | 0.9g |

※いちご・キウイフルーツ・バナナ・黄桃など。

----

### ……●下ごしらえ

**❶** 薄力粉と砂糖はそれぞれ2回ずつふるっておく。

**❷** 天板にクッキングシートを敷いておく。

**❸**  オーブンを190℃にあたためておく。（予熱）

**❹** バターは電子レンジで溶かしておく。

### 作り方

**1**  ボールに卵を割り入れ、泡立て器で軽くほぐす。砂糖を加えてぬるま湯につけながら泡立てる。

**2** 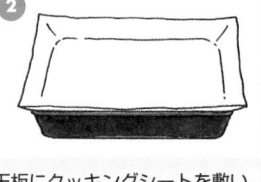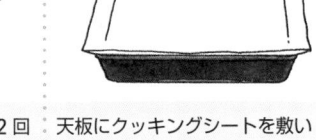 泡がもったり糸状にたれるようになったら、牛乳、薄力粉の順に加えて混ぜ、最後に溶かしバターとバニラエッセンスを混ぜる。

**3**  天板に生地を平均に流す。霧をふき、あたためておいたオーブンの中段に入れ、10〜15分間焼く。

**4**  焼き上がったら網の上にとり、上から天板をかぶせて蒸らす。少しあたたかいうちに紙をはがす。

**5**  新しい紙を敷き、包丁で手前を細かく、徐々に大きく切り込みを入れる。ジャムをぬってロール状に巻く。

**6** 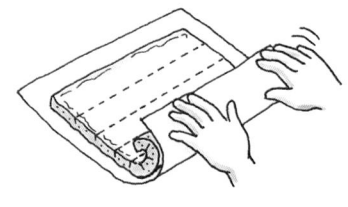 さらに、粉糖を加えて泡立てた生クリームをジャムの上にぬり、中央にくだものをおいて巻いてもよい。

----

### KEYWORD

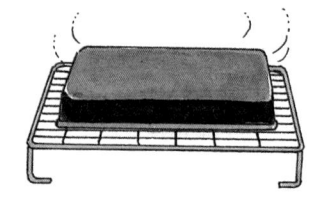

- **予熱**………オーブンを使う際に、あらかじめ庫内の温度を上げてあたためておくこと。
- **フィリング**…詰めもの。ケーキでは、果物やホイップクリーム。

### POINT

- バターは卵の泡をつぶす働きがあるので、最後に熱い状態のまま加えて手早くさっと混ぜ、天板に流す。
- 生クリームは手前3cm、巻き終わり5cmあけてぬる。

# デザート 奶豆腐
ナイ トウ フ

▼奶豆腐

| 材料と分量 | 1丼分（4人分） |
| --- | --- |
| 粉寒天※ | 4g |
| 水 | 250mL（1 1/4C） |
| 砂糖 | 30g |
| 牛乳 | 200mL（1C） |
| アーモンドエッセンス | 少量 |
| ・シロップ | |
| ┌ 水 | 200mL |
| └ 砂糖 | 40g |
| 黄桃（缶詰） | 100g |
| さくらんぼ | 16g（2個） |

| エネルギー | 638kcal |
| --- | --- |
| 塩分 | 0.2g |

※角寒天（1/2本）の場合は、十分水で
戻し、煮溶かしてからほかのものと混
ぜる。

| ■応用材料 | ほかのくだものは、みかん、パ
イナップルなど。 |
| --- | --- |

## 下ごしらえ

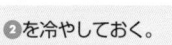

**1** なべに分量の水を入れ、粉寒天をふり入れる。

**2** シロップ用の水と砂糖を火にかけて約3/4になるまで煮詰める。

**3** 2を冷やしておく。

**4** 飾り用のくだものを適宜用意しておく。

## 作り方

**1** 1のなべを火にかける。沸騰したら火を弱め、かき混ぜながら2〜3分煮る。

**2** 1に砂糖を加えて溶かす。牛乳とアーモンドエッセンスを加えて混ぜる。

**3** あら熱がとれたら、ぬらした器に2を流し入れ、冷蔵庫で冷やし固める。

**4** 固まった寒天に包丁を寝かせて斜めに入れ、ひし形になるように切れ目を入れる。

**5** 冷やしておいた2のシロップを器の縁から静かに注ぐ。

**6** まわりにくだものを飾る。

## POINT !

●シロップにレモン汁を加えると甘さがおさえられる。

第**2**編

食品成分表編

FOOD &
COOKING

BASIC TECHNIQUE
for Cooking

# 食品成分表 Q&A ·········· ● Food Composition Q & A

| 食品群（食品分類） | 掲載数 |
|---|---|
| 01 穀類 | 20 |
| 02 いも及びでん粉類 | 10 |
| 03 砂糖及び甘味類 | 8 |
| 04 豆類 | 14 |
| 05 種実類 | 6 |
| 06 野菜類 | 58 |
| 07 果実類 | 20 |
| 08 きのこ類 | 8 |
| 09 藻類 | 9 |
| 10 魚介類 | 22 |
| 11 肉類 | 21 |
| 12 卵類 | 5 |
| 13 乳類 | 15 |
| 14 油脂類 | 10 |
| 15 菓子類 | 10 |
| 16 し好飲料類 | 20 |
| 17 調味料及び香辛料類 | 20 |
| 18 調理済み流通食品類 | 20 |
| 合計 | 296 |

**Q 1　食品成分表って何？**

**A 1**　どの食品が、どのような栄養素を、どれだけ含んでいるかが掲載されています。文部科学省科学技術・学術審議会 資源調査分科会が編纂した「日本食品標準成分表」に基づいて作られていて、現在利用されているのは2020年公表の、18食品群、2,478食品が収載された「日本食品標準成分表2020」です。

「日本食品標準成分表2020」は、食品によって、水煮、ゆで、焼きなどの調理後の食品成分値が掲載されていたり、日常ではほとんど利用しないものなども掲載されています。そのため本書では、ふだん身近にある食品、よく利用する食品、学習のうえで必要と思われる食品を精選して296品目に絞りました。

内訳は右の通りです。

**Q 2　食品成分表ってどんなふうに役立つの？**

**A 2**　食べられる部分（可食部）100 gあたりのエネルギー量や五大栄養素（→p.68）量、食塩相当量や食物繊維総量などが示されているので、これを利用すれば、必要な栄養素を満たすためにはどの食品がどのくらい必要かという計算や、献立の栄養価計算などが行えます。

**Q 3　食べたものやメニューに出ているもののエネルギーや栄養素量は、どうやって計算するの？**

**A 3**　使用した食品の重量から計算します。例えば整数で出したい場合は、次の位の小数第1位を四捨五入して数値を出します。

$$\frac{食材の重量（g）×100 gあたりのエネルギーや栄養素量}{100}$$

**●栄養価計算の例……食パンピザのエネルギーを計算する**

- ●食パン1枚（6枚切り）60 g ········· 60×248÷100 ＝ 148.8 ÷ 149
- ●有塩バター3 g ·········· 3×700÷100 ＝ 21
- ●トマト50 g ·········· 50×20÷100 ＝ 10
- ●ピーマン（青）10 g ········ 10×20÷100 ＝ 2
- ●たまねぎ15 g ·········· 15×33÷100 ＝ 4.95 ÷ 5
- ●ピザ用チーズ（プロセスチーズ）25 g ·········· 25×313÷100 ＝ 78.25 ÷ 78

合計 265 kcal

---

**Food Composition**
## 食品成分表の見方

**★エネルギー**
可食部100 gあたりのたんぱく質・脂質・炭水化物の量（g）に、各成分ごとのエネルギー換算係数を乗じて算出。国際単位系の単位はkJ（キロジュール）だが、定着しているkcal（キロカロリー）を掲載。

**★水分**
可食部100 g中に含まれる水分量（g）。

**★たんぱく質、脂質、炭水化物を三大栄養素という。**

**★食物繊維総量**
従来からの分析方法であるプロスキー変法（高分子量の「水溶性食物繊維」と「不溶性食物繊維」を分析して合計したもの）と追補2018年以降の分析方法であるAOAC.2011.25法（低分子水溶性食物繊維、高分子水溶性食物繊維、不溶性食物繊維、難消化性でん粉を分析して合計したもの）の2種類の数値が存在している。「日本食品標準成分表2020」に収載されている食物繊維総量の数値は両分析の数値が混在しているが、分析法が混在すると食品同士の比較はできなくなるため、本書では併記することにした。

**★食品番号**：2桁は食品群で、01の穀類から18の調理済み流通食品類まで18群に分かれている。3桁は小分類または細分で、各食品の番号となっている。

**★食品名**：学術名または習慣的名称を記載。

| 食品番号 | 食品名 | 廃棄率 | エネルギー | 水分 | たんぱく質 | 脂質 | 脂肪酸 | | | コレステロール | 炭水化物 | 食物繊維総量 | | 無機質（ミネラル） | | | | | |
|---|---|---|---|---|---|---|---|---|---|---|---|---|---|---|---|---|---|---|---|
| | | | | | | | 飽和 | 一価不飽和 | 多価不飽和 | | | プロスキー変法 | AOAC法※ | ナトリウム | カリウム | カルシウム | マグネシウム | リン | 鉄 |
| (01) | | % | kcal | g | g | g | g | g | g | mg | g | g | g | mg | mg | mg | mg | mg | mg |
| 015 | 小麦粉　薄力粉　1等 | 0 | 349 | 14.0 | 8.3 | 1.5 | 0.34 | 0.13 | 0.75 | (0) | 75.8 | 2.5 | － | Tr | 110 | 20 | 12 | 60 | 0.5 |
| 020 | 小麦粉　強力粉　1等 | 0 | 337 | 14.5 | 11.8 | 1.5 | 0.35 | 0.14 | 0.77 | (0) | 71.7 | 2.7 | － | Tr | 89 | 17 | 23 | 64 | 0.9 |
| 024 | プレミックス粉　ホットケーキ用 | 0 | 360 | 11.1 | 7.8 | 4.0 | (1.54) | (1.07) | (0.86) | 31 | 74.4 | 1.8 | － | 390 | 230 | 100 | 12 | 170 | 0.5 |
| 026 | 角形食パン　食パン | 0 | 248 | 39.2 | 8.9 | 4.1 | 1.50 | 1.24 | 0.82 | 0 | 46.4 | 2.2 | 4.2 | 470 | 86 | 22 | 18 | 67 | 0.5 |
| 034 | ロールパン | 0 | 309 | 30.7 | 10.1 | 9.0 | 4.02 | 2.86 | 1.26 | (Tr) | 48.6 | 2.0 | － | 490 | 110 | 44 | 22 | 97 | 0.7 |
| 038 | うどん　生 | 0 | 249 | 33.5 | 6.1 | 0.6 | (0.14) | (0.05) | (0.31) | － | 56.8 | － | 3.6 | 1000 | 90 | 18 | 13 | 49 | 0.3 |

**★廃棄率**：廃棄部分を、重量の割合（%）で表示。
可食部＝収載食品の概量－廃棄部位の概量

※参照する頻度が高いものを太字とした。

**A4** 厚生労働省が定めた「日本人の食事摂取基準」（2020年版：令和2～6年度用）は、年齢や性別、身体活動レベル（日常生活の活動量）などを考慮し、健康な生活を営むために指標となるエネルギーや、栄養素の1日あたりの摂取基準を示しています。

## 15～17歳のエネルギーの指標と食事摂取基準のめやす

### ■ エネルギーの指標

2020年版の食事摂取基準では、エネルギー収支のバランスの維持を示す指標としてBMIが採用されている。しかし、目標とするBMIの提示が18歳以上に限られていることなどから、推定エネルギー必要量が参考として示されている。

● 目標とするBMIの範囲（18歳以上）

| 年齢（歳） | 目標とするBMI(kg/m²) |
|---|---|
| 18～49 | 18.5～24.9 |
| 50～64 | 20.0～24.9 |
| 65～74 | 21.5～24.9 |
| 75以上 | 21.5～24.9 |

● 身体活動レベル別推定エネルギー必要量（kcal/日）

| 身体活動レベル | | 女 | 男 |
|---|---|---|---|
| Ⅰ | 低い | 2,050 | 2,500 |
| Ⅱ | ふつう | 2,300 | 2,800 |
| Ⅲ | 高い | 2,550 | 3,150 |

■ **脂質の目標量**：男女とも、脂肪エネルギー比率（摂取エネルギーに占める脂肪の割合）は20％以上～30％未満。

■ **たんぱく質の推奨量**：女55g 男65g

### ■ ミネラルの食事摂取基準（mg）

| 栄養素 | 女 | 男 | 耐容上限量 |
|---|---|---|---|
| カリウム | 2,000 | 2,700 | － |
| カルシウム | 650 | 800 | － |
| マグネシウム | 310 | 360 | － |
| リン | 900 | 1,200 | － |
| 鉄 | 10.5 | 10.0 | 女40、男50 |
| 亜鉛 | 8 | 12 | － |
| 銅 | 0.7 | 0.9 | － |

注●ナトリウムに関しては、食塩相当量として女1日6.5g未満、男1日7.5g未満が15～17歳の目標量である。
●カリウム、リンは目安量、それ以外は推奨量。

### ■ ビタミンの食事摂取基準

| 栄養素 | （単位） | 女 | 男 | 耐容上限量 |
|---|---|---|---|---|
| ビタミンA | (μg RAE) | 650 | 900 | 女2,800、男2,500 |
| ビタミンD | (μg) | 8.5 | 9.0 | 90 |
| ビタミンE | (mg) | 5.5 | 7.0 | 女650、男750 |
| ビタミンK | (μg) | 150 | 160 | － |
| ビタミンB₁ | (mg) | 1.2 | 1.5 | － |
| ビタミンB₂ | (mg) | 1.4 | 1.7 | － |
| ナイアシン | (mgNE) | 13 | 17 | 女250、男300 |
| ビタミンB₆ | (mg) | 1.3 | 1.5 | 女45、男50 |
| ビタミンB₁₂ | (μg) | 2.4 | 2.4 | － |
| 葉酸 | (μg) | 240 | 240 | 900 |
| パントテン酸 | (mg) | 6 | 7 | － |
| ビオチン | (μg) | 50 | 50 | － |
| ビタミンC | (mg) | 100 | 100 | － |

注●ビタミンAのRAE：レチノール活性当量
●ナイアシンのNE：ナイアシン当量
●ビタミンD・E・K、パントテン酸、ビオチンは目安量、それ以外は推奨量。

---

**★ビタミンA**

ビタミンAの総量は、レチノール活性当量で示される。

$$\text{レチノール活性当量}＝\text{レチノール}＋\frac{1}{12}\,\beta\text{-カロテン当量}$$

レチノールはおもに動物性食品に含まれる。β-カロテン当量を構成するα-カロテンなどはプロビタミンAと呼ばれ、おもに植物性食品に含まれる。

$$\beta\text{-カロテン当量}＝$$
$$\beta\text{-カロテン}＋\frac{1}{2}\,\alpha\text{-カロテン}＋\frac{1}{2}\,\beta\text{クリプトキサンチン}$$

**★ビタミンE**

食品に含まれるビタミンEは、主としてα-、β-、γ-及びδ-トコフェロールの4種であるが、α-トコフェロールが指標とされている。

**★食塩相当量**

食塩はナトリウムと塩素が結合したもの。食塩相当量は、食品中に含まれるナトリウム量を食塩に換算したものである（ナトリウム量に2.54を乗じて算出）。

**★食品の概量**

小1＝小さじ1
大1＝大さじ1
1C＝1カップ

**★可食部100gあたり**

食品から廃棄部分を除いた、食べられる部分のみの栄養素を表示していることを示す。

（可食部100gあたり）

| 亜鉛 | 銅 | マンガン | ヨウ素 | セレン | クロム | モリブデン | ビタミン（脂溶性） | | | | | | | ビタミン（水溶性） | | | | | | | | | 食塩相当量 | 概量 |
|---|---|---|---|---|---|---|---|---|---|---|---|---|---|---|---|---|---|---|---|---|---|---|---|---|
| | | | | | | | A 活性当量 | レチノール | レチノール | β-カロテン当量 | D | E (α-トコフェロール) | K | B₁ | B₂ | ナイアシン当量 | B₆ | B₁₂ | 葉酸 | パントテン酸 | ビオチン | C | | |
| mg | mg | mg | μg | μg | μg | μg | μg | μg | μg | μg | μg | mg | μg | mg | mg | mg | mg | μg | μg | mg | μg | mg | g | |
| 0.3 | 0.08 | 0.43 | Tr | 4 | 2 | 12 | (0) | 0 | (0) | 0 | (0) | 0 | (0) | 0.11 | 0.03 | 2.4 | 0.03 | 0 | 9 | 0.53 | 1.2 | (0) | 0 | 1C＝110g |
| 0.8 | 0.15 | 0.32 | 0 | 39 | 1 | 26 | (0) | 0 | (0) | 0 | (0) | 0 | 0.3 | 0.09 | 0.04 | 3.1 | 0.06 | 0 | 10 | 0.77 | 1.7 | (0) | 0 | 1C＝110g |
| 0.3 | 0.07 | － | 0 | 3 | 5 | 11 | 9 | 9 | 3 | 0.1 | 0.5 | 1 | 0.10 | 0.08 | (2.2) | 0.04 | 0 | 10 | 0.48 | 1.5 | 0 | 1.0 | 1C＝110g |
| 0.5 | 0.09 | 0.25 | 1 | 22 | 1 | 15 | 0 | 0 | 0 | 4 | 0.4 | 0 | 0.07 | 0.05 | 2.6 | 0.03 | Tr | 30 | 0.42 | 2.3 | 0 | 1.2 | 6枚切り1枚60g |
| 0.8 | 0.12 | 0.29 | － | － | － | － | 1 | (0) | 15 | 0.1 | 0.5 | (Tr) | 0.10 | 0.06 | 3.1 | 0.03 | (Tr) | 38 | 0.61 | － | (0) | 1.2 | 1個＝40g |
| 0.3 | 0.08 | 0.39 | 2 | 6 | 2 | 7 | (0) | 0 | 0 | (0) | 0.2 | － | 0.09 | 0.03 | 1.7 | 0.03 | 0 | 5 | 0.36 | 0.8 | (0) | 2.5 | 1玉＝170～250g |

●きわめて微量にしか含まれない成分の表示法
0：最小記載量の1/10未満、または検出されなかった。
Tr（Trace）：最小記載量の1/10以上含まれているが、5/10未満である。
( )：推定値、または推計値（諸外国の食品成分表などを基に推計）。
－：測定していない。

●重さの単位
mg（ミリグラム） 1g＝1,000mg
μg（マイクログラム） 1mg＝1,000μg

# 食べる目的は何？

## ●からだを作る

　私たちは、たった1つの細胞が細胞分裂を繰り返すことによって人間となります。母体内では胎盤を通して栄養や酸素を取り込んで成長し、生まれてからは自力で食物を食べて栄養を摂取することによって成長します。そして大人になると、細胞の数は60兆個にもなります。これらの細胞のほとんどは、食べ物に含まれる栄養によって生み出される新しい細胞に、常時置き換えられています。つまり栄養は、私たちのからだを作る材料となっているのです。

### 人体の組成

　人体の組成は右図の通りですが、性、年齢、体型などによって個人差があります。割合がいちばん多い水分は、代謝・消化・吸収に欠かせない物質で、生命の維持や恒常性を保つ重要な働きをします。

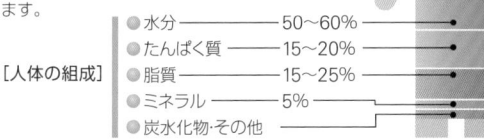

［人体の組成］
- ●水分 ——— 50〜60%
- ●たんぱく質 ——— 15〜20%
- ●脂質 ——— 15〜25%
- ●ミネラル ——— 5%
- ●炭水化物・その他

藤田美明・奥恒行「栄養学概論」による

## ●エネルギーを補給する

　私たちは、お腹がすくと食事をし、食物に含まれる栄養を消化・吸収して、生きていくためのエネルギーを作り出します。ガソリンのない車は走れませんが、私たちも同じように、エネルギーがなくなると動けません。私たちは「食べなければ死ぬ」のです。

## ●からだの調子を整える

　私たちの体内では、食物の摂取、消化、吸収、老廃物の排泄、エネルギーの生産など、生命活動に必要なあらゆる化学反応が行われています。これを代謝といいますが、食物は代謝のための原料を供給し、代謝がスムーズに行われるのを助け、からだの調子を整えます。例えばカルシウムが吸収されるときにはビタミンDが必要ですし、からだの組織に酸素を運ぶ赤血球のヘモグロビンは、鉄やたんぱく質が不足すると減少してしまい、酸欠状態によるめまいや倦怠感などを引きおこします。

---

# 栄養素解説 …………… ●たんぱく質●脂質●糖質●食物繊維●ミネラル●ビタミンの種類

## たんぱく質　　　　　　　　　　　　　*Protein* ✦

　たんぱく質は、約20種類のアミノ酸が数十〜数万個結合したもので、配列の違いによって、天文学的な種類のたんぱく質が作られる。炭素（C）、水素（H）、酸素（O）のほかに窒素（N）からなり、イオウ（S）やリン（P）を含むものもある。

　摂取されたたんぱく質は体内でアミノ酸に分解されてから、人体に必要なたんぱく質に再合成される。筋肉、臓器、皮膚、血液、ホルモン、酵素、免疫物質など、私たちのからだの多くの部分は、たんぱく質からできている。エネルギー源ともなり、1gあたり約4kcalのエネルギーを発生する。

　たんぱく質をとりすぎると、腎機能障害やカルシウムの不足などを招く。不足すると、発育障害、貧血、記憶力や思考力の減退、スタミナ不足、ウイルスなどへの抵抗力の低下、うつ病や神経症などを引きおこす。

### 必須アミノ酸

　たんぱく質を構成するアミノ酸には、体内で合成できないアミノ酸と合成できるアミノ酸がある。合成できないアミノ酸は必ず食べ物から取り入れなくてはならず、1種類でも欠乏すると栄養障害をおこすため、必須アミノ酸、または不可欠アミノ酸とよばれる。トリプトファン、メチオニン、リシン、フェニルアラニン、ロイシン、イソロイシン、バリン、トレオニンの8種は私たちの体内では合成されない。また、ヒスチジンは体内で作られるが、急速な発育をする幼児の食事に欠かせないことから、1985年からこれも必要なアミノ酸として加わるようになり、合計9種類が必須アミノ酸とされている。

　なお、体内で合成されるアミノ酸は非必須（可欠）アミノ酸とよばれる。

---

## ■たんぱく質の種類

| 分類 | 種類 | おもなものの名称と所在 | 特性 |
|---|---|---|---|
| 単純たんぱく質 | アルブミン | オボアルブミン(卵白)、ラクトアルブミン(乳)、血清アルブミン(血液) | 水に溶け、加熱すると凝固する。 |
| | グロブリン | グロブリン(卵白・血液)、グリシニン(大豆)、アラキン(らっかせい) | 水に溶けず、塩溶液に溶ける。加熱すると凝固する。 |
| | グルテリン | オリゼニン(米)、グルテニン(小麦) | 水や塩溶液に溶けず、薄い酸やアルカリに溶ける。加熱しても凝固しない。 |
| | プロラミン | グリアジン(小麦)、ツェイン(とうもろこし) | 水に溶けず、アルコールに溶ける。 |
| | 硬たんぱく質 | コラーゲン(皮・骨)、エラスチン(腱)、ケラチン(爪・毛髪) | 水・塩溶液・酸・アルカリなどに溶けない。 |
| 複合たんぱく質 | 核たんぱく質 | — | 単純たんぱく質に核酸が融合したもの。 |
| | 糖たんぱく質 | オボムコイド(卵白)、ムチン(血清) | たんぱく質に糖が結合したもの。 |
| | リンたんぱく質 | カゼイン(乳)、ビテリン(卵黄) | たんぱく質にリン酸が結合したもの。 |
| | 色素たんぱく質 | ヘモグロビン(血液)、ミオグロビン(筋肉) | たんぱく質に色素が結合したもの。 |
| | リポたんぱく質 | リポビテリン(卵黄) | たんぱく質にリン脂質が結合したもの。 |
| 誘導たんぱく質 | ゼラチン | コラーゲン(皮・骨) | たんぱく質を物理的・化学的に処理したもの。 |
| | プロテオースペプトンペプチド | — | たんぱく質を加水分解して生成、分解の程度によって名称が変わる。 |

# 栄養素の働き

食品に含まれる栄養素は、炭水化物（糖質・食物繊維）、脂質、たんぱく質、ミネラル、ビタミンです。これは五大栄養素とよばれ、それぞれ連帯しながら、からだの構成や成長、生活に必要なエネルギーの生成、生理機能の調整などの役割を果たしています。炭水化物、脂質、たんぱく質は、特に三大栄養素とよばれます。

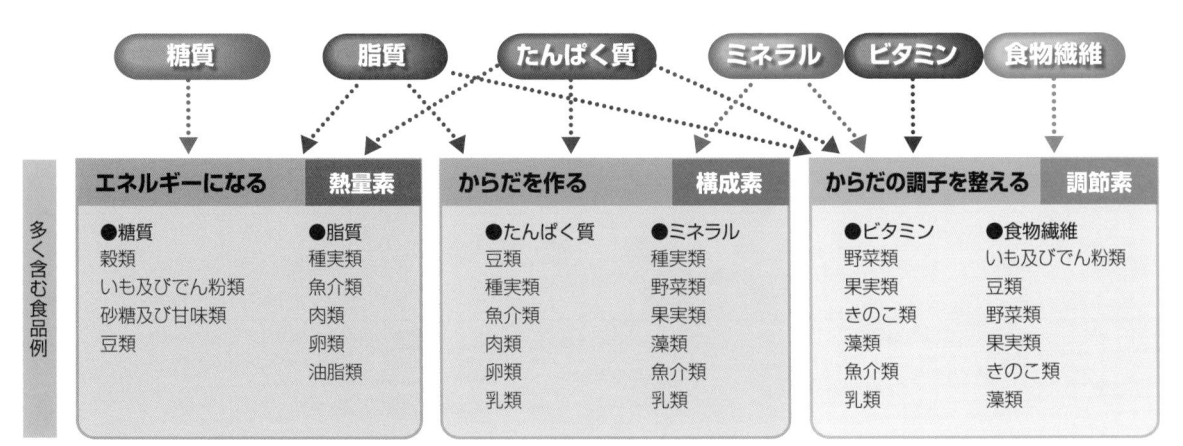

| 多く含む食品例 | エネルギーになる　熱量素 | | からだを作る　構成素 | | からだの調子を整える　調節素 | |
|---|---|---|---|---|---|---|
| | ●糖質<br>穀類<br>いも及びでん粉類<br>砂糖及び甘味類<br>豆類 | ●脂質<br>種実類<br>魚介類<br>肉類<br>卵類<br>油脂類 | ●たんぱく質<br>豆類<br>種実類<br>魚介類<br>肉類<br>卵類<br>乳類 | ●ミネラル<br>種実類<br>野菜類<br>果実類<br>藻類<br>魚介類<br>乳類 | ●ビタミン<br>野菜類<br>果実類<br>きのこ類<br>藻類<br>魚介類<br>乳類 | ●食物繊維<br>いも及びでん粉類<br>豆類<br>野菜類<br>果実類<br>きのこ類<br>藻類 |

＊菓子類・し好飲料類・調味料及び香辛料類・調理済み流通食品類は各食品の成分にばらつきが多いため、ここでは分類していない。

# 脂質 　　　　　　　　　　　　　　　　　　　　*Lipid*

脂質は炭水化物と同じく、炭素（C）、水素（H）、酸素（O）で構成されるが、炭素や水素の割合が多いため、発生するエネルギーが1gあたり9kcalと大きく、効率のよいエネルギー源である。体内では、細胞膜や血液成分、ホルモンなどの原料となる。脂溶性のビタミンA・D・Eなどの吸収をよくする働きがある。また、体内で合成されないために必ず食品から摂取しなくてはならない必須脂肪酸の供給源となる。健康上理想的な油脂の摂取は、動物性油脂1：植物性油脂2といわれる。

とりすぎると、肥満、動脈硬化、アレルギー症状、心臓疾患、ガン、抵抗力の低下、老化などを招く。不足すると、脂溶性ビタミン欠乏、発育不良、神経組織障害、血管や細胞膜の劣化などを引きおこす。

また、誘導脂質の脂肪酸は、炭素結合のしかたによって飽和脂肪酸（S）と不飽和脂肪酸の2種類に分類され、不飽和脂肪酸はさらに一価不飽和脂肪酸（M）と多価不飽和脂肪酸（P）に分けられる。これらの望ましい摂取比率は、S3：M4：P3とされている。

## コレステロール

コレステロールは、血液中の脂質の1つである。細胞膜、胆汁酸、性ホルモン、副腎皮質ホルモン、プロビタミン（体内でビタミンに変換）などの材料になる大切な栄養素だが、とりすぎると生活習慣病を招くおそれがある。

コレステロールは、1日1g以上の供給が必要とされ、食物でその一部を摂取する以外は、肝臓で合成される。肝臓が送り出すコレステロール（LDL、悪玉コレステロール）と肝臓に送られてくるコレステロール（HDL、善玉コレステロール）のバランスが崩れると血液中にコレステロールのかすがたまり、動脈硬化をおこす原因にもなる。飽和脂肪酸と不飽和脂肪酸の摂取バランスを考えるとともに、コレステロールを多く含む食品の過食を控えることが大切である。血管内のそうじ役であるHDLは、食物繊維や多価不飽和脂肪酸の摂取や、運動などによって増加する。

## ■脂質の種類と働き

| 分類 | 種類 | 構造 | おもな所在 | 生理機能 |
|---|---|---|---|---|
| 単純脂質 | 中性脂肪 | 脂肪酸＋グリセリン | 食用油、まっこう鯨、魚卵 | エネルギー貯蔵、保温作用 |
| | ろう | 脂肪酸＋高級アルコール | | |
| 複合脂質 | リン脂質 | 脂肪酸＋グリセリン＋リン酸<br>＋コリン(レシチン)など | 卵黄 | 細胞膜などの構成成分<br>脳組織に広く分布 |
| | 糖脂質 | 脂肪酸＋グリセリン＋単糖類 | | |
| 誘導脂質 | 脂肪酸 | 脂肪を構成する有機酸 | バター、食用油、あさり、かき、植物油、卵黄、えび、いか | 脂肪として蓄積し、分解してエネルギー供給する<br>ホルモンの構成成分 |
| | ステロール | エルゴステロール(植物性)<br>コレステロール(動物性)<br>性ホルモン、胆汁酸など | | |

## 炭水化物

炭水化物は、炭素（C）、水素（H）、酸素（O）で構成され、消化酵素によって消化されて1gあたり約4kcalのエネルギーを発生する糖質と、消化されない食物繊維に分類される。

## 糖質

*Carbohydrate* ✦

糖質は、脳・神経系への唯一のエネルギー源である。また、グリコーゲンや中性脂肪として体内に貯蔵され、必要なときにエネルギーを供給する。総エネルギーの50％以上を糖質でとることが望ましいとされている。

糖質をとりすぎると、肥満、糖尿病、高脂血症、脂肪肝、虫歯などを招く。不足すると、集中力不足、疲労、皮膚の衰えなどを引きおこす。糖質は、ぶどう糖や果糖のように甘味のある単糖類・二糖類と、でん粉などの多糖類に分類される。

### ▼糖質の種類

| 分類 | 種類 | 構造 | | おもな所在 | 特性 |
|---|---|---|---|---|---|
| 単糖類 | ぶどう糖（グルコース） | $C_6H_{12}O_6$（炭水化物の最小単位） | ぶどう糖　果糖　ガラクトース | 果実・野菜・血液 | 水溶性 甘い |
| | 果糖（フルクトース） | | | 果実・はちみつ | |
| | ガラクトース | | | （乳汁にぶどう糖と結合して）乳糖 | |
| 少糖類 | しょ糖（スクロース） | $C_{12}H_{22}O_{11}$（二糖） | ぶどう糖＋果糖 | さとうきびの茎・てんさいの根 | |
| | 麦芽糖（マルトース） | | ぶどう糖＋ぶどう糖 | 水あめ | |
| | 乳糖（ラクトース） | | ぶどう糖＋ガラクトース | 人乳・牛乳 | |
| | ラフィノース | $C_{18}H_{32}O_{16}$（三糖） | ぶどう糖＋果糖＋ガラクトース | だいず・てんさい・綿実 | |
| 多糖類 | でん粉（スターチ） | $(C_6H_{10}O_5)n$（ぶどう糖の多数結合体） | アミロースとアミロペクチンがある | 穀類・いも類・豆類 | 不溶性 甘くない |
| | デキストリン | | でん粉の途中分解産物 | あめ | |
| | グリコーゲン | | 動物の貯蔵炭水化物 | 動物の肝臓・筋肉 | |

## 食物繊維

*Food fiber* ✦

食物繊維は炭水化物の一部で、人間の消化酵素では分解されない難消化成分である。ほとんどエネルギー源にはならないが、満腹感を与えてエネルギーの過剰摂取を防止する、消化管を刺激して働きを活発にする、便量を多くして便通をよくする、腸内の有害物質を吸着して大腸ガンを予防する、血中コレステロール濃度の上昇を抑制するなどの働きがある。しかしとりすぎると、ミネラルやビタミンの吸収を低下させるおそれがある。1日の目標量は男性19g以上、女性18g以上。

食品成分表で食物繊維総量として表示されているものの中には、炭水化物以外の非炭水化物も多くある。

### ▼食物繊維の分類

| 分類 | 含まれる部位 | 名称 | 多く含む食品 |
|---|---|---|---|
| 不溶性食物繊維 | 植物細胞壁の構成成分 | セルロース | 野菜、穀類、豆類、小麦ふすま |
| | | ヘミセルロース | 穀類、豆類、小麦ふすま |
| | | ペクチン質 | 未熟な果実、野菜 |
| | | リグニン | ココア、小麦ふすま、豆類 |
| | 甲殻類の殻の構成成分 | キチン | えび、かにの殻 |

| 分類 | 含まれる部位 | 名称 | 多く含む食品 |
|---|---|---|---|
| 水溶性食物繊維 | 植物細胞の貯蔵多糖類 | ペクチン質（水溶性） | 熟した果実 |
| | | 植物ガム（グアーガム） | 樹皮、果樹など |
| | | 粘質物（グルコマンナン） | こんにゃく |
| | | 海藻多糖類（アルギン酸、ラミナリン、フコイダン） | 海藻、寒天 |
| | 食品添加物 | 化学修飾多糖類 | ― |
| | | 化学合成多糖類 | ― |
| その他 | 結合組織の成分 | コンドロイチン硫酸 | 動物食品の骨、腱など |

## ！注目される成分

●ポリフェノール：植物が光合成を行うときにできる赤紫・緑・黄色などの色素成分の総称で、抗酸化力が強い成分である。ポリフェノールには非常に多くの種類があり、殺菌効果のあるカテキンやタンニン（茶に多く含まれる）、肝機能を向上させるアントシアニン（なす、黒豆、赤ワイン、紫いもなど）、脂肪吸収抑制のケルセチン（ウーロン茶）、女性ホルモンバランス調整のイソフラボン（だいず、豆腐や納豆などのだいず製品）、血圧降下のルチン（そば）、発ガン性物質除去のクロロゲン酸（コーヒー、プルーン、春菊、じゃがいもなど）、ストレス抑制のカカオマスポリフェノール（ココア、チョコレート）などが知られている。

### ■サプリメント（栄養補助食品）

日本では、栄養補助食品の一種とされており、「食品」である。不規則な生活などで不足しがちな栄養素を手軽に摂取できるというメリットはあるが、同じビタミンCでも食物からとるものと、サプリメントからとるものはまったく同じ成分ではない。また、サプリメントによっては特定の栄養素だけを過剰にとりやすいため、過剰症には気をつける必要がある。サプリメントは、あくまでも補助的に利用するようにしよう。

# ミネラル

| 分類 | 種類 | おもな働き | 多く含む食品例 |
|---|---|---|---|
| 多量ミネラル | カルシウム（Ca） | ●骨や歯を形成する。<br>●血液の凝固や、筋肉の収縮を正常にする。<br>●神経の興奮を抑制する。 | 干しえび・干しひじき・カットわかめ・プロセスチーズ |
| | リン（P） | ●カルシウムとともに骨や歯を形成する。<br>●エネルギーを蓄える物質の構成成分となる。<br>●体内の酸・アルカリの平衡を保つ。 | さくらえび・するめ・凍り豆腐・卵黄 |
| | カリウム（K） | ●ナトリウムと作用し合い、細胞の浸透圧を調節する。<br>●血圧を下げる作用がある。<br>●細胞内の酵素反応を調節する。 | 刻み昆布・乾燥わかめ・切干しだいこん・焼きのり |
| | ナトリウム（Na） | ●細胞外液の浸透圧を維持する。<br>●酸・アルカリの平衡を調節する。 | 食塩・固形ブイヨン・梅干し・うすくちしょうゆ |
| | マグネシウム（Mg） | ●カルシウムやリンとともに骨を形成する。<br>●300種類以上もの酵素の働きを助ける。<br>●神経の興奮を抑制する。 | 乾燥わかめ・干しひじき・まこんぶ・ココア |
| 微量ミネラル | 鉄（Fe） | ●酸素を全身に供給し、貧血を予防する。<br>●エネルギー代謝において重要な働きをする。 | 干しひじき・あさりの缶詰・きくらげ・豚の肝臓 |
| | 亜鉛（Zn） | ●DNA・たんぱく質の合成に関わる酵素の成分として関与。<br>●味蕾（みらい）の形成に関与。<br>●生殖機能を正常に維持する。 | かき（貝）・田作り・パルメザンチーズ・ココア |
| | 銅（Cu） | ●赤血球のヘモグロビンの生成に欠かせない。<br>●鉄の吸収を促す。<br>●骨や血管壁の強化や皮膚の健康を維持する。 | 牛の肝臓・干しえび・ほたるいか・さくらえび |
| | マンガン（Mn） | ●骨の発育を促進する。<br>●糖質・脂質・アミノ酸の代謝に関わる。 | きくらげ・しょうが・ヘーゼルナッツフライ |
| | ヨウ素（I） | ●成長や代謝を促す甲状腺ホルモンの成分として欠かせない。 | まこんぶ・干しひじき・カットわかめ・焼きのり |
| | セレン（Se） | ●過酸化物質を分解する酵素の構成成分のため、細胞の酸化を防ぐ。 | たらこ・くろまぐろ・ずわいがに・まあじ |
| | モリブデン（Mo） | ●体内において、尿酸という最終老廃物を作り出すために不可欠な酵素の働きを助ける。 | 糸引き納豆・えだまめ・焼きのり・さらしあん |
| | クロム（Cr） | ●糖質や脂質の代謝を助ける。<br>●糖尿病・高脂血症・動脈硬化の予防効果がある。 | あおのり・刻み昆布・干しひじき・さらしあん |

人体の約95％は炭素（C）、水素（H）、酸素（O）、窒素（N）が占めているが、これ以外の元素を総称してミネラルといい、体内に約40種類存在している。

人体が含有するのは微量だが、それぞれの元素は重要な生理機能をつかさどっている。ビタミンと同じく体内では合成できないため、食品から摂取しなくてはならないが、ビタミンに比べて過剰症がおこりやすいものが多くある。

◀おもなミネラル

# ビタミン

| 分類 | 種類 | おもな働き | 多く含む食品例 |
|---|---|---|---|
| 脂溶性ビタミン | ビタミンA（レチノール） | ●明るさを感じるのに必要な網膜色素の構成成分。<br>●皮膚やのど・鼻・肺・消化管などの粘膜を正常に保つ。<br>●細菌に対する抵抗力を増進させる。 | にわとりの肝臓・干しのり・ほたるいか・うなぎ |
| | ビタミンD | ●カルシウムやリンの吸収を促進し、骨や歯の成長を促す。<br>●ビタミンAの吸収を助ける。 | しらす干し・まいわし・すじこ・きくらげ |
| | ビタミンE | ●強い抗酸化力で、細胞の老化を遅らせる。<br>●赤血球の破壊防止。 | アーモンドフライ・抹茶・マヨネーズ・調合油 |
| | ビタミンK | ●血液の凝固に必須のプロトロンビンの生成に不可欠。<br>●ビタミンDとともに、骨の形成にも関与。 | 干しのり・挽きわり納豆・しそ・モロヘイヤ |
| 水溶性ビタミン | ビタミンB₁ | ●糖質がエネルギーに変わるのを助ける。<br>●神経機能を正常に保つ。 | ごま・干しのり・生ハム・らっかせい |
| | ビタミンB₂ | ●糖質や脂質、アミノ酸がエネルギーに変わるときに不可欠。<br>●発育を促進する。<br>●有害な過酸化脂質を分解する。 | 豚の肝臓・干しのり・アーモンドフライ・うなぎのかば焼き |
| | ナイアシン | ●糖質・脂質・アミノ酸がエネルギーに変わるときに不可欠。<br>●皮膚を健康に保つ。 | たらこ・かつお・セミドライソーセージ |
| | ビタミンB₆ | ●アミノ酸の分解や再合成に不可欠。<br>●皮膚の抵抗力を増進させる。 | にんにく・みなみまぐろ・牛の肝臓・かつお |
| | ビタミンB₁₂ | ●葉酸とともに赤血球を作る。<br>●中枢神経機能を維持する。 | 干しのり・しじみ・牛の肝臓・あさり |
| | 葉酸 | ●ビタミンB₁₂とともに赤血球を作る。<br>●たんぱく質の合成や細胞増殖に関与。 | 焼きのり・にわとりの肝臓・生うに・和種なばな |
| | パントテン酸 | ●糖質や脂質、アミノ酸からエネルギーを作るときに必要な補酵素の構成成分。 | にわとりの肝臓・卵黄・挽きわり納豆・たらこ |
| | ビオチン | ●糖質や脂質、アミノ酸がエネルギーに変わるときに代謝を助ける。 | にわとりの肝臓・あおのり・卵黄・まいたけ |
| | ビタミンC | ●結合組織を作るコラーゲンの合成に不可欠。<br>●皮膚や骨の健康を維持する。<br>●抗酸化作用、抗ガン作用がある。<br>●免疫を高める効果があり、風邪を予防する。 | 赤ピーマン・和種なばな・レモン・にがうり |

ビタミンは、からだの発育や活動を正常に機能させる重要な有機化合物で、健康を維持するために欠かすことのできないものである。必要量はごく微量だが、体内で合成できないため、食品から摂取しなくてはならない。

ビタミンは、水に溶ける水溶性ビタミンと、油脂に溶ける脂溶性ビタミンに大別される。水溶性ビタミンは体内に蓄えておくことができないので、毎日摂取する必要がある。脂溶性ビタミンを多くとりすぎると体内に蓄積され、過剰症を引きおこす。

ビタミンは調理や保存によって吸収率が違ってくるので、効率よくとる工夫が必要である。

◀おもなビタミン

穀類 ━● CEREALS

## ■小麦粉 （Wheat flour）

●強力粉
パン、パスタ、ぎょうざの皮などに。

●薄力粉
菓子材料、天ぷら衣などに。

小麦の実を粉砕し、胚乳部分を粉にしたもの。強力粉の方が、薄力粉よりもたんぱく質の主成分である「グルテン」の量が多く、弾性や粘着性が強い。

## ■うどん・そうめん類 （Japanese noodles）

小麦粉に塩、水を加えてこねて薄くのばし、めん状に細長く成形したもの。めんの太い順にうどん、ひやむぎ、そうめんである。

●干しうどん・乾
●ひやむぎ・乾
●うどん・生
●そうめん・乾

## ■パン （Bread）

●ロールパン
●食パン

小麦粉に、さまざまな材料を加えて焼き上げる。水、塩、イースト（酵母）が最低限必要な材料で、種類によってさらに砂糖、バター、卵、乳製品などを加えて焼いたパンもある。

## ■プレミックス粉 （Premixed flour）

小麦粉などの粉類に糖類・油脂などを必要に応じて適正に配合したもの。

●ホットケーキ用

## ■中華めん （Chinese noodles）

●蒸し
●生

小麦粉に「かんすい」というアルカリ性の溶液と水を加え、よくこねてつくる。アルカリ分で黄色がかった色になり、歯ごたえのある食感となる。「ちぢれ」は、めんにしてからつける。

| 食品番号 | 食品名 | 廃棄率 | エネルギー | 水分 | たんぱく質 | 脂質 | 脂肪酸 飽和 | 脂肪酸 一価不飽和 | 脂肪酸 多価不飽和 | コレステロール | 炭水化物 | 食物繊維総量 プロスキー変法 | 食物繊維総量 AOAC法※ | 無機質（ミネラル）ナトリウム | カリウム | カルシウム | マグネシウム | リン | 鉄 |
|---|---|---|---|---|---|---|---|---|---|---|---|---|---|---|---|---|---|---|---|
| (01) | | % | kcal | g | g | g | g | g | g | mg | g | g | | mg | mg | mg | mg | mg | mg |
| 015 | 小麦粉　薄力粉　1等 | 0 | 349 | 14.0 | 8.3 | 1.5 | 0.34 | 0.13 | 0.75 | (0) | 75.8 | 2.5 | – | Tr | 110 | 20 | 12 | 60 | 0.5 |
| 020 | 小麦粉　強力粉　1等 | 0 | 337 | 14.5 | 11.8 | 1.5 | 0.35 | 0.14 | 0.77 | (0) | 71.7 | 2.7 | – | Tr | 89 | 17 | 23 | 64 | 0.9 |
| 024 | プレミックス粉　ホットケーキ用 | 0 | 360 | 11.1 | 7.8 | 4.0 | (1.54) | (1.07) | (0.86) | 31 | 74.4 | 1.8 | – | 390 | 230 | 100 | 12 | 170 | 0.5 |
| 026 | 角形食パン　食パン | 0 | 248 | 39.2 | 8.9 | 4.1 | 1.50 | 1.24 | 0.82 | 0 | 46.4 | 2.2 | 4.2 | 470 | 86 | 22 | 18 | 67 | 0.5 |
| 034 | ロールパン | 0 | 309 | 30.7 | 10.1 | 9.0 | 4.02 | 2.86 | 1.26 | (Tr) | 48.6 | 2.0 | – | 490 | 110 | 44 | 22 | 97 | 0.7 |
| 038 | うどん　生 | 0 | 249 | 33.5 | 6.1 | 0.6 | (0.14) | (0.05) | (0.31) | – | 56.8 | – | 3.6 | 1000 | 90 | 18 | 13 | 49 | 0.3 |
| 041 | 干しうどん　乾 | 0 | 333 | 13.5 | 8.5 | 1.1 | (0.25) | (0.10) | (0.56) | – | 71.9 | 2.4 | – | 1700 | 130 | 17 | 19 | 70 | 0.6 |
| 043 | そうめん・ひやむぎ　乾 | 0 | 333 | 12.5 | 9.5 | 1.1 | (0.25) | (0.10) | (0.56) | – | 72.7 | 2.5 | – | 1500 | 120 | 17 | 22 | 70 | 0.6 |
| 047 | 中華めん　生 | 0 | 249 | 33.0 | 8.6 | 1.2 | (0.28) | (0.11) | (0.61) | – | 55.7 | – | 5.4 | 410 | 350 | 21 | 13 | 66 | 0.5 |
| 049 | 蒸し中華めん | 0 | 162 | 57.4 | 4.9 | 1.7 | (0.38) | (0.16) | (0.85) | Tr | 35.6 | 1.7 | 3.1 | 110 | 80 | 10 | 9 | 40 | 0.4 |
| 063 | マカロニ・スパゲッティ　乾 | 0 | 347 | 11.3 | 12.9 | 1.8 | 0.39 | 0.20 | 0.87 | (0) | 73.1 | 3.0 | 5.4 | 1 | 200 | 18 | 55 | 130 | 1.4 |
| 068 | 焼きふ　車ふ | 0 | 361 | 11.4 | 30.2 | 3.4 | (0.78) | (0.30) | (1.73) | (0) | 54.2 | 2.6 | – | 110 | 130 | 25 | 53 | 130 | 4.2 |
| 074 | ぎょうざの皮　生 | 0 | 275 | 32.0 | 9.3 | 1.4 | (0.32) | (0.13) | (0.71) | 0 | 57.0 | 2.2 | – | 2 | 64 | 16 | 18 | 60 | 0.8 |
| 077 | パン粉　生 | 0 | 277 | 35.0 | 11.0 | 5.1 | (1.85) | (1.53) | (1.01) | – | 47.6 | 3.0 | – | 350 | 110 | 25 | 29 | 97 | 1.1 |
| 083 | こめ　精白米　うるち米 | 0 | 342 | 14.9 | 6.1 | 0.9 | 0.29 | 0.21 | 0.31 | (0) | 77.6 | 0.5 | – | 1 | 89 | 5 | 23 | 95 | 0.8 |
| 151 | こめ　精白米　もち米 | 0 | 343 | 14.9 | 6.4 | 1.2 | 0.29 | 0.28 | 0.37 | (0) | 77.2 | (0.5) | – | Tr | 97 | 5 | 33 | 100 | 0.2 |
| 088 | めし　精白米　うるち米 | 0 | 156 | 60.0 | 2.5 | 0.3 | 0.10 | 0.05 | 0.08 | (0) | 37.1 | 0.3 | 1.5 | 1 | 29 | 3 | 7 | 34 | 0.1 |
| 120 | 白玉粉 | 0 | 347 | 12.5 | 6.3 | 1.0 | (0.25) | (0.24) | (0.32) | (0) | 80.0 | 0.5 | – | 2 | 3 | 5 | 6 | 45 | 1.1 |
| 121 | 道明寺粉 | 0 | 349 | 11.6 | 7.1 | 0.7 | 0.25 | 0.12 | 0.15 | (0) | 80.4 | 0.7 | – | 4 | 45 | 6 | 9 | 41 | 0.4 |
| 129 | 干しそば　乾 | 0 | 344 | 14.0 | 14.0 | 2.3 | (0.49) | (0.50) | (0.97) | (0) | 66.7 | 3.7 | – | 850 | 260 | 24 | 100 | 230 | 2.6 |

✎ **Memo**　パスタの種類　ファルファッレ（蝶）・フィスリ（ねじれ）・ロテッレ（車輪）・ペンネ（ペン先）・カッペリーニ（髪の毛＝極細めん）・タリアテッレ（平打ちめん）・ラザニア（板状めん）

## ■マカロニ・スパゲッティ

**Macaroni and spaghetti**

本場イタリアでは総称してパスタという。グルテンを多く含み黄色みの強いデュラムセモリナ粉に水や卵を加えて練った生地でつくられており、シコシコとした歯ごたえが特徴。

## ■その他の小麦粉製品

●焼きふ

小麦粉のグルテンからつくる加工品。

●ぎょうざの皮

●パン粉・生

## ■こめ Rice

精白米は、稲のもみ殻を取り除き、さらにぬか層や胚芽部分を完全に取り除いたもの。米は、アミロースとアミロペクチンを含むうるち米と、アミロペクチンのみを含んで粘り気のあるもち米に分類される。

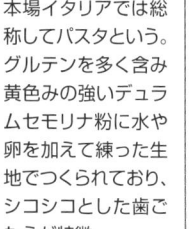
●精白米・うるち米

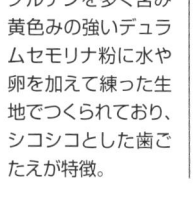
●精白米・もち米

●めし・精白米・うるち米

うるち米に水を加えて炊くと、でん粉の糊化により粘り気が出て、消化がよくなる。

●道明寺粉

もち米を水に浸けて蒸し、乾燥させて挽いたもの。

もち米を粉にしてつくる。なめらかで舌触りもよく、こねるとよくのびる。うるち米を粉にしたのは上新粉。

●白玉粉

## ■そば

**Buckwheat noodles**

●干しそば・乾

そばの実を脱穀してそば粉をつくり、よく練った生地からめんにしたもの。

（可食部100gあたり）

| 亜鉛 | 銅 | マンガン | ヨウ素 | セレン | クロム | モリブデン | ビタミン（脂溶性） | | | | | | ビタミン（水溶性） | | | | | | | | | 食塩相当量 | 概量 |
|---|---|---|---|---|---|---|---|---|---|---|---|---|---|---|---|---|---|---|---|---|---|---|---|
| | | | | | | | A レチノール活性当量 | レチノール | β-カロテン当量 | D | E (α-トコフェロール) | K | B₁ | B₂ | ナイアシン当量 | B₆ | B₁₂ | 葉酸 | パントテン酸 | ビオチン | C | | |
| mg | mg | mg | μg | μg | μg | μg | μg | μg | μg | μg | mg | μg | mg | mg | mg | mg | μg | μg | mg | μg | mg | g | |
| 0.3 | 0.08 | 0.43 | Tr | 4 | 2 | 12 | (0) | 0 | (0) | 0 | 0.3 | (0) | 0.11 | 0.03 | 2.4 | 0.03 | 0 | 9 | 0.53 | 1.2 | (0) | 0 | 1C=110g |
| 0.8 | 0.15 | 0.32 | 0 | 39 | 1 | 26 | (0) | 0 | (0) | 0 | 0.3 | (0) | 0.09 | 0.04 | 3.1 | 0.06 | 0 | 16 | 0.77 | 1.7 | (0) | 0 | 1C=110g |
| 0.3 | 0.07 | – | 0 | 3 | 5 | 11 | 9 | 9 | 3 | 0.1 | 0.5 | 1 | 0.10 | 0.08 | (2.2) | 0.04 | 0.1 | 10 | 0.48 | 1.5 | 0 | 1.0 | 1C=110g |
| 0.5 | 0.09 | 0.25 | 1 | 22 | 1 | 15 | 0 | 0 | 4 | 0 | 0.4 | 0 | 0.07 | 0.05 | 2.6 | 0.03 | Tr | 30 | 0.42 | 2.3 | 0 | 1.2 | 6枚切り1枚60g |
| 0.8 | 0.12 | 0.29 | – | – | – | – | 1 | (0) | 15 | 0.1 | 0.5 | (Tr) | 0.10 | 0.06 | 3.1 | 0.03 | (Tr) | 38 | 0.61 | – | (0) | 1.2 | 1個=40g |
| 0.3 | 0.08 | 0.39 | 2 | 6 | 2 | 7 | (0) | 0 | (0) | 0 | 0.2 | – | 0.09 | 0.03 | 1.7 | 0.03 | 0 | 5 | 0.36 | 0.8 | (0) | 2.5 | 1玉=170〜250g |
| 0.4 | 0.11 | 0.50 | 0 | 10 | 1 | 12 | (0) | 0 | (0) | 0 | 0.3 | 0 | 0.08 | 0.02 | 2.5 | 0.04 | 0 | 9 | 0.45 | 1.3 | (0) | 4.3 | 1わ=200g |
| 0.4 | 0.12 | 0.44 | 0 | 16 | 1 | 14 | (0) | 0 | (0) | 0 | 0.3 | 0 | 0.08 | 0.02 | 2.6 | 0.03 | 0 | 8 | 0.70 | 1.3 | (0) | 3.8 | 1わ=100g |
| 0.4 | 0.09 | 0.35 | Tr | 33 | 1 | 20 | (0) | 0 | (0) | 0 | 0.2 | 0 | 0.02 | 0.02 | 2.3 | 0.02 | 0 | 8 | 0.55 | 1.0 | (0) | 1.0 | 1玉=120g |
| 0.2 | 0.06 | 0.23 | Tr | 9 | 1 | 6 | (0) | 0 | (0) | 0 | 0.1 | 0 | 0 | 0.16 | 1.4 | 0.02 | 0 | 4 | 0.19 | 0.7 | (0) | 0.3 | 1玉=170g |
| 1.5 | 0.28 | 0.82 | 0 | 63 | 1 | 53 | 1 | 0 | 9 | (0) | 0.3 | 0 | 0.19 | 0.06 | 4.9 | 0.11 | 0 | 13 | 0.65 | 4.0 | (0) | 0 | 乾1人分=80g |
| 2.7 | 0.42 | 1.23 | – | – | – | – | (0) | 0 | (0) | 0 | 0.4 | 0 | 0.12 | 0.07 | (8.7) | 0.07 | 0 | 11 | 0.47 | – | (0) | 0.3 | 1個=6g |
| 0.6 | 0.12 | 0.28 | – | – | – | – | (0) | 0 | (0) | 0 | 0.2 | 0 | 0.08 | 0.04 | (2.5) | 0.06 | 0 | 12 | 0.61 | – | 0 | 0 | 1枚=6g |
| 0.7 | 0.15 | 0.47 | – | – | – | – | Tr | 0 | 3 | (0) | 0.3 | (Tr) | 0.11 | 0.02 | (3.1) | 0.05 | 0 | 40 | 0.41 | – | (0) | 0.9 | 1C=40g |
| 1.4 | 0.22 | 0.81 | 0 | 2 | 0 | 69 | (0) | 0 | (0) | 0 | 0.1 | 0 | 0.08 | 0.02 | 2.6 | 0.12 | 0 | 12 | 0.66 | 1.4 | (0) | 0 | 1C=170g |
| 1.5 | 0.22 | 1.30 | 0 | 2 | 0 | 79 | (0) | 0 | (0) | 0 | (0.2) | 0 | 0.12 | 0.02 | 3.1 | (0.12) | (12) | (0.67) | (1.4) | (0) | 0 | 1C=170g |
| 0.6 | 0.10 | 0.35 | 0 | 1 | 0 | 30 | 0 | 0 | 0 | 0 | Tr | 0 | 0.02 | 0.01 | 0.8 | 0.02 | 0 | 3 | 0.25 | 0.5 | 0 | 0 | 1杯=150g |
| 1.2 | 0.17 | 0.55 | 3 | 3 | 1 | 56 | 0 | 0 | 0 | 0 | 0 | 0 | 0.03 | 0.01 | 1.8 | 0.01 | 0 | 14 | 0 | 1.0 | 0 | 0 | 1C=130g |
| 1.5 | 0.22 | 0.90 | – | – | – | – | (0) | (0) | (0) | 0 | Tr | 0 | 0.04 | 0.01 | (2.0) | 0.04 | 0 | 6 | 0.22 | – | 0 | 0 | 1C=160g |
| 1.5 | 0.34 | 1.11 | – | – | – | – | (0) | (0) | (0) | (0) | 0 | (0) | 0.37 | 0.08 | 6.1 | 0.24 | (0) | 25 | 1.15 | – | (0) | 2.2 | 1わ=100g |

**Memo** 歩留り（ぶどまり）　玄米を100としたときに得られる精白米の量。

※正式にはAOAC.2011.25法

## いも類

### ■こんにゃく・しらたき　*Konjac/Sirataki*

●板こんにゃく

●しらたき

こんにゃくいもを乾燥させ、粉末にして水を加え、糊状にした後、凝固剤として水酸化カルシウムを加えて固めたもの。

### ■さつまいも　*Sweet potato*

ゆっくり加熱すると糖化がすすんで甘味が増す。肉が紫色の紫いももある。

### ■じゃがいも　*Potatoes*

●男爵　粉質。

●インカの
めざめ
粘質で舌触りが
滑らか。

●メークイーン
粘質で煮くずれ
しにくい。

熱に強いビタミンCを豊富に含む。芽には「ソラニン」という有毒物質が含まれるので調理の際、取り除く。

### ■さといも　*Satoimo, Taro*

シュウ酸塩が含まれるので、さわるとかゆくなる。独特のぬめりがあるが、塩もみや下ゆでで緩和される。

### ■ながいも　*Yamanoimo, Yams*

独特のぬめりがある。アミラーゼなどの消化酵素を含む。生で食べたり、すりおろしてとろろ汁にする。

●いちょういも
粘り気が
強い。

●ながいも
水分が多く、粘り
が少ないさくさく
した歯ごたえ。

## でん粉類

〈でん粉・でん粉製品〉……植物が蓄えたでん粉を取り出し、乾燥させたもの。

### ■くずでん粉　*Kudzu starch*

マメ科の「葛」の根からとれるでん粉。くず粉と呼ばれ、くずもちなどの材料になる。

### ■じゃがいもでん粉　*Potato starch*

本来はユリ科の「カタクリ」からとるでん粉が「片栗粉」だったが、市販のものは、じゃがいもでん粉。

### ■はるさめ　*Starch noodles*

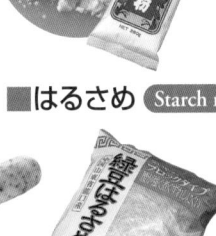

でん粉を糊化させてもち状にし、小さな穴から熱湯に押し出し、凍結して水に戻し、乾燥させてつくる。緑豆はるさめは、緑豆のでん粉からつくったもの。

| 食品番号(02)(03) | 食品名 | 廃棄率 | エネルギー | 水分 | たんぱく質 | 脂質 | 脂肪酸 飽和 | 脂肪酸 一価不飽和 | 脂肪酸 多価不飽和 | コレステロール | 炭水化物 | 食物繊維総量 プロスキー変法 | 食物繊維総量 AOAC法※ | ナトリウム | カリウム | カルシウム | マグネシウム | リン | 鉄 |
|---|---|---|---|---|---|---|---|---|---|---|---|---|---|---|---|---|---|---|---|
| | | % | kcal | g | g | g | g | g | g | mg | g | g | g | mg | mg | mg | mg | mg | mg |
| 003 | こんにゃく　板こんにゃく（精粉） | 0 | 5 | 97.3 | 0.1 | Tr | – | – | – | (0) | 2.3 | 2.2 | – | 10 | 33 | 43 | 2 | 5 | 0.4 |
| 005 | こんにゃく　しらたき | 0 | 7 | 96.5 | 0.2 | Tr | – | – | – | (0) | 3.0 | 2.9 | – | 10 | 12 | 75 | 4 | 10 | 0.5 |
| 006 | さつまいも　塊根　皮なし　生 | 9 | 126 | 65.6 | 1.2 | 0.2 | 0.03 | Tr | 0.02 | (0) | 31.9 | 2.2 | – | 11 | 480 | 36 | 24 | 47 | 0.6 |
| 010 | さといも　球茎　生 | 15 | 53 | 84.1 | 1.5 | 0.1 | 0.01 | Tr | 0.03 | (0) | 13.1 | 2.3 | – | Tr | 640 | 10 | 19 | 55 | 0.5 |
| 017 | じゃがいも　塊茎　皮なし　生 | 10 | 59 | 79.8 | 1.8 | 0.1 | 0.02 | 0 | 0.02 | (0) | 17.3 | 1.2 | 8.9 | 1 | 410 | 4 | 19 | 47 | 0.4 |
| 022 | ながいも　いちょういも　塊根　生 | 15 | 108 | 71.1 | 4.5 | 0.5 | 0.11 | 0.03 | 0.13 | (0) | 22.6 | 1.4 | – | 5 | 590 | 12 | 19 | 65 | 0.6 |
| 023 | ながいも　ながいも　塊根　生 | 10 | 64 | 82.6 | 2.2 | 0.3 | 0.04 | 0.02 | 0.08 | (0) | 13.9 | 1.0 | – | 3 | 430 | 17 | 17 | 27 | 0.4 |
| 029 | くずでん粉 | 0 | 356 | 13.9 | 0.2 | 0.2 | – | – | – | (0) | 85.6 | – | – | 2 | 2 | 18 | 3 | 12 | 2.0 |
| 034 | じゃがいもでん粉 | 0 | 338 | 18.0 | 0.1 | 0.1 | – | – | – | (0) | 81.6 | – | – | 2 | 34 | 10 | 6 | 40 | 0.6 |
| 039 | はるさめ　緑豆はるさめ　乾 | 0 | 344 | 11.8 | 0.2 | 0.4 | – | – | – | (0) | 87.5 | 4.1 | – | 14 | 13 | 20 | 3 | 10 | 0.5 |
| 001 | 黒砂糖 | 0 | 352 | 4.4 | 1.7 | Tr | – | – | – | (0) | 90.3 | – | – | 27 | 1100 | 240 | 31 | 31 | 4.7 |
| 003 | 車糖　上白糖 | 0 | 391 | 0.7 | (0) | (0) | – | – | – | (0) | 99.3 | – | – | 1 | 2 | 1 | Tr | Tr | Tr |
| 004 | 車糖　三温糖 | 0 | 390 | 0.9 | Tr | (0) | – | – | – | (0) | 99.0 | – | – | 7 | 13 | 6 | 2 | Tr | 0.1 |
| 005 | ざらめ糖　グラニュー糖 | 0 | 394 | Tr | (0) | (0) | – | – | – | (0) | 100 | – | – | Tr | Tr | Tr | 0 | (0) | Tr |
| 008 | 加工糖　角砂糖 | 0 | 394 | Tr | (0) | (0) | – | – | – | (0) | 100 | – | – | Tr | Tr | Tr | 0 | (0) | 0.1 |
| 011 | 加工糖　粉糖 | 0 | 393 | 0.3 | (0) | (0) | – | – | – | (0) | 99.7 | – | – | 1 | 1 | Tr | Tr | 0 | 0.2 |
| 022 | はちみつ | 0 | 329 | 17.6 | 0.3 | Tr | – | – | – | (0) | 81.9 | – | – | 2 | 65 | 4 | 2 | 5 | 0.2 |
| 023 | メープルシロップ | 0 | 266 | 33.0 | 0.1 | 0 | – | – | – | (0) | 66.3 | – | – | 1 | 230 | 75 | 18 | 1 | 0.4 |

✎**Memo**　ムチン　ながいもやオクラ、モロヘイヤなどのねばねば成分で、粘膜の強化やたんぱく質の消化吸収を助ける働きがある。

## 原料

**●さとうきび（甘蔗）**（かんしょ）

茎を圧縮機でしぼった糖汁を煮つめて茶褐色の原料糖をつくり、精糖する。多くはしょ糖になる。

**●さとうだいこん（甜菜・ビート）**（てんさい）

根を薄切りにして熱湯に浸し、糖分を溶出させて精製・濃縮・結晶化する。多くはざらめ糖になる。

## 砂糖類

### ■黒砂糖　Brown sugar lump

さとうきびのしぼり汁をそのまま煮つめたもの。

### ■車糖　Soft sugars

**●上白糖**
日本で使用されている砂糖の約半分を占める。ビスコという転化糖液がかけられており、しっとりとして水に溶けやすい。

**●三温糖**
上白糖よりやや純度が低く、甘味が強い。カルシウムや鉄を多く含む。

### ■グラニュー糖　Granulated sugars

ざらめ糖のなかでもっとも結晶の小さいもの。さらさらして溶けやすい。

### ■加工糖　Reprocessed sugars

**●角砂糖**
グラニュー糖に砂糖液をふりかけて固めたもの。

**●粉糖**
グラニュー糖を細かく粉砕したパウダー状の砂糖。

## その他

### ■はちみつ　Honey

主成分はぶどう糖と果糖。みつを採取する花によって成分や色、香りが異なる。

### ■メープルシロップ　Maple syrup

さとうかえでの幹に管をつけて集めた樹液を煮つめ、シロップ状にしたもの。

（可食部100gあたり）

| 亜鉛 | 銅 | マンガン | ヨウ素 | セレン | クロム | モリブデン | A レチノール活性当量 | レチノール | β-カロテン当量 | D | E α-トコフェロール | K | B₁ | B₂ | ナイアシン当量 | B₆ | B₁₂ | 葉酸 | パントテン酸 | ビオチン | C | 食塩相当量 | 概量 |
|---|---|---|---|---|---|---|---|---|---|---|---|---|---|---|---|---|---|---|---|---|---|---|---|
| mg | mg | mg | μg | μg | μg | μg | μg | μg | μg | μg | mg | μg | mg | mg | mg | mg | μg | μg | mg | μg | mg | g | |
| 0.1 | 0.02 | 0.02 | – | – | – | – | (0) | (0) | (0) | (0) | 0 | (0) | (0) | (0) | (Tr) | 0.02 | (0) | 1 | 0 | – | (0) | 0 | 1枚=170～200g |
| 0.1 | 0.02 | 0.03 | – | – | – | – | (0) | (0) | (0) | (0) | 0 | (0) | (0) | (0) | (Tr) | 0.01 | (0) | 0 | 0 | – | (0) | 0 | 1玉=200g |
| 0.2 | 0.17 | 0.41 | 1 | 0 | 1 | 4 | 2 | (0) | 28 | (0) | 1.5 | (0) | 0.11 | 0.04 | 1.1 | 0.26 | (0) | 49 | 0.90 | 4.1 | 29 | 0 | 中1個=200～250g |
| 0.3 | 0.15 | 0.19 | Tr | 1 | 0 | 8 | Tr | (0) | 5 | (0) | 0.6 | (0) | 0.07 | 0.02 | 1.5 | 0.15 | (0) | 30 | 0.48 | 3.1 | 6 | 0 | 中1個=50～60g |
| 0.2 | 0.09 | 0.37 | – | 0 | 4 | 3 | 0 | (0) | 3 | (0) | Tr | 1 | 0.09 | 0.03 | 1.8 | 0.20 | (0) | 20 | 0.50 | 0.4 | 28 | 0 | 中1個=150～200g |
| 0.4 | 0.20 | 0.05 | 1 | 1 | 0 | 3 | 1 | (0) | 5 | (0) | 0.3 | (0) | 0.15 | 0.05 | 1.5 | 0.11 | (0) | 13 | 0.85 | 2.6 | 7 | 0 | 1食分=80g |
| 0.3 | 0.10 | 0.03 | 1 | 1 | Tr | 2 | (0) | (0) | (0) | (0) | Tr | (0) | 0.10 | 0.04 | 0.9 | 0.09 | (0) | 8 | 0.61 | 2.2 | 6 | 0 | 1食分=80g |
| Tr | 0.02 | 0.02 | – | – | – | – | (0) | (0) | (0) | (0) | 0 | (0) | (0) | (0) | (Tr) | (0) | (0) | (0) | (0) | – | (0) | 0 | 大1=6g |
| Tr | 0.03 | – | 0 | 0 | 6 | 0 | (0) | (0) | (0) | (0) | – | (0) | 0 | 0 | Tr | (0) | (0) | (0) | (0) | 0 | 0 | 0 | 大1=6g |
| 0.1 | 0.01 | 0.02 | 2 | 1 | 5 | 1 | (0) | (0) | (0) | (0) | (0) | (0) | (0) | (0) | (Tr) | (0) | (0) | (0) | (0) | – | (0) | 0 | 1食分=15～20g |
| 0.5 | 0.24 | 0.93 | 15 | 4 | 13 | 9 | 1 | (0) | 13 | (0) | (0) | (0) | 0.05 | 0.07 | 0.9 | 0.72 | (0) | 10 | 1.39 | 34.0 | (0) | 0.1 | 大1=15g |
| 0 | 0.01 | 0 | 0 | 0 | 0 | 0 | (0) | (0) | (0) | (0) | (0) | (0) | (0) | (0) | (0) | (0) | (0) | (0) | (0) | 0.1 | (0) | 0 | 大1=9g |
| Tr | 0.07 | 0.01 | 0 | 0 | 0 | 0 | (0) | (0) | (0) | (0) | (0) | (0) | Tr | 0.01 | (0) | (0) | (0) | (0) | (0) | 0.3 | (0) | 0 | 大1=13g |
| Tr | 0 | 0 | 0 | 0 | 0 | 0 | (0) | (0) | (0) | (0) | (0) | (0) | (0) | (0) | (0) | (0) | (0) | (0) | (0) | 0.1 | (0) | 0 | 大1=12g |
| 0 | 0.01 | – | – | – | – | – | (0) | (0) | (0) | (0) | (0) | (0) | (0) | (0) | (0) | (0) | (0) | (0) | (0) | – | (0) | 0 | 1個=3g |
| 0 | 0 | – | – | – | – | – | (0) | (0) | (0) | (0) | (0) | (0) | (0) | (0) | (0) | (0) | (0) | (0) | (0) | – | (0) | 0 | 小1=2g |
| 0.1 | 0.04 | 0.21 | Tr | 0 | 1 | 0 | (0) | (0) | (0) | (0) | 0 | (0) | Tr | 0.01 | (0.4) | 0.02 | (0) | 1 | 0.12 | 0.4 | 0 | 0 | 大1=21g |
| 1.5 | 0.01 | 2.01 | 4 | 0 | 5 | 2 | (0) | (0) | (0) | (0) | 0 | (0) | Tr | 0.02 | Tr | Tr | (0) | 1 | 0.13 | 0.1 | (0) | 0 | 大1=21g |

ビタミン（脂溶性）：A、D、E（α-トコフェロール）、K
ビタミン（水溶性）：B₁、B₂、ナイアシン当量、B₆、B₁₂、葉酸、パントテン酸、ビオチン、C

**Memo**　甘味料のいろいろ　ソルビトール（バラ科）・キシリトール（白樺や樫の樹皮）・ステビア（キク科）

※正式にはAOAC.2011.25法

# Food Composition 豆類 → ●PULSES

## ■あずき (Adzuki beans)

●こし生あん

●ゆで小豆缶詰

主成分は炭水化物とたんぱく質。赤飯に入れたり、ゆでて「あん」にしたりする。

## ■いんげんまめ (Kidney beans)

主成分は炭水化物とたんぱく質。煮込み料理や、ゆでて「あん」にする（白あん）。

●白金時類

## ■だいず (Soybeans)

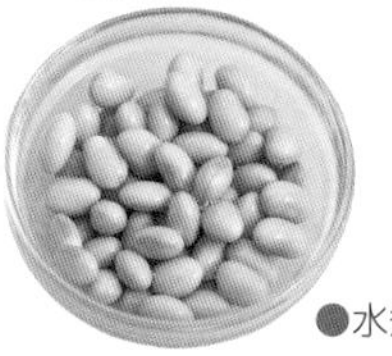

●水煮缶詰

主成分はたんぱく質と脂質。豆の状態では消化率が低いので、さまざまな食品に加工される。

## だいず加工食品類

### ■きな粉
だいずを煎ってひいたもの。

### ■糸引き納豆
煮ただいずを納豆菌で発酵させたもの。

### ■おから
だいずを煮て絞ったあとの絞りかす。

### ■豆乳
すりつぶしただいずを煮て絞った汁。

### ■豆腐
豆乳に凝固剤（にがり）を加えて固めたもの。

●木綿豆腐　●絹ごし豆腐

### ■生揚げ・油揚げ
●生揚げ
水切りした豆腐を揚げたもの。

●油揚げ
薄く切って水切りした豆腐を揚げたもの。

### ■凍り豆腐
豆腐を凍結・乾燥させたもの。

### ■湯葉
●生 
豆乳を加熱して表面に浮いたたんぱく質の膜。

| 食品番号 (04)(05) | 食品名 | 廃棄率 | エネルギー | 水分 | たんぱく質 | 脂質 | 脂肪酸 飽和 | 一価不飽和 | 多価不飽和 | コレステロール | 炭水化物 | 食物繊維総量 プロスキー変法 | AOAC法※ | ナトリウム | カリウム | カルシウム | マグネシウム | リン | 鉄 |
|---|---|---|---|---|---|---|---|---|---|---|---|---|---|---|---|---|---|---|---|
| | | % | kcal | g | g | g | g | g | g | mg | g | g | | mg | mg | mg | mg | mg | mg |
| 003 | あずき　ゆで小豆缶詰 | 0 | 202 | 45.3 | 4.4 | 0.4 | 0.07 | 0.01 | 0.14 | (0) | 49.2 | 3.4 | － | 90 | 160 | 13 | 36 | 80 | 1.3 |
| 004 | あずき　あん　こし生あん | 0 | 147 | 62.0 | 9.8 | 0.6 | (0.07) | (0.02) | (0.15) | (0) | 27.1 | 6.8 | － | 3 | 60 | 73 | 30 | 85 | 2.8 |
| 008 | いんげんまめ　全粒　ゆで | 0 | 127 | 63.6 | 9.3 | 1.2 | (0.13) | (0.10) | (0.42) | (0) | 24.5 | 13.6 | － | Tr | 410 | 62 | 46 | 140 | 2.0 |
| 028 | だいず　水煮缶詰　黄大豆 | 0 | 124 | 71.7 | 12.9 | 6.7 | (0.88) | (1.63) | (3.53) | (Tr) | 7.7 | 6.8 | － | 210 | 250 | 100 | 55 | 170 | 1.8 |
| 029 | きな粉　黄大豆　全粒大豆 | 0 | 451 | 4.0 | 36.7 | 25.7 | 3.59 | 5.92 | 14.08 | (Tr) | 28.5 | 18.1 | － | 1 | 2000 | 190 | 260 | 660 | 8.0 |
| 032 | 木綿豆腐 | 0 | 73 | 85.9 | 7.0 | 4.9 | 0.79 | 0.92 | 2.60 | 0 | 1.5 | 0.4 | 1.1 | 9 | 110 | 93 | 57 | 88 | 1.5 |
| 033 | 絹ごし豆腐 | 0 | 56 | 88.5 | 5.3 | 3.5 | (0.57) | (0.66) | (1.86) | 0 | 2.0 | 0.4 | 0.9 | 11 | 150 | 75 | 50 | 68 | 1.2 |
| 039 | 生揚げ | 0 | 143 | 75.9 | 10.7 | 11.3 | (1.61) | (3.07) | (5.51) | Tr | 0.9 | 0.7 | － | 3 | 120 | 240 | 55 | 150 | 2.6 |
| 040 | 油揚げ　生 | 0 | 377 | 39.9 | 23.4 | 34.4 | 3.89 | 12.44 | 13.56 | (Tr) | 0.4 | 1.3 | － | 4 | 86 | 310 | 150 | 350 | 3.2 |
| 042 | 凍り豆腐　乾 | 0 | 496 | 7.2 | 50.5 | 34.1 | 5.22 | 7.38 | 18.32 | 0 | 4.2 | 2.5 | － | 440 | 34 | 630 | 140 | 820 | 7.5 |
| 046 | 糸引き納豆 | 0 | 190 | 59.5 | 16.5 | 10.0 | (1.45) | (2.21) | (5.65) | Tr | 12.1 | 6.7 | － | 2 | 660 | 90 | 100 | 190 | 3.3 |
| 051 | おから　生 | 0 | 88 | 75.5 | 6.1 | 3.6 | (0.51) | (0.67) | (2.03) | 0 | 13.8 | 11.5 | － | 5 | 350 | 81 | 40 | 99 | 1.3 |
| 052 | 豆乳 | 0 | 44 | 90.8 | 3.6 | 2.0 | (0.32) | (0.37) | (1.05) | 0 | 3.1 | 0.2 | － | 2 | 190 | 15 | 25 | 49 | 1.2 |
| 059 | 湯葉　生 | 0 | 218 | 59.1 | 21.8 | 13.7 | 1.90 | 2.80 | 7.06 | 0 | 4.1 | 0.8 | － | 4 | 290 | 90 | 80 | 250 | 3.6 |
| 001 | アーモンド　乾 | 0 | 609 | 4.7 | 19.6 | 51.8 | 3.95 | 33.61 | 12.12 | － | 20.9 | 10.1 | － | 1 | 760 | 250 | 290 | 460 | 3.6 |
| 008 | ぎんなん　生 | 25 | 168 | 57.4 | 4.7 | 1.6 | 0.16 | 0.48 | 0.60 | 0 | 34.8 | 1.6 | － | Tr | 710 | 5 | 48 | 120 | 1.0 |
| 012 | 日本ぐり　甘露煮 | 0 | 232 | 40.8 | 1.8 | 0.4 | (0.07) | (0.04) | (0.20) | 0 | 56.8 | 2.8 | － | 7 | 75 | 8 | 8 | 25 | 0.6 |
| 014 | くるみ　いり | 0 | 713 | 3.1 | 14.6 | 68.8 | 6.87 | 10.26 | 50.28 | 0 | 11.7 | 7.5 | － | 4 | 540 | 85 | 150 | 280 | 2.6 |
| 017 | ごま　乾 | 0 | 604 | 4.7 | 19.8 | 53.8 | 7.80 | 19.63 | 23.26 | 0 | 16.5 | 10.8 | － | 2 | 400 | 1200 | 370 | 540 | 9.6 |
| 034 | らっかせい　大粒種　乾 | 30 | 572 | 6.0 | 25.2 | 47.0 | 8.25 | 22.57 | 13.59 | 0 | 19.4 | 7.4 | 8.5 | 2 | 740 | 49 | 170 | 380 | 1.6 |

**Memo　にがり**　海水を濃縮して食塩をつくるときの副産物。塩化マグネシウムが主成分。

# 種実類 —●NUTS & SEEDS

## 堅果類

### ■アーモンド (Almonds)

●果実

●アーモンドの実

ももの仲間。緑色の果実の薄い果肉部分が裂ける。ここから取り出した種子の核のうち「仁」の部分を食べる。スイート種（食用）とビター種（リキュール用）がある。

### ■くり (Chestnuts)

殻のまま焼いたりゆでたりするほか、殻と渋皮部分をとって料理に使う。

●甘露煮
●日本ぐり

### ■くるみ (Walnuts)

仁の部分をそのまま食べたり、あえ物、菓子材料などにも使う。

### ■ぎんなん (Ginkgo nuts)

いちょうの木の実。殻の中の黄緑色をした胚乳部を食べる。殻ごと煎ったり茶わん蒸しの具にしたりする。

### ■らっかせい (Peanuts)

花が落ちたあとで、地中で実がなるので、落花生という。煎ったりゆでたりするほか、ショートニングと合わせてペースト状にし、ピーナッツバターなどにする。

## 種子類

### ■ごま (Sesame seeds)

一年草ごまの種実。煎ると香ばしい味と香りが出る。粒状で使うほか、すりごまにしてあえたり、ペースト状にしてごま豆腐にしたりする。

●白ごま 小粒。油の含有率が高い。

●黒ごま 大粒。油の含有率は低い。

●金ごま 粒の色から黄ごまとも呼ばれる。

（可食部100gあたり）

| 亜鉛 | 銅 | マンガン | ヨウ素 | セレン | クロム | モリブデン | A レチノール活性当量 | A レチノール | A β-カロテン当量 | D | E α-トコフェロール | K | B1 | B2 | ナイアシン当量 | B6 | B12 | 葉酸 | パントテン酸 | ビオチン | C | 食塩相当量 | 概量 |
|---|---|---|---|---|---|---|---|---|---|---|---|---|---|---|---|---|---|---|---|---|---|---|---|
| mg | mg | mg | µg | µg | µg | µg | µg | µg | µg | µg | mg | µg | mg | mg | mg | mg | µg | µg | mg | µg | mg | g | |
| 0.4 | 0.12 | 0.28 | – | – | – | – | (0) | (0) | 0 | (0) | 0 | 4 | 0.02 | 0.04 | 1.1 | 0.05 | (0) | 13 | 0.14 | – | Tr | 0.2 | 大1=21g |
| 1.1 | 0.23 | 0.74 | Tr | 1 | 1 | 59 | (0) | (0) | 0 | (0) | 0 | 7 | 0.02 | 0.05 | 1.8 | 0 | (0) | 2 | 0.07 | 2.5 | Tr | 0 | 1C=170g |
| 1.0 | 0.32 | 0.84 | 0 | Tr | Tr | 27 | 0 | (0) | 3 | (0) | 0 | 3 | 0.22 | 0.07 | (2.3) | 0.08 | (0) | 32 | 0.15 | 3.7 | Tr | 0 | 1缶=400g |
| 1.1 | 0.28 | 0.84 | – | – | – | – | (0) | (0) | 0 | (0) | 0 | 0.5 | 0.01 | 0.02 | 3.3 | 0.01 | (0) | 11 | 0 | – | Tr | 0.5 | 1C=200g |
| 4.1 | 1.12 | 2.75 | Tr | 5 | 12 | 380 | Tr | (0) | 4 | (0) | 1.7 | 27 | 0.07 | 0.24 | 11.0 | 0.52 | (0) | 220 | 1.01 | 31.0 | 1 | | 大1=6g |
| 0.6 | 0.16 | 0.41 | 6 | 4 | 4 | 44 | 0 | (0) | 0 | (0) | 0.2 | 6 | 0.09 | 0.04 | 1.9 | 0.05 | (0) | 12 | 0.02 | 4.1 | | 0 | 1丁=300～400g |
| 0.5 | 0.16 | 0.34 | 1 | 1 | 1 | 69 | 0 | (0) | 0 | (0) | 0.1 | 9 | 0.11 | 0.04 | 1.6 | 0.06 | (0) | 12 | 0.09 | 3.5 | | 0 | 1丁=300～400g |
| 1.1 | 0.22 | 0.85 | – | – | – | – | (0) | (0) | (0) | (0) | 0.8 | 25 | 0.07 | 0.03 | 2.8 | 0.08 | (0) | 23 | 0.17 | – | Tr | 0 | 1枚=120～140g |
| 2.5 | 0.22 | 1.55 | 1 | 8 | 5 | 97 | (0) | (0) | 0 | (0) | 1.3 | 67 | 0.06 | 0.04 | 6.2 | 0.07 | (0) | 18 | 0.07 | 7.1 | | 0 | 1枚=20～30g |
| 5.2 | 0.57 | 4.32 | 1 | 19 | 5 | 67 | 1 | (0) | 9 | (0) | 1.9 | 60 | 0.02 | 0.02 | 13.0 | 0.02 | 0.1 | 6 | 0.10 | 21.0 | 0 | 1.1 | 1個=20g |
| 1.9 | 0.61 | – | Tr | 16 | 4 | 290 | (0) | (0) | 0 | (0) | 0.5 | 600 | 0.07 | 0.56 | 5.2 | 0.24 | Tr | 120 | 3.60 | 18.0 | Tr | 0 | 1人分=30g |
| 0.6 | 0.14 | 0.40 | 1 | 1 | 1 | 45 | 0 | (0) | 0 | (0) | 0.4 | 8 | 0.11 | 0.03 | 1.9 | 0.06 | (0) | 14 | 0.31 | 4.1 | Tr | 0 | 1C=90g |
| 0.3 | 0.12 | 0.23 | Tr | 1 | 0 | 54 | 0 | (0) | 0 | (0) | 0.1 | 4 | 0.03 | 0.02 | 1.4 | 0.06 | (0) | 28 | 0.28 | 3.9 | Tr | 0 | 1C=210g |
| 2.2 | 0.70 | – | 1 | 3 | 1 | 100 | 1 | (0) | 10 | (0) | 0.9 | 22 | 0.17 | 0.09 | 2.8 | 0.13 | (0) | 25 | 0.34 | 14.0 | Tr | 0 | 生1枚=30g |
| 3.6 | 1.17 | 2.45 | – | – | – | – | 1 | (0) | 11 | (0) | 30.0 | 0 | 0.20 | 1.06 | 7.2 | 0.09 | (0) | 65 | 0.49 | – | 0 | 0 | 10粒=14g |
| 0.4 | 0.25 | 0.26 | 2 | 0 | 0 | 3 | 24 | (0) | 290 | (0) | 2.5 | 3 | 0.28 | 0.08 | 2.5 | 0.07 | (0) | 45 | 1.27 | 6.2 | 23 | 0 | 1粒=2～3g |
| 0.1 | 0.15 | 0.75 | – | – | – | 3 | 3 | (0) | 32 | 0 | Tr | | 0.07 | 0.03 | (0.7) | 0.03 | (0) | 8 | 0.18 | – | 0 | 0 | 1粒=13g |
| 2.6 | 1.21 | 3.44 | – | – | – | 2 | 2 | (0) | 23 | (0) | 1.2 | 7 | 0.26 | 0.15 | 4.4 | 0.49 | (0) | 91 | 0.67 | – | 0 | 0 | 1粒=10～12g |
| 5.5 | 1.66 | 2.24 | Tr | 10 | 4 | 92 | 1 | (0) | 9 | (0) | 0.1 | 7 | 0.95 | 0.25 | 11.0 | 0.60 | (0) | 93 | 0.56 | 12.0 | Tr | 0 | 小1=3g 大1=9g |
| 2.3 | 0.59 | 1.56 | 1 | 20 | 4 | 88 | 1 | (0) | 8 | (0) | 11.0 | 0 | 0.41 | 0.10 | 24.0 | 0.49 | (0) | 76 | 2.56 | 92.0 | 0 | 0 | 殻つき10粒=25g |

**ビタミン（脂溶性）** = A（レチノール活性当量／レチノール／β-カロテン当量）, D, E, K
**ビタミン（水溶性）** = B1, B2, ナイアシン当量, B6, B12, 葉酸, パントテン酸, ビオチン, C

📎 **Memo** セサミン ごまに含まれる抗酸化物質・ゴマリグナンの一種。

※正式にはAOAC. 2011.25法

# Food Composition 野菜類 ●VEGETABLES

## ■あさつき (Asatsuki)

ねぎの一種。刻んで薬味にしたり、おひたしにしたりする。

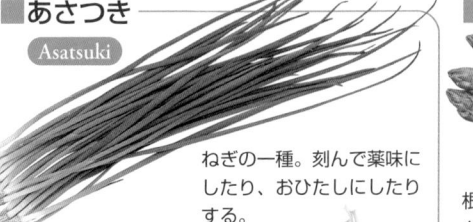

## ■アスパラガス (Asparagus)

根元やかたい茎葉を切り、ゆでてサラダにしたり、炒め物にしたりする。

## ■さやいんげん (Kidney beans)

筋を取り、ゆでてあえ物やサラダにしたり、煮物や炒め物の彩りにする。

## ■さやえんどう (Peas)

筋を取ってゆで、汁の実にしたり、煮物や炒め物の彩りにする。

## ■グリンピース (Green peas)

さやえんどうのさやから取り出した種子。炊き込み飯、料理の彩りなどにする。

## ■オクラ (Okra)

切り口の粘りが特徴。生またはゆでて刻んだり、天ぷらなどにする。

## ■かぶ (Turnip)

葉と根の部分は漬物、根の部分は煮物、汁の実などにする。

## ■西洋かぼちゃ (Pumpkin)

種を除いて、煮物、天ぷら、炒め物、裏ごししてスープなどにする。

## ■カリフラワー (Cauliflower)

白い部分を小房に分け、熱湯に塩、酢、小麦粉などを入れてゆで、サラダ、炒め物にする。

| 食品番号 | 食品名 | 廃棄率 | エネルギー | 水分 | たんぱく質 | 脂質 | 脂肪酸 飽和 | 脂肪酸 一価不飽和 | 脂肪酸 多価不飽和 | コレステロール | 炭水化物 | 食物繊維総量 プロスキー変法 | 食物繊維総量 AOAC法※ | 無機質(ミネラル) ナトリウム | カリウム | カルシウム | マグネシウム | リン | 鉄 |
|---|---|---|---|---|---|---|---|---|---|---|---|---|---|---|---|---|---|---|---|
| (06) | | % | kcal | g | g | g | g | g | g | mg | g | g | g | mg | mg | mg | mg | mg | mg |
| 003 | あさつき 葉 生 | 0 | 34 | 89.0 | 4.2 | 0.3 | (0.04) | (0.01) | (0.08) | (0) | 5.6 | 3.3 | – | 4 | 330 | 20 | 16 | 86 | 0.7 |
| 007 | アスパラガス 若茎 生 | 20 | 21 | 92.6 | 2.6 | 0.2 | (0.07) | (0) | (0.08) | Tr | 3.9 | 1.8 | – | 2 | 270 | 19 | 9 | 60 | 0.7 |
| 010 | さやいんげん 若ざや 生 | 3 | 23 | 92.2 | 1.8 | 0.1 | (0.02) | (Tr) | (0.05) | Tr | 5.1 | 2.4 | – | 1 | 260 | 48 | 23 | 41 | 0.7 |
| 020 | さやえんどう 若ざや 生 | 9 | 38 | 88.6 | 3.1 | 0.2 | (0.04) | (0.02) | (0.09) | 0 | 7.5 | 3.0 | – | 1 | 200 | 35 | 24 | 63 | 0.9 |
| 026 | グリンピース 水煮缶詰 | 0 | 82 | 74.9 | 3.6 | 0.4 | (0.06) | (0.04) | (0.13) | (0) | 19.7 | 6.9 | – | 330 | 37 | 33 | 18 | 82 | 1.8 |
| 032 | オクラ 果実 生 | 15 | 26 | 90.2 | 2.1 | 0.2 | (0.03) | (0.02) | (0.03) | Tr | 6.6 | 5.0 | – | 4 | 260 | 92 | 51 | 58 | 0.5 |
| 034 | かぶ 葉 生 | 30 | 20 | 92.3 | 2.3 | 0.1 | (0.01) | (Tr) | (0.04) | (0) | 3.9 | 2.9 | – | 24 | 330 | 250 | 25 | 42 | 2.1 |
| 036 | かぶ 根 皮つき 生 | 9 | 18 | 93.9 | 0.7 | 0.1 | (0.01) | (0.01) | (0.05) | (0) | 4.6 | 1.5 | – | 5 | 280 | 24 | 8 | 28 | 0.3 |
| 048 | 西洋かぼちゃ 果実 生 | 10 | 78 | 76.2 | 1.9 | 0.3 | 0.04 | 0.06 | 0.06 | 0 | 20.6 | 3.5 | – | 1 | 450 | 15 | 25 | 43 | 0.5 |
| 054 | カリフラワー 花序 生 | 50 | 28 | 90.8 | 3.0 | 0.1 | (0.05) | (0.01) | (0.01) | 0 | 5.2 | 2.9 | – | 8 | 410 | 24 | 18 | 68 | 0.6 |
| 056 | かんぴょう 乾 | 0 | 239 | 19.8 | 6.3 | 0.2 | – | – | – | (0) | 68.1 | 30.1 | – | 3 | 1800 | 250 | 110 | 140 | 2.9 |
| 061 | キャベツ 結球葉 生 | 15 | 21 | 92.7 | 1.3 | 0.2 | 0.02 | 0.01 | 0.02 | (0) | 5.2 | 1.8 | – | 5 | 200 | 43 | 14 | 27 | 0.3 |
| 065 | きゅうり 果実 生 | 2 | 13 | 95.4 | 1.0 | 0.1 | 0.01 | Tr | 0.01 | 0 | 3.0 | 1.1 | – | 1 | 200 | 26 | 15 | 36 | 0.3 |
| 084 | ごぼう 根 生 | 10 | 58 | 81.7 | 1.8 | 0.1 | (0.02) | (0.02) | (0.04) | (0) | 15.4 | 5.7 | – | 18 | 320 | 46 | 54 | 62 | 0.7 |
| 086 | こまつな 葉 生 | 15 | 13 | 94.1 | 1.5 | 0.2 | 0.02 | Tr | 0.08 | (0) | 2.4 | 1.9 | – | 15 | 500 | 170 | 12 | 45 | 2.8 |
| 093 | ししとう 果実 生 | 10 | 24 | 91.4 | 1.9 | 0.3 | (0.03) | (Tr) | (0.07) | (0) | 5.7 | 3.6 | – | 1 | 340 | 11 | 21 | 34 | 0.5 |
| 099 | しゅんぎく 葉 生 | 1 | 20 | 91.8 | 2.3 | 0.3 | 0.02 | 0.01 | 0.10 | (0) | 3.9 | 3.2 | – | 73 | 460 | 120 | 26 | 44 | 1.7 |
| 103 | しょうが 根茎 皮なし 生 | 20 | 28 | 91.4 | 0.9 | 0.3 | (0.08) | (0.06) | (0.06) | (0) | 6.6 | 2.1 | – | 6 | 270 | 12 | 27 | 25 | 0.5 |
| 104 | しょうが 漬物 酢漬 | 0 | 15 | 89.2 | 0.3 | 0.2 | (0.06) | (0.04) | (0.04) | (0) | 3.9 | 2.2 | – | 2200 | 25 | 22 | 6 | 5 | 0.2 |
| 119 | セロリ 葉柄 生 | 35 | 12 | 94.7 | 0.4 | 0.1 | 0.02 | Tr | 0.03 | (0) | 3.6 | 1.5 | – | 28 | 410 | 39 | 9 | 39 | 0.2 |

✎Memo 緑黄色野菜　プロビタミンAのひとつ、β-カロテンを多く含む色の濃い野菜のこと。これに対して色の薄い野菜を「淡色野菜」と呼ぶことがある。

## ■かんぴょう

Kanpyo

7～8月に収穫したユウガオの未熟な果肉を、かんぴょうかんなで細長くむいて乾燥したもの。甘辛く煮て寿司の具などにする。

## ■キャベツ

Cabbage

生のまません切りキャベツやサラダ、漬物にするほか、炒め物、煮物などにする。

## ■きゅうり Cucumber

生でサラダや酢の物などにするほか、漬物にもする。

## ■ごぼう Edible burdock

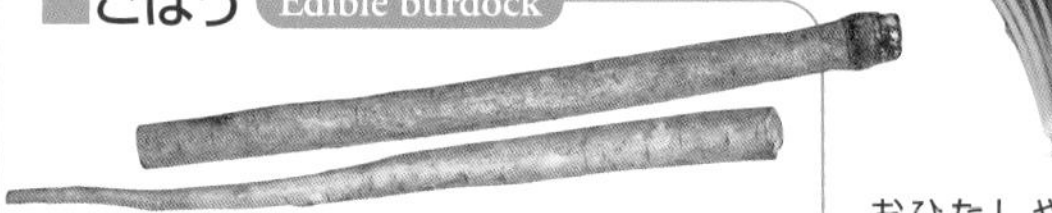

皮をこそげて酢水につけ、きんぴらなどの炒め物にしたり、煮物、揚げ物にする。

## ■こまつな

Komatsuna

おひたしや汁の実のほか、あえ物、炒め物、煮びたしなどにする。

## ■ししとう

Sweet peppers

辛味の少ない品種で、油と相性がよく、揚げ物、焼き物、炒め物などにする。切れ目を入れると破裂しない。

## ■しゅんぎく

Garland chrysanthemum

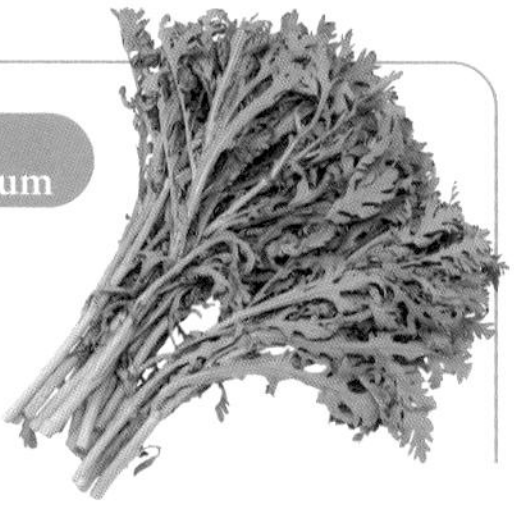

さっとゆでておひたしやあえ物にするほか、なべ物の具にする。

## ■しょうが 根茎 Ginger

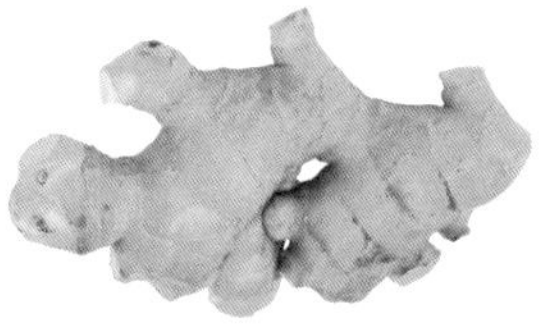

辛味には殺菌成分もあり、薬味となるほか、すりおろして臭み消しや風味づけにもする。

●漬物 酢漬
別名、紅しょうが。塩で下漬した後、梅酢で数日間漬け込み細切りにする。

## ■セロリ Celery

独特の香りがある。生のままサラダにしたり、炒め物などにするほか、スープのだしをとるときに臭み消しとして利用する。

（可食部100gあたり）

| 亜鉛 | 銅 | マンガン | ヨウ素 | セレン | クロム | モリブデン | ビタミン（脂溶性） | | | | | | | ビタミン（水溶性） | | | | | | | | | C | 食塩相当量 | 概量 |
|---|---|---|---|---|---|---|---|---|---|---|---|---|---|---|---|---|---|---|---|---|---|---|---|---|---|
| | | | | | | | A活性当量 | レチノール | β-カロテン当量 | D | E（α-トコフェロール） | K | B₁ | B₂ | ナイアシン当量 | B₆ | B₁₂ | 葉酸 | パントテン酸 | ビオチン | | | | |
| mg | mg | mg | µg | µg | µg | µg | µg | µg | µg | µg | mg | µg | mg | mg | mg | mg | µg | µg | mg | µg | mg | g | |
| 0.8 | 0.09 | 0.40 | – | – | – | – | 62 | (0) | 750 | (0) | 0.9 | 50 | 0.15 | 0.16 | (1.8) | 0.36 | (0) | 210 | 0.62 | – | 26 | 0 | 1わ＝25g |
| 0.5 | 0.10 | 0.19 | 1 | 0 | 0 | 2 | 31 | (0) | 380 | (0) | 1.5 | 43 | 0.14 | 0.15 | 1.4 | 0.12 | (0) | 190 | 0.59 | 1.8 | 15 | 0 | 1本＝20～25g |
| 0.3 | 0.06 | 0.33 | 0 | Tr | 1 | 34 | 49 | (0) | 590 | (0) | 0.2 | 60 | 0.06 | 0.11 | 1.4 | 0.07 | (0) | 50 | 0.17 | 3.9 | 8 | 0 | 1さや＝5～10g |
| 0.6 | 0.10 | 0.40 | Tr | 0 | 0 | 24 | 47 | (0) | 560 | (0) | 0.7 | 47 | 0.15 | 0.11 | 1.2 | 0.08 | (0) | 73 | 0.56 | 5.1 | 60 | 0 | 1さや＝3g |
| 0.6 | 0.15 | 0.30 | | | | | 17 | (0) | 200 | (0) | 0.5 | 19 | 0.04 | 0.04 | (1.7) | 0.02 | (0) | 10 | 0.69 | | 0 | 0.8 | 大1＝10g |
| 0.6 | 0.13 | 0.48 | Tr | Tr | 1 | 4 | 56 | (0) | 670 | (0) | 1.2 | 71 | 0.09 | 0.09 | 1.2 | 0.10 | (0) | 110 | 0.42 | 6.0 | 11 | 0 | 1個＝5～10g |
| 0.3 | 0.10 | 0.64 | 6 | 3 | 2 | 16 | 230 | (0) | 2800 | (0) | 3.1 | 340 | 0.08 | 0.16 | (1.7) | 0.16 | (0) | 110 | 0.36 | 2.7 | 82 | 0.1 | 1株分＝40g |
| 0.1 | 0.03 | 0.06 | – | – | – | – | (0) | (0) | 0 | (0) | 0 | 0 | 0.03 | 0.03 | 0.8 | 0.08 | (0) | 48 | 0.25 | | 19 | 0 | 中1個＝60g |
| 0.3 | 0.07 | 0.13 | Tr | 1 | 0 | 5 | 330 | (0) | 4000 | (0) | 4.9 | 25 | 0.07 | 0.09 | 1.9 | 0.22 | (0) | 42 | 0.62 | 1.7 | 43 | 0 | 1個＝1～1.5kg |
| 0.6 | 0.05 | 0.22 | 0 | 0 | 0 | 4 | 2 | (0) | 18 | (0) | 0.2 | 17 | 0.06 | 0.11 | 1.3 | 0.10 | (0) | 94 | 1.30 | 8.5 | 81 | 0 | 1個＝500g |
| 1.8 | 0.62 | 1.60 | 2 | 2 | 5 | 13 | (0) | (0) | 0 | (0) | 0.4 | Tr | 0 | 0.04 | 3.2 | 0.04 | (0) | 99 | 1.75 | 8.0 | 0 | 0 | 巻きずし1本分＝3g |
| 0.2 | 0.02 | 0.16 | 0 | Tr | 1 | 4 | 4 | (0) | 50 | (0) | 0.1 | 78 | 0.04 | 0.03 | 0.4 | 0.11 | (0) | 78 | 0.22 | 1.6 | 41 | 0 | 葉1枚＝60g |
| 0.2 | 0.11 | 0.07 | 1 | 1 | 1 | 4 | 28 | (0) | 330 | (0) | 0.3 | 34 | 0.03 | 0.03 | 0.6 | 0.05 | (0) | 25 | 0.33 | 1.4 | 14 | 0 | 1本＝80～100g |
| 0.8 | 0.21 | 0.18 | 2 | 1 | 1 | 1 | Tr | (0) | 1 | (0) | 0.6 | Tr | 0.05 | 0.04 | 0.6 | 0.10 | (0) | 68 | 0.23 | 1.3 | 3 | 0 | 1本＝180g |
| 0.2 | 0.06 | 0.13 | 2 | 1 | 2 | 10 | 260 | (0) | 3100 | (0) | 0.9 | 210 | 0.09 | 0.13 | 1.6 | 0.13 | (0) | 110 | 0.32 | 2.9 | 39 | 0 | 1わ＝300g |
| 0.3 | 0.10 | 0.18 | 2 | 0 | 4 | 4 | 44 | (0) | 530 | (0) | 1.3 | 51 | 0.07 | 0.07 | 0.8 | 0.39 | (0) | 33 | 0.35 | 4.2 | 57 | 0 | 1本＝5～10g |
| 0.2 | 0.10 | 0.40 | 5 | 2 | 1 | 12 | 380 | (0) | 4500 | (0) | 1.7 | 250 | 0.10 | 0.16 | 1.5 | 0.13 | (0) | 190 | 0.23 | 3.5 | 19 | 0.2 | 1わ＝200g |
| 0.1 | 0.06 | 5.01 | 0 | 1 | 1 | 6 | Tr | (0) | 5 | (0) | 0.1 | 0 | 0.03 | 0.02 | 0.8 | 0.13 | (0) | 8 | 0.21 | 0.7 | 2 | 0 | 1かけ＝10～20g |
| Tr | 0.02 | 0.41 | | | | | (0) | (0) | 5 | (0) | 0.1 | 0 | 0 | 0.01 | (0.1) | 0 | 0 | 0 | 0 | | 0 | 5.6 | 1食分＝10g |
| 0.2 | 0.03 | 0.11 | 1 | 0 | 0 | 2 | 4 | (0) | 44 | (0) | 0.2 | 10 | 0.03 | 0.03 | 0.4 | 0.08 | (0) | 29 | 0.26 | 1.2 | 7 | 0.1 | 1本＝100～150g |

**Memo** キャベジン　キャベツに多く含まれるビタミンUの別名。胃壁の粘膜を丈夫にし胃かいようや十二指腸かいようを防ぐ働きがあり、胃腸薬の名前でも有名。

※正式にはAOAC. 2011. 25法

## ■だいこん

Daikon

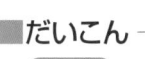

煮物やみそ汁の具、漬物などのほか、生でだいこんおろしにしたりサラダにしたりする。

●かいわれだいこん
だいこんの種子を水耕栽培し、双葉が開いたころに光をあてて緑化したもの。生で食べたり汁の実にしたりする。

●切干しだいこん
だいこんを細切りして天日乾燥したもの。水で戻し、煮物にする。

●漬物・たくあん漬
塩押しだいこん漬は、塩漬にした後、本漬にする。

## ■たけのこ Bamboo shoots

生竹の幼茎。生のものは、ゆでてあく抜きしてから使う。煮物、焼き物、汁の実、たけのこご飯などにする。

●水煮

●生

## ■たまねぎ

Onions

生では辛味があるが、加熱すると甘みが出る。肉や魚のうま味を引き出し、料理の応用範囲も広い。

## ■チンゲンサイ

Qing gin cai

中国野菜。茎のやわらかさや葉のあざやかな緑が特徴で、炒め物やクリーム煮、スープの実などにする。

| 食品番号 | 食品名 | 廃棄率 | エネルギー | 水分 | たんぱく質 | 脂質 | 脂肪酸 飽和 | 脂肪酸 一価不飽和 | 脂肪酸 多価不飽和 | コレステロール | 炭水化物 | 食物繊維総量 プロスキー変法 | 食物繊維総量 AOAC法※ | ナトリウム | カリウム | カルシウム | マグネシウム | リン | 鉄 |
|---|---|---|---|---|---|---|---|---|---|---|---|---|---|---|---|---|---|---|---|
| (06) | | % | kcal | g | g | g | g | g | g | mg | g | g | g | mg | mg | mg | mg | mg | mg |
| 128 | かいわれだいこん 芽ばえ 生 | 0 | 21 | 93.4 | 2.1 | 0.5 | (0.05) | (0.02) | (0.15) | (0) | 3.3 | 1.9 | - | 5 | 99 | 54 | 33 | 61 | 0.5 |
| 130 | だいこん 葉 生 | 10 | 23 | 90.6 | 2.2 | 0.1 | 0.01 | Tr | 0.03 | (0) | 5.3 | 4.0 | - | 48 | 400 | 260 | 22 | 52 | 3.1 |
| 132 | だいこん 根 皮つき 生 | 10 | 15 | 94.6 | 0.5 | 0.1 | 0.01 | Tr | 0.02 | 0 | 4.1 | 1.4 | - | 19 | 230 | 24 | 10 | 18 | 0.2 |
| 136 | 切干しだいこん 乾 | 0 | 280 | 8.4 | 9.7 | 0.8 | (0.10) | (0.03) | (0.19) | (0) | 69.7 | 21.3 | - | 210 | 3500 | 500 | 160 | 220 | 3.1 |
| 138 | 漬物 たくあん漬 塩押しだいこん漬 | 0 | 43 | 85.0 | 0.6 | 0.3 | - | - | - | (0) | 10.8 | 2.3 | - | 1300 | 56 | 16 | 5 | 12 | 0.2 |
| 149 | たけのこ 若茎 生 | 50 | 27 | 90.8 | 3.6 | 0.2 | (0.05) | (Tr) | (0.09) | (0) | 4.3 | 2.8 | - | Tr | 520 | 16 | 13 | 62 | 0.4 |
| 151 | たけのこ 水煮缶詰 | 0 | 22 | 92.8 | 2.7 | 0.2 | (0.05) | (Tr) | (0.09) | (0) | 4.0 | 2.3 | - | 3 | 77 | 19 | 4 | 38 | 0.3 |
| 153 | たまねぎ りん茎 生 | 6 | 33 | 90.1 | 1.0 | 0.1 | 0.01 | Tr | 0.02 | 1 | 8.4 | 1.5 | - | 2 | 150 | 17 | 9 | 31 | 0.3 |
| 160 | チンゲンサイ 葉 生 | 15 | 9 | 96.0 | 0.6 | 0.1 | (0.01) | (0.01) | (0.05) | (0) | 2.0 | 1.2 | - | 32 | 260 | 100 | 16 | 27 | 1.1 |
| 172 | とうがらし 果実 乾 | 0 | 270 | 8.8 | 14.7 | 12.0 | (1.37) | (0.14) | (2.72) | (0) | 58.4 | 46.4 | - | 17 | 2800 | 74 | 190 | 260 | 6.8 |
| 179 | とうもろこし スイートコーン 缶詰 クリームスタイル | 0 | 82 | 78.2 | 1.7 | 0.5 | (0.08) | (0.15) | (0.24) | (0) | 18.6 | 1.8 | - | 260 | 150 | 2 | 18 | 46 | 0.4 |
| 180 | とうもろこし スイートコーン 缶詰 ホールカーネルスタイル | 0 | 78 | 78.4 | 2.3 | 0.5 | (0.10) | (0.15) | (0.21) | (0) | 17.8 | 3.3 | - | 210 | 130 | 2 | 13 | 40 | 0.4 |
| 182 | 赤色トマト 果実 生 | 3 | 20 | 94.0 | 0.7 | 0.1 | 0.02 | 0.01 | 0.03 | 0 | 4.7 | 1.0 | - | 3 | 210 | 7 | 9 | 26 | 0.2 |
| 183 | 赤色ミニトマト 果実 生 | 2 | 30 | 91.0 | 1.1 | 0.1 | (0.02) | (0.01) | (0.03) | (0) | 7.2 | 1.4 | - | 4 | 290 | 12 | 13 | 29 | 0.4 |
| 184 | トマト 加工品 ホール 食塩無添加 | 0 | 21 | 93.3 | 0.9 | 0.2 | (0.03) | (0.02) | (0.06) | (0) | 4.4 | 1.3 | - | 4 | 240 | 9 | 13 | 26 | 0.4 |
| 191 | なす 果実 生 | 10 | 18 | 93.2 | 1.1 | 0.1 | 0.03 | Tr | Tr | 1 | 5.1 | 2.2 | - | Tr | 220 | 18 | 17 | 30 | 0.3 |
| 201 | 和種なばな 花らい・茎 生 | 0 | 34 | 88.4 | 4.4 | 0.2 | (0.02) | (Tr) | (0.08) | (0) | 5.8 | 4.2 | - | 16 | 390 | 160 | 29 | 86 | 2.9 |
| 207 | にら 葉 生 | 5 | 18 | 92.6 | 1.7 | 0.3 | (0.04) | (0.01) | (0.08) | Tr | 4.0 | 2.7 | - | 1 | 510 | 48 | 18 | 31 | 0.7 |
| 212 | にんじん 根 皮つき 生 | 3 | 35 | 89.1 | 0.7 | 0.2 | | Tr | 0.06 | (0) | 9.3 | 2.8 | - | 28 | 300 | 28 | 10 | 26 | 0.2 |
| 223 | にんにく りん茎 生 | 9 | 129 | 63.9 | 6.4 | 0.9 | 0.13 | 0.03 | 0.29 | (0) | 27.5 | 6.2 | - | 8 | 510 | 14 | 24 | 160 | 0.8 |

**Memo** 野菜の色素　カロテン（橙）・リコピン・カプサンチン（赤）・クロロフィル（緑）・アントシアニン（紫）・フラボノイド（茶）

## ■とうがらし Hot peppers

若いときは青く、熟すと赤唐辛子になる辛味種を香辛料として使う。炒め物などでは油が低温のうちに入れて油に香りをつけるとよい。

## ■とうもろこし Sweet corn

甘味種で完熟する前のやわらかい状態のもの。ゆでたり、焼いたりしてバターやしょうゆで食べるほか、粒をサラダなどの彩りにする。スープには粒状のほか、クリーム状のものも使う。

●スイートコーン・生
●クリームスタイル 　●ホールカーネルスタイル 

## ■トマト Tomatoes

生でサラダや、つけ合わせなどにするほか、煮込み料理の味つけにも使われる。

●ミニトマト 　●トマト缶詰
ホールトマト

調理に向く加工用トマトを缶詰にしたもの。

## ■なす Eggplant

油との相性がよく、炒め物や揚げ物に向く。また、漬物にもする。

## ■にら Chinese chive

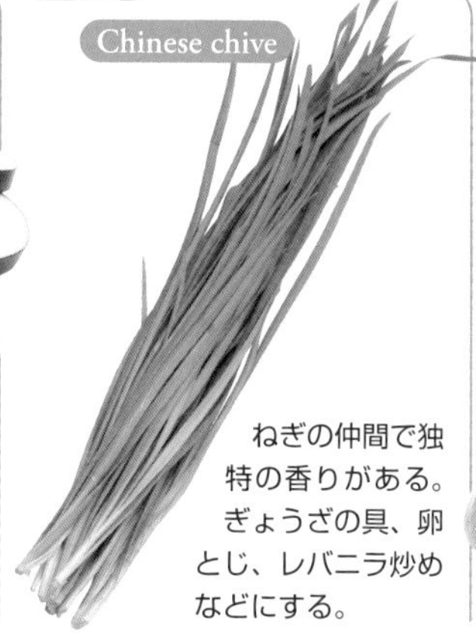

ねぎの仲間で独特の香りがある。ぎょうざの具、卵とじ、レバニラ炒めなどにする。

## ■にんじん Carrot

長さ20cmほどの西洋種が一般的。煮物、炒め物、汁物の実などのほか、すりおろしてジュースや菓子材料などにも使われる。

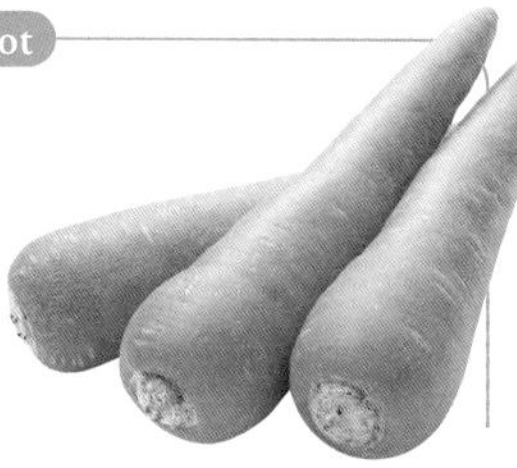

## ■和種なばな Field mustard

別名菜の花。つぼみを食用とする。おひたしやあえ物などにする。

## ■にんにく Garlic

地中のりん茎部分を香辛料として使う。独特の香りと辛味がある。つぶして刻んだりおろしたりして、臭み消しや香りづけにする。

●りん茎

（可食部100gあたり）

| 亜鉛 | 銅 | マンガン | ヨウ素 | セレン | クロム | モリブデン | ビタミン(脂溶性) A活性当量 | レチノール | β-カロテン当量 | D | E(α-トコフェロール) | K | ビタミン(水溶性) B₁ | B₂ | ナイアシン当量 | B₆ | B₁₂ | 葉酸 | パントテン酸 | ビオチン | C | 食塩相当量 | 概量 |
|---|---|---|---|---|---|---|---|---|---|---|---|---|---|---|---|---|---|---|---|---|---|---|---|
| mg | mg | mg | μg | μg | μg | μg | μg | μg | μg | μg | mg | μg | mg | mg | mg | mg | μg | μg | mg | μg | mg | g | |
| 0.3 | 0.03 | 0.35 | 12 | 0 | 0 | 6 | 160 | (0) | 1900 | (0) | 2.1 | 200 | 0.08 | 0.13 | (2.0) | 0.23 | (0) | 96 | 0.29 | 5.6 | 47 | 0 | 1パック=50g |
| 0.3 | 0.04 | 0.27 | – | – | – | – | 330 | (0) | 3900 | (0) | 3.8 | 270 | 0.09 | 0.16 | 1.3 | 0.18 | (0) | 140 | 0.26 | – | 53 | 0.1 | 1本分=150g |
| 0.2 | 0.02 | 0.04 | 3 | 1 | 0 | 3 | (0) | 0 | 0 | (0) | 0 | Tr | 0.02 | 0.01 | 0.4 | 0.04 | (0) | 34 | 0.12 | 0.3 | 12 | 0 | 中1本=800g |
| 2.1 | 0.13 | 0.74 | 20 | 2 | 3 | 29 | 0 | (0) | 2 | (0) | 0 | Tr | 0.35 | 0.20 | (6.1) | 0.29 | (0) | 210 | 1.24 | 5.9 | 28 | 0.5 | 1C=20g |
| 0.1 | 0.03 | 0.06 | 2 | 0 | 1 | 3 | (0) | 0 | 1 | (0) | Tr | 0 | 0.01 | 0.01 | (0.2) | 0.01 | (0) | 10 | 0.03 | 0.4 | 40 | 3.3 | 1切れ=12〜20g |
| 1.3 | 0.13 | 0.68 | 4 | 1 | 0 | 2 | 1 | (0) | 11 | (0) | 0.7 | 2 | 0.05 | 0.11 | 1.2 | 0.13 | (0) | 63 | 0.63 | 6 | 10 | 0 | 中1本=800g |
| 0.4 | 0.04 | 0.68 | 0 | 0 | 1 | 0 | (0) | 0 | 0 | (0) | 1.0 | 1 | 0.01 | 0.04 | (0.5) | 0.02 | (0) | 36 | 0.10 | 6 | 0 | 0 | 中1個=300g |
| 0.2 | 0.05 | 0.15 | 1 | 1 | 0 | 1 | 0 | (0) | 0 | (0) | 0 | Tr | 0.04 | 0.01 | 0.3 | 0.14 | (0) | 15 | 0.17 | 6 | 7 | 0 | 中1個=200g |
| 0.3 | 0.07 | 0.12 | Tr | 1 | 1 | 7 | 170 | (0) | 2000 | (0) | 0.7 | 84 | 0.03 | 0.07 | 0.6 | 0.08 | (0) | 66 | 0.17 | 1.3 | 24 | 0.1 | 1株=100〜200g |
| 1.5 | 0.85 | 1.08 | – | – | – | – | 1500 | (0) | 17000 | (0) | 30.0 | 58 | 0.50 | 1.40 | (17.0) | 3.81 | (0) | 30 | 3.61 | – | 1 | 0 | 1本=0.5g |
| 0.4 | 0.04 | 0.07 | – | – | – | – | 4 | (0) | 50 | (0) | 0.1 | – | 0.02 | 0.05 | (1.0) | 0.03 | (0) | 19 | 0.34 | – | 3 | 0.7 | 1C=250g |
| 0.6 | 0.04 | 0.06 | – | – | – | – | 5 | (0) | 62 | (0) | 0.1 | Tr | 0.03 | 0.05 | (1.2) | 0.05 | (0) | 18 | 0.37 | – | 2 | 0.5 | 大1=17g |
| 0.1 | 0.04 | 0.08 | Tr | 1 | Tr | 2 | 45 | (0) | 540 | (0) | 0.9 | 4 | 0.05 | 0.02 | 0.8 | 0.08 | (0) | 22 | 0.17 | 2.3 | 15 | 0 | 中1個=100〜150g |
| 0.2 | 0.06 | 0.10 | 4 | Tr | 0 | 4 | 80 | (0) | 960 | (0) | 0.9 | 7 | 0.07 | 0.05 | (0.9) | 0.11 | (0) | 35 | 0.17 | 3.6 | 32 | 0 | 1個=10〜15g |
| 0.1 | 0.08 | 0.09 | – | – | – | – | 47 | (0) | 570 | (0) | 1.2 | 5 | 0.06 | 0.03 | (0.8) | 0.10 | (0) | 21 | 0.22 | – | 10 | 0 | 1C=300g |
| 0.2 | 0.06 | 0.16 | 0 | 0 | 0 | 10 | 8 | (0) | 100 | (0) | 0.3 | 5 | 0.05 | 0.05 | 0.5 | 0.05 | (0) | 32 | 0.33 | 2.3 | 4 | 0 | 1個=100g |
| 0.7 | 0.09 | 0.32 | 1 | 1 | 1 | 6 | 180 | (0) | 2200 | (0) | 2.9 | 250 | 0.16 | 0.28 | (2.6) | 0.26 | (0) | 340 | 0.73 | 12.0 | 130 | 0 | 1わ=250g |
| 0.3 | 0.07 | 0.39 | 1 | 1 | 1 | 15 | 290 | (0) | 3500 | (0) | 2.5 | 180 | 0.06 | 0.13 | 1.1 | 0.16 | (0) | 100 | 0.50 | 2.1 | 19 | 0 | 1わ=100g |
| 0.2 | 0.05 | 0.12 | – | – | – | – | 720 | (0) | 8600 | (0) | 0.4 | 17 | 0.07 | 0.06 | 1.0 | 0.10 | (0) | 21 | 0.37 | – | 6 | 0 | 中1本=200〜250g |
| 0.8 | 0.16 | 0.28 | – | – | – | – | 0 | (0) | 0 | (0) | 0.5 | 0 | 0.19 | 0.07 | 1.8 | 1.53 | (0) | 93 | 0.55 | 2.0 | 12 | 0 | 1かけ=10g |

📎 **Memo** とうもろこしの品種　スイートコーン（甘味種）・フリントコーン（硬粒種：飼料・工業用材料）・デントコーン（馬歯種：飼料・でん粉加工用）・ポップコーン（爆粒種：菓子用）

※正式にはAOAC. 2011.25法

# 野菜類 ●VEGETABLES

## ■ねぎ Welsh onions

●根深ねぎ
関東に多い。

●葉ねぎ
関西に多い。

なべ物の具や薬味として使われるほか、肉や魚と合わせて焼いたり煮たりする。

## ■はくさい Chinese cabbage

なべ物の具、漬物、炒め物などにする。生ではその歯ごたえを楽しむ。加熱すると甘味が出る。

## ■バジル Basil

バジリコともいう。イタリア料理には欠かせないハーブ。生のほか、乾燥させて粉末にしたものもある。

## ■パセリ Parsley

特有の香りとあざやかな色をもつセリ科の香味野菜。刻んでふりかけたり、そのままつけ合わせたりする。

## ■ピーマン Sweet peppers

完熟前の緑、完熟の赤、黄などがある。油との相性がよく、炒め物、肉詰めやフライのほか、生でサラダにもする。

## ■ブロッコリー Broccoli

つぼみと茎の部分を塩ゆでして食べる。サラダやあえ物のほか、炒め物にも向く。

## ■ほうれんそう Spinach

熱湯でゆでておひたしやあえ物にするほか、なべ物の具や炒め物にも向く。

| 食品番号 | 食品名 | 廃棄率 | エネルギー | 水分 | たんぱく質 | 脂質 | 脂肪酸 飽和 | 脂肪酸 一価不飽和 | 脂肪酸 多価不飽和 | コレステロール | 炭水化物 | 食物繊維総量 プロスキー変法 | 食物繊維総量 AOAC法※ | ナトリウム | カリウム | カルシウム | マグネシウム | リン | 鉄 |
|---|---|---|---|---|---|---|---|---|---|---|---|---|---|---|---|---|---|---|---|
| (06) | | % | kcal | g | g | g | g | g | g | mg | g | g | g | mg | mg | mg | mg | mg | mg |
| 226 | 根深ねぎ 葉 軟白 生 | 40 | 35 | 89.6 | 1.4 | 0.1 | 0.02 | Tr | 0.02 | 2 | 8.3 | 2.5 | – | Tr | 200 | 36 | 13 | 27 | 0.3 |
| 227 | 葉ねぎ 葉 生 | 7 | 29 | 90.5 | 1.9 | 0.3 | 0.03 | 0.01 | 0.07 | (0) | 6.5 | 3.2 | – | 1 | 260 | 80 | 19 | 40 | 1.0 |
| 233 | はくさい 結球葉 生 | 6 | 13 | 95.2 | 0.8 | 0.1 | 0.01 | Tr | 0.03 | (0) | 3.2 | 1.3 | – | 6 | 220 | 43 | 10 | 33 | 0.3 |
| 238 | バジル 葉 生 | 20 | 21 | 91.5 | 2.0 | 0.6 | (0.04) | (0.08) | (0.36) | (0) | 4.0 | 4.0 | – | 1 | 420 | 240 | 69 | 41 | 1.5 |
| 239 | パセリ 葉 生 | 10 | 34 | 84.7 | 4.0 | 0.7 | (0.12) | (0.26) | (0.11) | (0) | 7.8 | 6.8 | – | 9 | 1000 | 290 | 42 | 61 | 7.5 |
| 245 | 青ピーマン 果実 生 | 15 | 20 | 93.4 | 0.9 | 0.2 | 0.02 | Tr | 0.05 | 0 | 5.1 | 2.3 | – | 1 | 190 | 11 | 11 | 22 | 0.4 |
| 247 | 赤ピーマン 果実 生 | 10 | 28 | 91.1 | 1.0 | 0.2 | (0.04) | (Tr) | (0.10) | (0) | 7.2 | 1.6 | – | Tr | 210 | 7 | 10 | 22 | 0.4 |
| 249 | 黄ピーマン 果実 生 | 10 | 28 | 92.0 | 0.8 | 0.2 | (0.02) | (Tr) | (0.05) | (0) | 6.6 | 1.3 | – | Tr | 200 | 8 | 10 | 21 | 0.3 |
| 263 | ブロッコリー 花序 生 | 35 | 37 | 86.2 | 5.4 | 0.6 | 0.07 | 0.06 | 0.11 | 0 | 6.6 | 5.1 | – | 7 | 460 | 50 | 29 | 110 | 1.3 |
| 267 | ほうれんそう 葉 通年平均 生 | 10 | 18 | 92.4 | 2.2 | 0.4 | 0.04 | 0.02 | 0.17 | 0 | 3.1 | 2.8 | – | 16 | 690 | 49 | 69 | 47 | 2.0 |
| 072 | みずな 葉 生 | 15 | 23 | 91.4 | 2.2 | 0.1 | – | – | – | (0) | 4.8 | 3.0 | – | 36 | 480 | 210 | 31 | 64 | 2.1 |
| 278 | 糸みつば 葉 生 | 8 | 12 | 94.6 | 0.9 | 0.1 | – | – | – | (0) | 2.9 | 2.3 | – | 3 | 500 | 47 | 21 | 47 | 0.9 |
| 287 | だいずもやし 生 | 4 | 29 | 92.0 | 3.7 | 1.5 | 0.20 | 0.20 | 0.78 | Tr | 2.3 | 2.3 | – | 3 | 160 | 23 | 23 | 51 | 0.5 |
| 293 | モロヘイヤ 茎葉 生 | 0 | 36 | 86.1 | 4.8 | 0.5 | (0.08) | (0.03) | (0.24) | (0) | 6.3 | 5.9 | – | 1 | 530 | 260 | 46 | 110 | 1.0 |
| 312 | レタス 土耕栽培 結球葉 生 | 2 | 11 | 95.9 | 0.6 | 0.1 | 0.01 | Tr | 0.03 | (0) | 2.8 | 1.1 | – | 2 | 200 | 19 | 8 | 22 | 0.3 |
| 313 | サラダな 葉 生 | 10 | 10 | 94.9 | 1.0 | 0.2 | 0.01 | Tr | 0.06 | (0) | 2.7 | 1.8 | – | 6 | 410 | 56 | 14 | 49 | 2.4 |
| 317 | れんこん 根茎 生 | 20 | 66 | 81.5 | 1.9 | 0.1 | 0.01 | 0.01 | 0.02 | 0 | 15.5 | 2.0 | – | 24 | 440 | 20 | 16 | 74 | 0.5 |
| 320 | わけぎ 葉 生 | 4 | 30 | 90.3 | 1.6 | 0 | – | – | – | (0) | 7.4 | 2.8 | – | 1 | 230 | 59 | 23 | 25 | 0.4 |

**Memo** 部位による分類　根菜類（だいこん・にんじんなど）・葉茎菜類（セロリ・ブロッコリー・レタスなど）・果菜類（なす・トマトなど）

## ■みずな (Mizuna)

京の伝統野菜のひとつ。あえ物、なべ物の具、漬物などにする。

## ■糸みつば (Mitsuba)

セリ科で独特の香りがある。吸い物や、茶わん蒸しの具など、料理に香りと彩りを与える。

## ■だいずもやし (Bean sprouts)

だいずを暗いところに10日ほど置いて発芽させたもの。手早く火をとおし、シャキシャキに仕上げる。あえ物、炒め物、めん類の具などにする。

## ■モロヘイヤ (Tossa jute)

刻むとぬめりが出る。枝や葉を炒めたりあえ物にしたりする。エジプトではスープが有名。

## ■レタス (Lettuce)

生でシャキシャキとした歯ごたえを楽しむことが多いが、炒め物やスープの実など加熱調理することもある。

## ■サラダな (Boston lettuce)

レタスより緑が濃く、歯ごたえもやわらかい。サラダやつけ合わせなどに使う。

## ■わけぎ (Wakegi)

ねぎに似ているが、ねぎより香りがマイルドでやわらかい歯ごたえ。ゆでてあえ物にしたり汁の実やなべ物の具にする。

## ■れんこん (East Indian lotus root)

はすの地下茎。煮物や揚げ物、すしの具などに使われる。

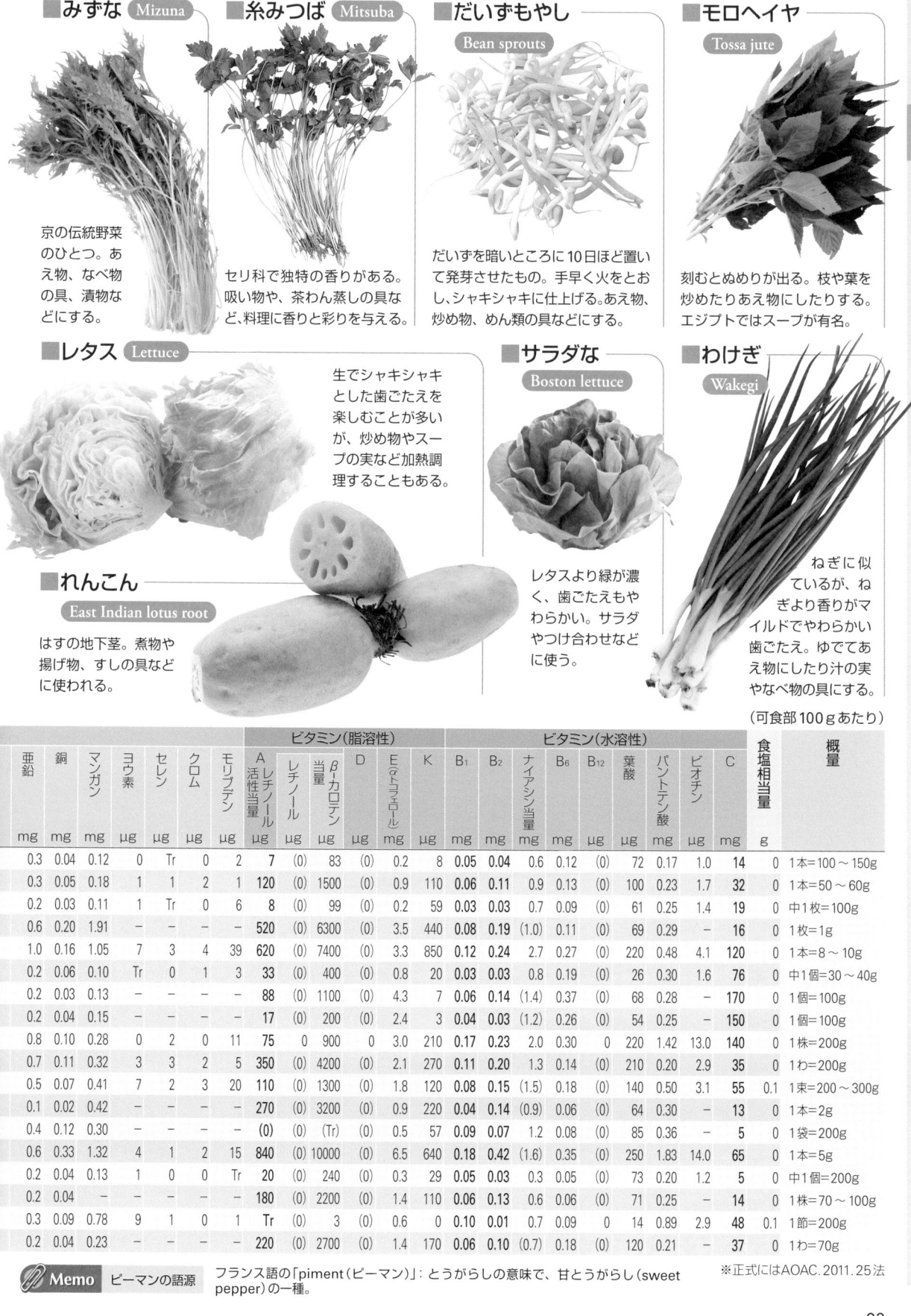

（可食部100gあたり）

| 亜鉛 | 銅 | マンガン | ヨウ素 | セレン | クロム | モリブデン | ビタミン（脂溶性） | | | | | | ビタミン（水溶性） | | | | | | | | | 食塩相当量 | 概量 |
|---|---|---|---|---|---|---|---|---|---|---|---|---|---|---|---|---|---|---|---|---|---|---|---|
| | | | | | | | A レチノール活性当量 | レチノール | β-カロテン当量 | D | E（α-トコフェロール） | K | B1 | B2 | ナイアシン当量 | B6 | B12 | 葉酸 | パントテン酸 | ビオチン | C | | |
| mg | mg | mg | µg | µg | µg | µg | µg | µg | µg | µg | mg | µg | mg | mg | mg | mg | µg | µg | mg | µg | mg | g | |
| 0.3 | 0.04 | 0.12 | 0 | Tr | 0 | 2 | 7 | (0) | 83 | (0) | 0.2 | 8 | 0.05 | 0.04 | 0.6 | 0.12 | (0) | 72 | 0.17 | 1.0 | 14 | 0 | 1本=100～150g |
| 0.3 | 0.05 | 0.18 | 1 | 1 | 2 | 1 | 120 | (0) | 1500 | (0) | 0.9 | 110 | 0.06 | 0.11 | 0.9 | 0.13 | (0) | 100 | 0.23 | 1.7 | 32 | 0 | 1本=50～60g |
| 0.2 | 0.03 | 0.11 | 1 | Tr | 0 | 6 | 8 | (0) | 99 | (0) | 0.2 | 59 | 0.03 | 0.03 | 0.7 | 0.09 | (0) | 61 | 0.25 | 1.4 | 19 | 0 | 中1枚=100g |
| 0.6 | 0.20 | 1.91 | – | – | – | – | 520 | (0) | 6300 | (0) | 3.5 | 440 | 0.08 | 0.19 | (1.0) | 0.11 | (0) | 69 | 0.29 | – | 16 | 0 | 1枚=1g |
| 1.0 | 0.16 | 1.05 | 7 | 3 | 4 | 39 | 620 | (0) | 7400 | (0) | 3.3 | 850 | 0.12 | 0.24 | 2.7 | 0.27 | (0) | 220 | 0.48 | 4.1 | 120 | 0 | 1本=8～10g |
| 0.2 | 0.06 | 0.10 | Tr | 0 | 1 | 3 | 33 | (0) | 400 | (0) | 0.8 | 20 | 0.03 | 0.03 | 0.8 | 0.19 | (0) | 26 | 0.30 | 1.6 | 76 | 0 | 中1個=30～40g |
| 0.2 | 0.03 | 0.13 | – | – | – | – | 88 | (0) | 1100 | (0) | 4.3 | 7 | 0.06 | 0.14 | (1.4) | 0.37 | (0) | 68 | 0.28 | – | 170 | 0 | 1個=100g |
| 0.2 | 0.04 | 0.15 | – | – | – | – | 17 | (0) | 200 | (0) | 2.4 | 3 | 0.04 | 0.03 | (1.2) | 0.26 | (0) | 54 | 0.25 | – | 150 | 0 | 1個=100g |
| 0.8 | 0.10 | 0.28 | 0 | 2 | 0 | 11 | 75 | (0) | 900 | (0) | 3.0 | 210 | 0.17 | 0.23 | 2.0 | 0.30 | (0) | 220 | 1.42 | 13.0 | 140 | 0 | 1株=200g |
| 0.7 | 0.11 | 0.32 | 3 | 3 | 2 | 5 | 350 | (0) | 4200 | (0) | 2.1 | 270 | 0.11 | 0.20 | 1.3 | 0.14 | (0) | 210 | 0.20 | 2.9 | 35 | 0 | 1わ=200g |
| 0.7 | 0.07 | 0.41 | 7 | 2 | 2 | 20 | 110 | (0) | 1300 | (0) | 1.8 | 120 | 0.08 | 0.15 | (1.5) | 0.18 | (0) | 140 | 0.50 | 3.1 | 55 | 0.1 | 1束=200～300g |
| 0.1 | 0.02 | 0.42 | – | – | – | – | 270 | (0) | 3200 | (0) | 0.9 | 220 | 0.04 | 0.14 | (0.9) | 0.06 | (0) | 64 | 0.30 | – | 13 | 0 | 1本=2g |
| 0.4 | 0.12 | 0.30 | – | – | – | – | (0) | (0) | (Tr) | (0) | 0.5 | 57 | 0.09 | 0.07 | 1.2 | 0.06 | (0) | 85 | 0.36 | – | 5 | 0 | 1袋=200g |
| 0.6 | 0.33 | 1.32 | 4 | 1 | 2 | 15 | 840 | (0) | 10000 | (0) | 6.5 | 640 | 0.18 | 0.42 | (1.6) | 0.35 | (0) | 250 | 1.83 | 14.0 | 65 | 0 | 1本=5g |
| 0.2 | 0.04 | 0.13 | 1 | 0 | 0 | Tr | 20 | (0) | 240 | (0) | 0.3 | 29 | 0.05 | 0.03 | 0.3 | 0.05 | (0) | 73 | 0.20 | 1.2 | 5 | 0 | 中1個=200g |
| 0.2 | 0.04 | – | – | – | – | – | 180 | (0) | 2200 | (0) | 1.4 | 110 | 0.06 | 0.13 | 0.4 | 0.07 | (0) | 71 | 0.25 | – | 14 | 0 | 1株=70～100g |
| 0.3 | 0.09 | 0.78 | 9 | 0 | 1 | 0 | Tr | (0) | 3 | (0) | 0.6 | 57 | 0.10 | 0.01 | 0.7 | 0.09 | (0) | 14 | 0.89 | 2.9 | 48 | 0.1 | 1節=200g |
| 0.2 | 0.04 | 0.23 | – | – | – | – | 220 | (0) | 2700 | (0) | 1.4 | 170 | 0.06 | 0.10 | (0.7) | 0.18 | (0) | 120 | 0.21 | – | 37 | 0 | 1わ=70g |

**Memo** ピーマンの語源 フランス語の「piment（ピーマン）」：とうがらしの意味で、甘とうがらし（sweet pepper）の一種。

※正式にはAOAC. 2011. 25法

## ■アボカド (Avocados)

縦半分にして種を除き、果肉をサラダやすしの具にしたり、ペースト状にしてスープやタコスの具にする。

## ■あんず (Apricots)

●あんずジャム

生食のほか、ジャムにも加工される。

## ■いちご (Strawberries)

●いちごジャム

そのまま食べたり、菓子の材料にするほか、ジャムやアイスクリームにも加工される。

## ■梅干し (Umeboshi)

完熟した梅を塩漬したもの。赤じその葉で赤い色をつける。

## ■うんしゅうみかん

Satsuma mandarins

●缶詰

手軽に食べられる。手で皮をむきやすく、種子がないものが多い。

## ■キウイフルーツ (Kiwifruit)

淡泊な甘味と酸味。生で食べるほか、ジャムやワインに加工される。

●緑肉種

## ■グレープフルーツ

Grapefruit

さわやかな酸味でサラダなどにも使われる。

●白肉種

## ■ゆず (Yuzu)

●果皮

香りや酸味を加えるために、果肉や果皮を利用する。

## ■レモン (Lemons)

●果汁

●全果

酸味が強く、ビタミンCが豊富。果実をつけ合わせにしたり、果汁をジュースのベースや料理に利用する。

| 食品番号 | 食品名 | 廃棄率 | エネルギー | 水分 | たんぱく質 | 脂質 | 脂肪酸 | | | コレステロール | 炭水化物 | 食物繊維総量 | | 無機質（ミネラル） | | | | | |
|---|---|---|---|---|---|---|---|---|---|---|---|---|---|---|---|---|---|---|---|
| | | | | | | | 飽和 | 一価不飽和 | 多価不飽和 | | | プロスキー変法 | AOAC法※ | ナトリウム | カリウム | カルシウム | マグネシウム | リン | 鉄 |
| (07) | | % | kcal | g | g | g | g | g | g | mg | g | g | | mg | mg | mg | mg | mg | mg |
| 006 | アボカド 生 | 30 | 176 | 71.3 | 2.1 | 17.5 | 3.03 | 9.96 | 1.85 | Tr | 7.9 | 5.6 | − | 7 | 590 | 8 | 34 | 52 | 0.6 |
| 011 | あんず ジャム 低糖度 | 0 | 202 | 48.8 | 0.4 | 0.1 | (0.01) | (0.04) | (0.02) | (0) | 50.5 | 1.2 | − | 18 | 80 | 11 | 4 | 7 | 0.3 |
| 012 | いちご 生 | 2 | 31 | 90.0 | 0.9 | 0.1 | 0.01 | 0.01 | 0.05 | 0 | 8.5 | 1.4 | − | Tr | 170 | 17 | 13 | 31 | 0.3 |
| 014 | いちご ジャム 低糖度 | 0 | 194 | 50.7 | 0.5 | 0.1 | (0.01) | (0.01) | (0.05) | (0) | 48.4 | 1.1 | − | 12 | 79 | 12 | 8 | 14 | 0.4 |
| 023 | うめ 梅干し 調味漬 | 25 | 90 | 68.7 | 1.5 | 0.6 | (0.04) | (0.29) | (0.09) | (0) | 21.1 | 2.5 | − | 3000 | 130 | 25 | 15 | 15 | 2.4 |
| 035 | うんしゅうみかん 缶詰 果肉 | 0 | 63 | 83.8 | 0.5 | 0.1 | (0.01) | (0.02) | (0.01) | (0) | 15.3 | 0.5 | − | 4 | 75 | 8 | 7 | 8 | 0.4 |
| 062 | グレープフルーツ 白肉種 砂じょう 生 | 30 | 40 | 89.0 | 0.9 | 0.1 | (0.01) | (0.01) | (0.02) | 0 | 9.6 | 0.6 | − | 1 | 140 | 15 | 9 | 17 | Tr |
| 142 | ゆず 果皮 生 | 0 | 50 | 83.7 | 1.2 | 0.5 | 0.03 | 0.01 | 0.04 | (0) | 14.2 | 6.9 | − | 5 | 140 | 41 | 15 | 9 | 0.3 |
| 155 | レモン 全果 生 | 3 | 43 | 85.3 | 0.9 | 0.7 | 0.05 | 0.02 | 0.11 | 0 | 12.5 | 4.9 | − | 4 | 130 | 67 | 11 | 15 | 0.2 |
| 156 | レモン 果汁 生 | 0 | 24 | 90.5 | 0.4 | 0.2 | (0.02) | (0.01) | (0.03) | 0 | 8.6 | Tr | − | 2 | 100 | 7 | 8 | 9 | 0.1 |
| 054 | キウイフルーツ 緑肉種 生 | 15 | 51 | 84.7 | 1.0 | 0.2 | 0.02 | 0.03 | 0.12 | 0 | 13.4 | 2.6 | − | 1 | 300 | 26 | 14 | 30 | 0.3 |
| 070 | さくらんぼ 国産 生 | 10 | 64 | 83.1 | 1.0 | 0.2 | (0.04) | (0.05) | (0.05) | 0 | 15.2 | 1.2 | − | 1 | 210 | 13 | 6 | 17 | 0.3 |
| 077 | すいか 赤肉種 生 | 40 | 41 | 89.6 | 0.6 | 0.1 | (0.01) | (0.02) | (0.03) | 0 | 9.5 | 0.3 | − | 1 | 120 | 4 | 11 | 8 | 0.2 |
| 097 | パインアップル 生 | 45 | 54 | 85.2 | 0.6 | 0.1 | (0.02) | (0.02) | (0.05) | 0 | 13.7 | 1.2 | − | Tr | 150 | 11 | 14 | 9 | 0.2 |
| 107 | バナナ 生 | 40 | 93 | 75.4 | 1.1 | 0.2 | (0.07) | (0.02) | (0.04) | 0 | 22.5 | 1.1 | − | Tr | 360 | 6 | 32 | 27 | 0.3 |
| 116 | ぶどう 皮なし 生 | 15 | 58 | 83.5 | 0.4 | 0.1 | 0.01 | Tr | 0.01 | 0 | 15.7 | 0.5 | − | 1 | 130 | 6 | 6 | 15 | 0.1 |
| 134 | メロン 温室メロン 生 | 50 | 40 | 87.8 | 1.1 | 0.1 | (0.03) | (Tr) | (0.04) | (0) | 10.3 | 0.5 | − | 7 | 340 | 8 | 13 | 21 | 0.3 |
| 136 | もも 白肉種 生 | 15 | 38 | 88.7 | 0.6 | 0.1 | (0.01) | (0.03) | (0.03) | 0 | 10.2 | 1.3 | − | 1 | 180 | 4 | 7 | 18 | 0.1 |
| 175 | もも 缶詰 黄肉種 果肉 | 0 | 83 | 78.5 | 0.5 | 0.1 | − | − | − | (0) | 20.6 | 1.4 | − | 4 | 80 | 3 | 4 | 9 | 0.2 |
| 148 | りんご 皮なし 生 | 15 | 53 | 84.1 | 0.1 | 0.2 | 0.01 | Tr | 0.03 | (0) | 15.5 | 1.4 | − | Tr | 120 | 3 | 3 | 12 | 0.1 |

**Memo** ブロメライン　パインアップルに含まれるたんぱく質分解酵素。肉をやわらかくして消化を助ける働きがある。

## ■さくらんぼ
### Cherries
桜桃（おうとう）ともいう。生食のほか、酸味の強い品種のものは、ジャム や果実酒に加工される。

## ■すいか　Watermelon
●赤肉種

90％が水分で、果汁には利尿効果がある。大玉・小玉、果肉が赤いものと黄色いものなど多品種。

## ■パインアップル
### Pineapple
酸味成分はクエン酸で、消化液の分泌を促す。生の果肉はたんぱく質分解酵素を含んでいるので、肉料理などにも使われる。

## ■バナナ
### Bananas
収穫直後の果実の皮は緑色で生食できない。追熟させてから食べる。やわらかな舌触りで糖質を多く含んでいる。

## ■ぶどう
### Grapes
日本でもっとも一般的な品種はデラウェア。ぶどう糖、果糖といった糖質を多く含み、酸味もある。

## ■メロン
### Melon
形や皮、果肉の色などのちがうさまざまな品種がある。主成分は糖質で甘味が強い。

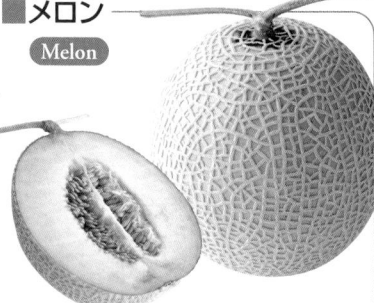

## ■もも
### Peaches
果肉がやわらかく甘味がある。果肉の色によって、白桃と黄桃がある。

●缶詰（黄肉種）

## ■りんご　Apples
甘味と酸味があり、食物繊維も豊富。すりおろしたりジュースにするほか、焼きりんごやアップルパイなどにも利用される。

（可食部100gあたり）

| 亜鉛 | 銅 | マンガン | ヨウ素 | セレン | クロム | モリブデン | ビタミン（脂溶性） | | | | | | ビタミン（水溶性） | | | | | | | | | 食塩相当量 | 概量 |
|---|---|---|---|---|---|---|---|---|---|---|---|---|---|---|---|---|---|---|---|---|---|---|---|
| | | | | | | | A 活性当量 レチノール当量 | レチノール | β-カロテン当量 | D | E（α-トコフェロール） | K | B₁ | B₂ | ナイアシン当量 | B₆ | B₁₂ | 葉酸 | パントテン酸 | ビオチン | C | | |
| mg | mg | mg | μg | μg | μg | μg | μg | μg | μg | μg | mg | μg | mg | mg | mg | mg | μg | μg | mg | μg | mg | g | |
| 0.7 | 0.24 | 0.19 | 0 | 1 | 0 | 2 | 7 | (0) | 87 | (0) | 3.3 | 21 | 0.09 | 0.20 | 2.3 | 0.29 | (0) | 83 | 1.55 | 5.3 | 12 | 0 | 1個=200g |
| 0.1 | 0.03 | 0.03 | – | – | – | – | 58 | (0) | 690 | (0) | 0.5 | (5) | 0.01 | 0.01 | (0.3) | 0.02 | (0) | 2 | 0 | – | Tr | 0 | 大1=23g |
| 0.2 | 0.05 | 0.20 | 1 | Tr | 0 | 9 | 1 | (0) | 18 | (0) | 0.4 | (2) | 0.03 | 0.02 | 0.5 | 0.04 | (0) | 90 | 0.33 | 0.8 | 62 | 0 | 1個=15〜20g |
| 0.1 | 0.03 | 0.22 | – | – | – | – | (0) | (0) | Tr | (0) | 0.2 | (3) | 0.01 | 0.01 | (0.3) | 0.03 | (0) | 27 | 0.06 | – | 10 | 0 | 大1=23g |
| 0.1 | 0.05 | 0.10 | – | – | – | – | Tr | (0) | 4 | (0) | 0.2 | (10) | 0.01 | 0.01 | 0.4 | 0.03 | (0) | 0 | 0.04 | – | 0 | 7.6 | 1個=10g |
| 0.1 | 0.02 | 0.03 | – | – | – | – | 34 | (0) | 410 | (0) | 0.5 | (0) | 0.05 | 0.02 | 0.3 | 0.03 | (0) | 12 | 0.09 | – | 15 | 0 | 小1缶=170g |
| 0.1 | 0.04 | 0.01 | 0 | 0 | 0 | 0 | (0) | (0) | 0 | (0) | 0.3 | (0) | 0.07 | 0.03 | 0.4 | 0.04 | (0) | 15 | 0.39 | 0.5 | 36 | 0 | 1個=350〜400g |
| 0.1 | 0.02 | 0.12 | 0 | 0 | 0 | 1 | 20 | (0) | 240 | (0) | 3.4 | – | 0.07 | 0.10 | 0.3 | 0.09 | (0) | 21 | 0.89 | 3.6 | 160 | 0 | 果皮1個分=12g |
| 0.1 | 0.08 | 0.05 | 0 | 1 | 0 | 1 | 2 | (0) | 26 | (0) | 1.6 | (2) | 0.07 | 0.07 | 0.4 | 0.08 | (0) | 31 | 0.39 | 1.2 | 100 | 0 | 1個=150g |
| 0.1 | 0.02 | 0.03 | 0 | 0 | 0 | 1 | 1 | (0) | 6 | (0) | 0.1 | (3) | 0.04 | 0.02 | 0.1 | 0.05 | (0) | 19 | 0.18 | 0.3 | 50 | 0 | 大1=15g |
| 0.1 | 0.10 | 0.09 | 0 | 1 | 0 | Tr | 4 | (0) | 53 | (0) | 1.3 | 6 | 0.01 | 0.02 | 0.5 | 0.11 | (0) | 37 | 0.31 | 1.4 | 71 | 0 | 1個=100g |
| 0.1 | 0.05 | – | 0 | 0 | Tr | 1 | 8 | (0) | 98 | (0) | 0.5 | (2) | 0.03 | 0.03 | (0.3) | 0.02 | (0) | 38 | 0.24 | 0.7 | 10 | 0 | 1個=6〜8g |
| 0.1 | 0.03 | 0.03 | 0 | 0 | 0 | 1 | 69 | (0) | 830 | (0) | 0.1 | (0) | 0.03 | 0.02 | 0.3 | 0.07 | (0) | 3 | 0.22 | 0.9 | 10 | 0 | 中1個=2.5〜4kg |
| 0.1 | 0.11 | 1.33 | 0 | 0 | 0 | Tr | 3 | (0) | 38 | (0) | Tr | 1 | 0.09 | 0.02 | 0.3 | 0.10 | (0) | 12 | 0.23 | 0.2 | 35 | 0 | 1個=2kg |
| 0.2 | 0.09 | 0.26 | 0 | 1 | 0 | 7 | 5 | (0) | 56 | (0) | 0.5 | (Tr) | 0.05 | 0.04 | 0.9 | 0.38 | (0) | 26 | 0.44 | 1.4 | 16 | 0 | 1本=100〜150g |
| 0.1 | 0.05 | 0.12 | 0 | 0 | 0 | Tr | 2 | (0) | 21 | (0) | 0.5 | – | 0.04 | 0.01 | 0.1 | 0.04 | (0) | 4 | 0.10 | 0.7 | 2 | 0 | 中1房=150g |
| 0.2 | 0.05 | 0.04 | 0 | 2 | 1 | 4 | 3 | (0) | 33 | (0) | 0.2 | (3) | 0.06 | 0.02 | (0.6) | 0.10 | (0) | 32 | 0.19 | 0.9 | 18 | 0 | 1個=500g |
| 0.1 | 0.05 | 0.04 | 0 | 0 | 0 | 1 | Tr | (0) | 5 | (0) | 0.7 | (1) | 0.01 | 0.01 | 0.1 | 0.04 | (0) | 5 | 0.13 | 0.4 | 8 | 0 | 中1個=250g |
| 0.2 | 0.04 | 0.03 | – | – | – | – | 17 | (0) | 210 | (0) | 1.2 | (3) | 0.01 | 0.02 | (0.4) | 0.01 | (0) | 4 | 0.07 | – | 2 | 0 | 小1缶=170g |
| Tr | 0.05 | 0.02 | 0 | 0 | 0 | 1 | 1 | (0) | 15 | (0) | 0.1 | Tr | 0.02 | Tr | 0.1 | 0.04 | (0) | 2 | 0.03 | 0.5 | 4 | 0 | 1個=250g |

**Memo**　砂じょう　かんきつ類の外皮をむくと現れる袋（じょうのう）の中にある、果汁が入った小さいつぶつぶの果肉。

※正式にはAOAC. 2011. 25法

**きのこ類 ●MUSHROOMS**

## ■えのきたけ
### Winter mushrooms

暗室においたびんに種菌を植え付けて栽培する。なべ物の具、汁の実、天ぷらなどのほか、「なめたけ」にも加工される。

## ■きくらげ Cloud ear fungus
●白きくらげ

●黒きくらげ

ゼラチン質の独特な歯ごたえが特徴。乾燥品をぬるま湯で戻し、中国料理に使われる。

## ■しいたけ
### Shiitake
●乾
●生

国内での生産量がもっとも多いきのこ。独特の香りとグアニル酸といううま味成分をもつ。乾燥しいたけの戻し汁は、だしとして利用できる。

## ■ぶなしめじ
### Shimeji

歯ごたえのよい肉質が特徴で、炒め物やなべ物、汁物などに利用される。

## ■なめこ Nameko

独特のぬめりと歯ごたえが特徴で、汁物、あえ物などに利用される。水煮のものが一般的。

## ■エリンギ
### King oyster mushrooms

セリ科植物の枯死した根部に発生する。日本では自生しない。肉質がしっかりしていて歯ごたえがあり、日持ちが大変よい。

## ■マッシュルーム
### Button mushrooms

世界中でもっとも多く栽培されている。ホワイトとブラウンの品種がある。炒め物やサラダ、スープなどに利用される。

| 食品番号 (08)(09) | 食品名 | 廃棄率 % | エネルギー kcal | 水分 g | たんぱく質 g | 脂質 g | 脂肪酸 飽和 g | 脂肪酸 一価不飽和 g | 脂肪酸 多価不飽和 g | コレステロール mg | 炭水化物 g | 食物繊維総量 プロスキー変法 g | 食物繊維総量 AOAC法※ g | ナトリウム mg | カリウム mg | カルシウム mg | マグネシウム mg | リン mg | 鉄 mg |
|---|---|---|---|---|---|---|---|---|---|---|---|---|---|---|---|---|---|---|---|
| 001 | えのきたけ 生 | 15 | 34 | 88.6 | 2.7 | 0.2 | 0.02 | 0.01 | 0.08 | 0 | 7.6 | 3.9 | – | 2 | 340 | Tr | 15 | 110 | 1.1 |
| 006 | きくらげ 乾 | 0 | 216 | 14.9 | 7.9 | 2.1 | 0.29 | 0.33 | 0.62 | 0 | 71.1 | 57.4 | – | 59 | 1000 | 310 | 210 | 230 | 35.0 |
| 039 | 生しいたけ 菌床栽培 生 | 20 | 25 | 89.6 | 3.1 | 0.3 | 0.04 | 0.01 | 0.15 | 0 | 6.4 | 4.6 | 4.9 | 1 | 290 | 1 | 14 | 87 | 0.4 |
| 013 | 乾しいたけ 乾 | 20 | 258 | 9.1 | 21.2 | 2.8 | (0.33) | (0.05) | (1.22) | 0 | 62.5 | 46.7 | – | 14 | 2200 | 12 | 100 | 290 | 3.2 |
| 016 | ぶなしめじ 生 | 10 | 26 | 91.1 | 2.7 | 0.5 | 0.05 | 0.02 | 0.15 | 0 | 4.8 | 3.5 | 3.0 | 3 | 370 | 1 | 11 | 96 | 0.5 |
| 020 | なめこ 株採り 生 | 20 | 21 | 92.1 | 1.8 | 0.2 | 0.02 | 0.02 | 0.07 | 1 | 5.4 | 3.4 | – | 3 | 240 | 4 | 10 | 68 | 0.7 |
| 025 | エリンギ 生 | 6 | 31 | 90.2 | 2.8 | 0.4 | 0.04 | 0.04 | 0.12 | (0) | 6.0 | 3.4 | – | 2 | 340 | Tr | 12 | 89 | 0.3 |
| 031 | マッシュルーム 生 | 5 | 15 | 93.9 | 2.9 | 0.3 | 0.03 | Tr | 0.10 | 0 | 2.1 | 2.0 | – | 6 | 350 | 3 | 10 | 100 | 0.3 |
| 002 | あおのり 素干し | 0 | 249 | 6.5 | 29.4 | 5.2 | 0.97 | 0.50 | 1.65 | Tr | 41.0 | 35.2 | – | 3200 | 2500 | 750 | 1400 | 390 | 77.0 |
| 004 | あまのり 焼きのり | 0 | 297 | 2.3 | 41.4 | 3.7 | 0.55 | 0.20 | 1.39 | 22 | 44.3 | 36.0 | – | 530 | 2400 | 280 | 300 | 700 | 11.0 |
| 017 | まこんぶ 素干し 乾 | 0 | 170 | 9.5 | 5.8 | 1.3 | 0.35 | 0.29 | 0.32 | 0 | 64.3 | 27.1 | 32.1 | 2600 | 6100 | 780 | 530 | 180 | 3.2 |
| 023 | こんぶ つくだ煮 | 0 | 150 | 49.6 | 6.0 | 1.0 | 0.16 | 0.32 | 0.33 | 0 | 33.3 | 6.8 | – | 2900 | 770 | 150 | 98 | 120 | 1.3 |
| 049 | てんぐさ 粉寒天 | 0 | 160 | 16.7 | 0.2 | 0.3 | (0.05) | (0.02) | (0.09) | 0 | 81.7 | 79.0 | – | 170 | 30 | 120 | 39 | 39 | 7.3 |
| 050 | ほしひじき ステンレス釜 乾 | 0 | 180 | 6.5 | 9.2 | 3.2 | 0.59 | 0.37 | 0.63 | Tr | 58.4 | 51.8 | – | 1800 | 6400 | 1000 | 640 | 93 | 6.2 |
| 038 | もずく 塩蔵 塩抜き | 0 | 4 | 97.7 | 0.2 | 0.1 | (0.03) | (0.01) | (0.02) | 0 | 1.4 | 1.4 | – | 90 | 2 | 22 | 12 | 2 | 0.7 |
| 044 | カットわかめ 乾 | 0 | 186 | 9.2 | 17.9 | 4.0 | 0.25 | 0.09 | 1.29 | 0 | 42.1 | 35.4 | 39.2 | 9300 | 430 | 870 | 460 | 300 | 6.5 |
| 045 | 湯通し塩蔵わかめ 塩抜き 生 | 0 | 16 | 93.3 | 1.5 | 0.3 | 0.04 | 0.02 | 0.15 | 0 | 3.4 | 3.2 | 2.9 | 530 | 10 | 50 | 16 | 30 | 0.5 |

**Memo** レンチシン しいたけがもつ独特の香り成分。

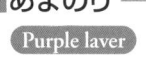

## ■あおのり
**Green laver**

干したあおのりをあぶって粉末にしたものは、料理の香りづけや彩りとして利用される。

## ■あまのり
**Purple laver**

のり巻きなどに使われる一般的なのり。干しのりを火であぶると、葉緑素の緑が鮮やかな焼きのりになる。

●焼きのり

## ■こんぶ Kombu

●まこんぶ

うま味成分のグルタミン酸をもち、だしの素になる。表面は洗わずにふく。つくだ煮などにも加工される。

●つくだ煮

## ■粉寒天 Agar powder

粉寒天は、てんぐさを煮て、ろ過した液体を凝固させ、圧力をかけて強制的に水分を抜き、乾燥粉砕してつくる。菓子や寄せ物などに利用する。

## ■ほしひじき Hijiki

乾燥品が一般的。水で戻して炒め煮にしたり、あえ物やサラダに利用する。

## ■もずく Mozuku

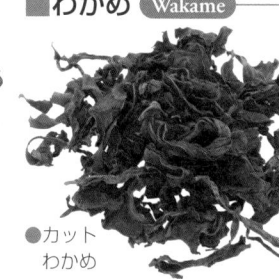

やわらかく細い線状で、独特のぬめりがある。酢の物や汁の実にする。

## ■わかめ Wakame

●湯通し塩蔵わかめ 塩抜き

●カットわかめ

生のほか、日持ちする乾燥品や塩蔵品が多い。酢の物、汁の実、煮物などに利用される。

きのこ類・藻類——MUSHROOMS / ALGAE

（可食部100gあたり）

| 亜鉛 | 銅 | マンガン | ヨウ素 | セレン | クロム | モリブデン | ビタミン(脂溶性) | | | | | | ビタミン(水溶性) | | | | | | | | | 食塩相当量 | 概量 |
|---|---|---|---|---|---|---|---|---|---|---|---|---|---|---|---|---|---|---|---|---|---|---|---|
| | | | | | | | A レチノール活性当量 | レチノール | β-カロテン当量 | D | E α-トコフェロール | K | $B_1$ | $B_2$ | ナイアシン当量 | $B_6$ | $B_{12}$ | 葉酸 | パントテン酸 | ビオチン | C | | |
| mg | mg | mg | µg | µg | µg | µg | µg | µg | µg | µg | mg | µg | mg | mg | mg | mg | µg | µg | mg | µg | mg | g | |
| 0.6 | 0.10 | 0.07 | 0 | 1 | 0 | Tr | (0) | 0 | (0) | 0.9 | 0 | 0 | 0.24 | 0.17 | 7.4 | 0.12 | (0) | 75 | 1.40 | 11.0 | 0 | 0 | 1袋=100g |
| 2.1 | 0.31 | 6.18 | 7 | 9 | 27 | 6 | (0) | 0 | (0) | 85.0 | 0 | 0 | 0.19 | 0.87 | 5.5 | 0.10 | (0) | 87 | 1.14 | 27.0 | 0 | 0.1 | 2個=1g |
| 0.9 | 0.10 | 0.21 | 0 | 5 | 1 | 4 | 0 | (0) | (0) | 0.3 | 0 | 0 | 0.13 | 0.21 | 4.0 | 0.21 | 0 | 49 | 1.21 | 7.6 | 0 | 0 | 1個=10〜30g |
| 2.7 | 0.60 | 0.96 | 4 | 5 | 5 | 3 | (0) | (0) | (0) | 17.0 | 0 | 0 | 0.48 | 1.74 | 23.0 | 0.49 | − | 270 | 8.77 | 41.0 | 20 | 0 | 1個=2〜8g |
| 0.5 | 0.06 | 0.16 | 1 | 2 | 0 | 1 | (0) | (0) | (0) | 0 | 0.5 | 0 | 0.15 | 0.17 | 6.4 | 0.09 | 0.1 | 29 | 0.81 | 8.7 | 0 | 0 | 1パック=100g |
| 0.5 | 0.11 | 0.06 | Tr | 2 | Tr | 1 | (0) | (0) | (0) | 0 | 0 | 0 | 0.07 | 0.12 | 5.5 | 0.05 | Tr | 60 | 1.29 | 7.4 | 0 | 0 | 1パック=100g |
| 0.6 | 0.10 | 0.06 | 1 | 2 | 2 | 2 | (0) | (0) | (0) | 0 | 1.2 | 0 | 0.11 | 0.22 | 6.7 | 0.14 | 0 | 65 | 1.16 | 6.9 | 0 | 0 | 1本=30g |
| 0.4 | 0.32 | 0.04 | 1 | 14 | 4 | 2 | (0) | (0) | (0) | 0 | 0.3 | 0 | 0.06 | 0.29 | 3.6 | 0.11 | 0 | 28 | 1.54 | 11.0 | 0 | 0 | 1個=10g |
| 1.6 | 0.58 | 13.00 | 2700 | 7 | 39 | 18 | 1700 | (0) | 21000 | (0) | 2.5 | 3 | 0.92 | 1.66 | 14.0 | 0.50 | 32.0 | 270 | 0.57 | 71.0 | 62 | 8.1 | 小1=2g |
| 3.6 | 0.55 | 3.72 | 2100 | 9 | 6 | 220 | 2300 | (0) | 27000 | (0) | 4.6 | 390 | 0.69 | 2.33 | 20.0 | 0.59 | 58.0 | 1900 | 1.18 | 47.0 | 210 | 1.3 | 1枚=2〜3g |
| 0.9 | 0.11 | 0.21 | 200000 | 2 | 14 | 11 | 130 | (0) | 1600 | (0) | 2.6 | 110 | 0.26 | 0.31 | 2.3 | 0.03 | (0) | 240 | 0.35 | 9.7 | 29 | 6.6 | 10cm角1枚=10g |
| 0.5 | 0.06 | 0.46 | 11000 | 3 | 6 | 19 | 5 | (0) | 56 | 0 | 0.1 | 310 | 0.05 | 0.05 | 1.1 | 0.05 | 0 | 15 | 0.12 | 4.7 | Tr | 7.4 | 大1=15g |
| 0.3 | 0.04 | 1.01 | 81 | 0 | 39 | 5 | 0 | (0) | 0 | (0) | Tr | 0 | Tr | 0.1 | 0 | 0.2 | 0 | 1 | 0 | 0.1 | 0 | 0.4 | 大1=3g |
| 1.0 | 0.14 | 0.82 | 45000 | 7 | 26 | 17 | 360 | (0) | 4400 | (0) | 5.0 | 580 | 0.09 | 0.42 | 4.4 | 0 | 0 | 93 | 0.30 | 17.0 | 0 | 4.7 | 大1=15g |
| 0.3 | 0.01 | 0.03 | − | − | − | − | 15 | (0) | 180 | (0) | 0.1 | 14 | Tr | 0.01 | 0.1 | Tr | 0.1 | 2 | 0 | − | 0 | 0.2 | 1食分=40g |
| 2.8 | 0.13 | 0.46 | 10000 | 9 | 19 | 10 | 190 | (0) | 2200 | (0) | 0.5 | 1600 | 0.07 | 0.08 | 5.6 | 0.01 | 2.0 | 18 | 0.06 | 25.0 | 0 | 23.5 | 1食分=2g |
| 0.2 | 0.04 | 0.03 | 810 | Tr | 1 | Tr | 17 | (0) | 210 | (0) | 0.1 | 110 | 0.01 | 0.01 | 0.5 | Tr | 0 | 6 | 0.07 | 1.9 | 0 | 1.4 | 1人分=10g |

※正式にはAOAC. 2011.25法

 **Memo** フコイダンとアルギン酸　海藻のぬるぬるした「粘質多糖類」（食物繊維で整腸作用がある）の成分。

■ **まあじ** [Horse mackerel]
■体長20〜40cm

刺身やたたきなど、生で食べるほか、塩焼き、揚げ物などにする。開き干しなどの加工品もある。

■ **まいわし** [Sardine]
■体長17cm

脂が多く、刺身で食べるほか、焼き物・揚げ物にしたり、すり身にして汁の実やなべ物にする。身がやわらかいので、手で開ける。

■ **さわら**
[Spanish mackerel]
■体長1m

白身で脂が多くやわらかいため、身が割れやすい。刺身、焼き魚などにする。

■ **しろさけ** [Salmon]
■体長80cm

●切り身

海で成熟し、産卵のために川を上る。塩焼きやフライにする。

■ **まさば** [Mackerel]
■体長40〜50cm

●しめさば

脂がのり、塩焼き、みそ煮、フライなどに向く。刺身や、酢でしめ、すしなどにもする。

■ **くろまぐろ** [Tuna]

大型の回遊魚で、刺身、すしだね、照り焼きなどにする。

●赤身
●トロ

■体長3m

■ **さんま** [Pacific saury]
■体長35cm

秋に脂がのり美味なので、「秋の味覚」といわれる。刺身、塩焼き、かば焼き、フライなどにする。

■ **まだら** [Cod]
■体長1m

まだらが一般的。白身で身がやわらかい。冬が旬で、なべ物の具や煮付け、粕漬、ムニエルなどに料理する。

■ **ぶり** [Yellowtail]
■体長1.2m

80％以上が養殖もの。冬場の「寒ぶり」がもっとも脂がのっている。照り焼き、刺身、煮付けなどにする。

| 食品番号 | 食品名 | 廃棄率 | エネルギー | 水分 | たんぱく質 | 脂質 | 脂肪酸 飽和 | 脂肪酸 一価不飽和 | 脂肪酸 多価不飽和 | コレステロール | 炭水化物 | 食物繊維総量 プロスキー変法 | 食物繊維総量 AOAC法※ | ナトリウム | カリウム | カルシウム | マグネシウム | リン | 鉄 |
|---|---|---|---|---|---|---|---|---|---|---|---|---|---|---|---|---|---|---|---|
| (10) | | % | kcal | g | g | g | g | g | g | mg | g | g | g | mg | mg | mg | mg | mg | mg |
| 003 | まあじ 皮つき 生 | 55 | 112 | 75.1 | 19.7 | 4.5 | 1.10 | 1.05 | 1.22 | 68 | 0.1 | − | − | 130 | 360 | 66 | 34 | 230 | 0.6 |
| 047 | まいわし 生 | 60 | 156 | 68.9 | 19.2 | 9.2 | 2.55 | 1.86 | 2.53 | 67 | 0.2 | − | − | 81 | 270 | 74 | 30 | 230 | 2.1 |
| 092 | かつお類 加工品 削り節 | 0 | 327 | 17.2 | 75.7 | 3.2 | 0.71 | 0.35 | 0.79 | 190 | 0.4 | − | − | 480 | 810 | 46 | 91 | 680 | 9.0 |
| 134 | しろさけ 生 | 0 | 124 | 72.3 | 22.3 | 4.1 | 0.80 | 1.69 | 1.01 | 59 | 0.1 | − | − | 66 | 350 | 14 | 28 | 240 | 0.5 |
| 139 | しろさけ 塩ざけ | 0 | 183 | 63.6 | 22.4 | 11.1 | 2.19 | 4.34 | 2.81 | 64 | 0.1 | − | − | 720 | 320 | 16 | 30 | 270 | 0.3 |
| 154 | まさば 生 | 50 | 211 | 62.1 | 20.6 | 16.8 | 4.57 | 5.03 | 2.66 | 61 | 0.3 | − | − | 110 | 330 | 6 | 30 | 220 | 1.2 |
| 171 | さわら 生 | 0 | 161 | 68.6 | 20.1 | 9.7 | 2.51 | 3.45 | 2.05 | 60 | 0.1 | − | − | 65 | 490 | 13 | 32 | 220 | 0.8 |
| 173 | さんま 皮つき 生 | 0 | 287 | 55.6 | 18.1 | 25.6 | 4.84 | 10.58 | 6.35 | 68 | 0.1 | − | − | 140 | 200 | 28 | 28 | 180 | 1.4 |
| 202 | すけとうだら たらこ 生 | 0 | 131 | 65.2 | 24.0 | 4.7 | 0.71 | 0.81 | 1.28 | 350 | 0.4 | − | − | 1800 | 300 | 24 | 13 | 390 | 0.6 |
| 205 | まだら 生 | 0 | 72 | 80.9 | 17.6 | 0.2 | 0.03 | 0.03 | 0.07 | 58 | 0.1 | − | − | 110 | 350 | 32 | 24 | 230 | 0.2 |
| 241 | ぶり 成魚 生 | 0 | 222 | 59.6 | 21.4 | 17.6 | 4.42 | 4.35 | 3.72 | 72 | 0.3 | − | − | 32 | 380 | 5 | 26 | 130 | 1.3 |
| 253 | くろまぐろ 天然 赤身 生 | 0 | 115 | 70.4 | 26.4 | 1.4 | 0.25 | 0.29 | 0.19 | 50 | 0.1 | − | − | 49 | 380 | 5 | 45 | 270 | 1.1 |
| 263 | まぐろ類 缶詰 油漬 フレーク ライト | 0 | 265 | 59.1 | 17.7 | 21.7 | 3.37 | 4.86 | 12.16 | 32 | 0.1 | − | − | 340 | 230 | 4 | 25 | 160 | 0.5 |
| 281 | あさり 生 | 60 | 27 | 90.3 | 6.0 | 0.3 | 0.02 | 0.01 | 0.04 | 40 | 0.4 | − | − | 870 | 140 | 66 | 100 | 85 | 3.8 |
| 297 | しじみ 生 | 75 | 54 | 86.0 | 7.5 | 1.4 | 0.24 | 0.14 | 0.19 | 62 | 4.5 | − | − | 180 | 83 | 240 | 10 | 120 | 8.3 |
| 329 | ブラックタイガー 養殖 生 | 15 | 77 | 79.9 | 18.4 | 0.3 | 0.04 | 0.03 | 0.06 | 150 | 0.3 | − | − | 150 | 230 | 67 | 36 | 210 | 0.2 |
| 335 | ずわいがに 生 | 70 | 59 | 84.0 | 13.9 | 0.4 | 0.03 | 0.06 | 0.13 | 44 | 0.1 | − | − | 310 | 310 | 90 | 42 | 170 | 0.5 |
| 344 | こういか 生 | 35 | 64 | 83.4 | 14.9 | 1.3 | 0.19 | 0.05 | 0.33 | 210 | 0.1 | − | − | 280 | 220 | 17 | 48 | 170 | 0.1 |
| 361 | まだこ 生 | 15 | 70 | 81.1 | 16.4 | 0.7 | 0.07 | 0.03 | 0.14 | 150 | 0.1 | − | − | 280 | 290 | 16 | 55 | 160 | 0.6 |
| 376 | かに風味かまぼこ | 0 | 89 | 75.6 | 12.1 | 0.5 | 0.11 | 0.10 | 0.16 | 17 | 9.2 | − | − | 850 | 76 | 120 | 19 | 77 | 0.2 |
| 381 | 焼き竹輪 | 0 | 119 | 69.9 | 12.2 | 2.0 | 0.48 | 0.46 | 0.72 | 25 | 13.5 | − | − | 830 | 95 | 15 | 15 | 110 | 1.0 |
| 384 | なると | 0 | 80 | 77.8 | 7.6 | 0.4 | 0.15 | 0.03 | 0.08 | 17 | 11.6 | − | − | 800 | 160 | 15 | 11 | 110 | 0.5 |

**Memo** 漢字で読もう　鯵・鰯・鰹・鰈・鮭・鯖・鰆・秋刀魚・鱈・鱈子・鰤・鮪・浅蜊・蜆・海老・蟹・烏賊・蛸・蒲鉾

## ■あさり (Short-necked clam)

コハク酸といううま味成分を含む。汁の実、酒蒸しのほか、むき身をパスタやスープの具にしたりする。

## ■しじみ (Freshwater clam)

あさりよりも小ぶりだが、同じようにうま味成分をもつ。おもに汁の実にする。

## ■えび (Shrimp)

●ブラックタイガー

えびはおよそ3000種あるといわれる。脂質は少なく、うま味が強いわりに淡泊である。

## ■ずわいがに (Snow crab)

脚や身の肉を刺身や塩ゆでして食べるほか、内臓にあたるかにみそや卵巣などを食べる。

## ■こういか (Cuttlefish)

身が厚くてやわらかい。独特の歯ごたえとうま味があり、生で食べるほか、焼き物、揚げ物、炒め物などにする。

## ■まだこ (Common octopus)

独特の食感があり、新鮮なものは刺身でも食べるが、ゆでてすしだねや酢だこなどに使われることが多い。

## 加工品

●削り節

かつおをいぶしてかび付けし、干したかつお節をけずったもの。

●なると

魚肉のすり身を紅白2色にして重ねて巻いたもので、かまぼこの一種。

●たらこ

すけとうだらの卵巣を塩蔵したもの。とうがらしで漬けたものがからし明太子。

●まぐろ(ツナ)缶詰

まぐろのフレークを油漬にしたもの。

●かに風味かまぼこ

すけとうだらのすり身を成形し、かに風味をつけて赤く着色してつくったもの。

●焼き竹輪

魚肉のすり身を、竹や太い串に塗りつけて、焼いたもの。

（可食部100gあたり）

| 亜鉛 | 銅 | マンガン | ヨウ素 | セレン | クロム | モリブデン | ビタミン(脂溶性) | | | | | | ビタミン(水溶性) | | | | | | | | | 食塩相当量 | 概量 |
|---|---|---|---|---|---|---|---|---|---|---|---|---|---|---|---|---|---|---|---|---|---|---|---|
| | | | | | | | A レチノール活性当量 | レチノール | β-カロテン当量 | D | E(α-トコフェロール) | K | B1 | B2 | ナイアシン当量 | B6 | B12 | 葉酸 | パントテン酸 | ビオチン | C | | |
| mg | mg | mg | µg | µg | µg | µg | µg | µg | µg | µg | mg | µg | mg | mg | mg | mg | µg | µg | mg | µg | mg | g | |
| 1.1 | 0.07 | 0.01 | 20 | 46 | 1 | 0 | 7 | 7 | 0 | 8.9 | 0.6 | Tr | 0.13 | 0.13 | 9.2 | 0.30 | 7.1 | 5 | 0.41 | 3.3 | Tr | 0.3 | 中1尾=70～100g |
| 1.6 | 0.20 | 0.04 | 24 | 48 | Tr | Tr | 8 | 8 | 0 | 32.0 | 2.5 | 1 | 0.03 | 0.39 | 11.0 | 0.49 | 16.0 | 10 | 1.14 | 15.0 | 0 | 0.2 | 中1尾=80g |
| 2.5 | 0.43 | 0.05 | – | – | – | – | 24 | 24 | 0 | 4 | 1.1 | (0) | 0.38 | 0.57 | 54.0 | 0.53 | 22.0 | 15 | 0.97 | – | Tr | 1.2 | 1袋=5g |
| 0.5 | 0.07 | 0.01 | 5 | 31 | 1 | 0 | 11 | 11 | (0) | 32.0 | 1.2 | (0) | 0.15 | 0.21 | 11.0 | 0.64 | 5.9 | 20 | 1.27 | 9.0 | 1 | 0.2 | 1切=80g |
| 0.4 | 0.05 | 0.01 | 18 | 43 | 0 | 0 | 24 | 24 | (0) | 23.0 | 0.4 | (0) | 0.14 | 0.15 | 12.0 | 0.58 | 6.9 | 11 | 0.95 | 11.0 | 1 | 1.8 | 1切=80g |
| 1.1 | 0.12 | 0.01 | 21 | 70 | 2 | 0 | 37 | 37 | 0 | 5.1 | 1.3 | 2 | 0.21 | 0.31 | 16.0 | 0.59 | 13.0 | 11 | 0.66 | 4.9 | 3 | | 中1尾=800g |
| 1.0 | 0.03 | 0.01 | – | – | – | – | 12 | 12 | 0 | 7 | 0.3 | 0 | 0.09 | 0.35 | 13.0 | 0.40 | 5.3 | 8 | 1.16 | – | Tr | 0.2 | 1切=120g |
| 0.8 | 0.12 | 0.02 | 22 | 32 | 2 | 0 | 16 | 16 | 0 | 16.0 | 1.7 | 1 | 0.01 | 0.28 | 11.0 | 0.54 | 16.0 | 15 | 0.74 | 7.4 | 0 | 0.4 | 中1尾=120～150g |
| 3.1 | 0.08 | 0.04 | 130 | 130 | 1 | Tr | 24 | 24 | 0 | 1.7 | 7.1 | Tr | 0.71 | 0.43 | 54.0 | 0.25 | 18.0 | 52 | 3.68 | 18.0 | 33 | 4.6 | 1腹=50g |
| 0.5 | 0.04 | 0.01 | 350 | 31 | 0 | 0 | 10 | 10 | 0 | 1 | 0.8 | (0) | 0.10 | 0.10 | 4.4 | 0.07 | 1.3 | 5 | 0.44 | 2.5 | Tr | 0.3 | 1切=80g |
| 0.7 | 0.08 | 0.01 | 24 | 57 | Tr | 0 | 50 | 50 | 0 | 2 | 2.0 | (0) | 0.23 | 0.36 | 14.0 | 0.42 | 3.8 | 7 | 1.01 | 7.7 | 2 | 0.1 | 1切=100g |
| 0.4 | 0.04 | 0.01 | 14 | 110 | 0 | 0 | 83 | 83 | 0 | 5 | 0.8 | Tr | 0.10 | 0.05 | 19.0 | 0.85 | 1.3 | 8 | 0.41 | 1.9 | 2 | 0.1 | 刺身1切=20g |
| 0.3 | 0.04 | 0.01 | – | – | – | – | 8 | 8 | 0 | 0 | 2.8 | 44 | 0.01 | 0.03 | (12.0) | 0.26 | 1.1 | 3 | 0.09 | – | 0 | 0.9 | 1缶=200g |
| 1.0 | 0.06 | 0.10 | 55 | 38 | 4 | 9 | 4 | 2 | 22 | 0 | 0.4 | Tr | 0.02 | 0.16 | 2.4 | 0.04 | 52.0 | 11 | 0.39 | 23.0 | 1 | 2.2 | 中身1個=2～3g |
| 2.3 | 0.41 | 2.78 | – | – | – | – | 33 | 25 | 100 | 0.2 | 1.7 | 2 | 0.02 | 0.44 | 3.1 | 0.10 | 68.0 | 26 | 0.53 | – | 2 | 0.4 | 1個=3g |
| 1.4 | 0.39 | 0.02 | 4 | 26 | 2 | 1 | 1 | 1 | 0 | (0) | 1.4 | (0) | 0.07 | 0.03 | (5.5) | 0.07 | 0.9 | 15 | 0.59 | 1.9 | Tr | 0.4 | 1尾=40g |
| 2.6 | 0.35 | 0.02 | 58 | 97 | 1 | 2 | (Tr) | Tr | (0) | 0 | 2.1 | (0) | 0.24 | 0.60 | 10.0 | 0.13 | 4.3 | 15 | 0.48 | 3.2 | Tr | 0.8 | 脚1本=80g |
| 1.5 | 0.45 | 0.02 | 4 | 23 | 0 | 0 | 5 | 5 | Tr | (0) | 2.2 | (0) | 0.03 | 0.05 | 3.3 | 0.11 | 1.4 | 3 | 0.52 | 1.6 | 1 | 0.7 | 中1杯=300g |
| 1.6 | 0.30 | 0.03 | – | – | – | – | 5 | 5 | 0 | (0) | 1.9 | (0) | 0.03 | 0.09 | 4.3 | 0.07 | 1.3 | 4 | 0.24 | – | Tr | 0.7 | 足1本=150g |
| 0.2 | 0.04 | 0.04 | – | – | – | – | 21 | 21 | 0 | 1.0 | 0.9 | 0 | 0.01 | 0.04 | (2.5) | 0.01 | 0.7 | 3 | 0.08 | – | 1 | 2.2 | 1本=9g |
| 0.3 | 0.03 | 0.03 | – | – | – | – | (Tr) | Tr | (0) | 1.0 | 0.4 | 0 | 0.05 | 0.08 | (3.1) | 0.01 | 0.1 | 4 | 0.04 | – | (0) | 2.1 | 1本=50g |
| 0.2 | 0.01 | 0.02 | – | – | – | – | (Tr) | Tr | (0) | Tr | 0.1 | 0 | Tr | 0.01 | 2.0 | Tr | 0.1 | 4 | 0.04 | – | (0) | 2.0 | 1切=5g |

**Ｍemo** 魚介類の分類　海水産魚類（あじ・いわし・かつお・まぐろ・かれい・たらなど）・淡水産魚類（にじますなど）・貝類（あさり・しじみなど）・甲殻類（えび・かになど）・軟体動物（いか・たこなど）

※正式にはAOAC．2011.25法

## うし[乳用肥育牛肉]

乳牛（ホルスタイン種）の雄を20か月程度肥育したものがほとんど。

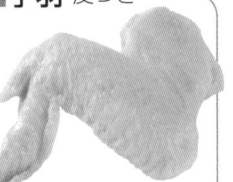

### ■かた 脂身つき

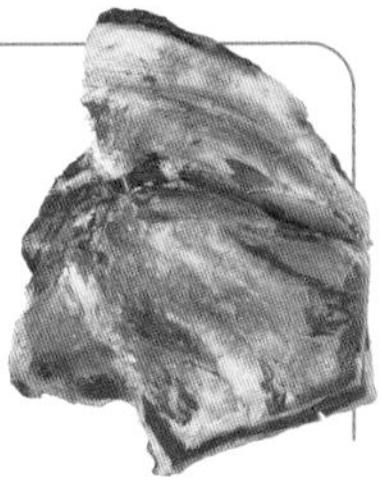

肉質はややかたい。カレーやシチューなどの煮込み料理に向く。

### ■かたロース 脂身つき

脂肪分の「霜降り」が多く、風味がある。すき焼きや網焼きなどに向く。

### ■ばら 脂身つき

赤身と脂肪の層があり少しかたいが味は濃厚で、角煮や炒め物などに向く。

### ■もも 脂身つき

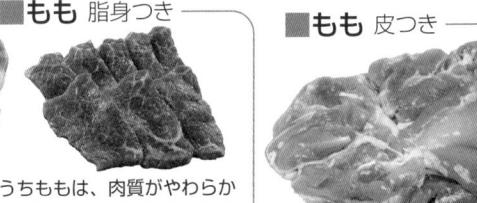

うちももは、肉質がやわらかい。焼き肉や煮込み料理など利用範囲は広い。

### ■ヒレ 赤肉

脂肪が少なく、きめ細かくもっともやわらかい部位。ステーキに向く。

### ■ひき肉

かたい部分の各部位をさばいてあまったところをひき肉にする。

## にわとり[若どり]

### ■手羽 皮つき

翼の部分。肉は少ないが、脂肪やゼラチン質が多く、うま味がある。から揚げや煮込み料理に向く。

### ■むね 皮つき

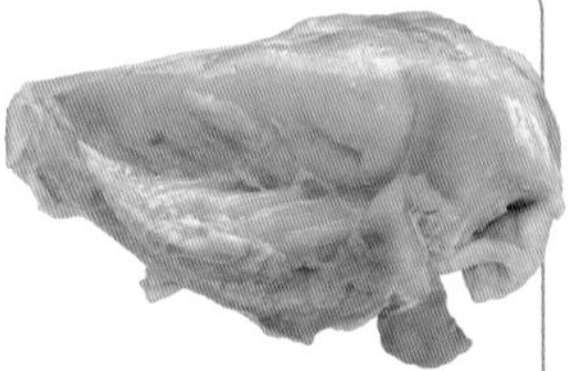

脂肪が少なく、味は淡泊でやわらかい。揚げ物、焼き物、煮物、蒸し物など利用範囲が広い。

### ■もも 皮つき

肉質はかたくて筋が多いが、脂肪が多めでうま味がある。ソテーやフライドチキンなどに利用する。

### ■ささみ

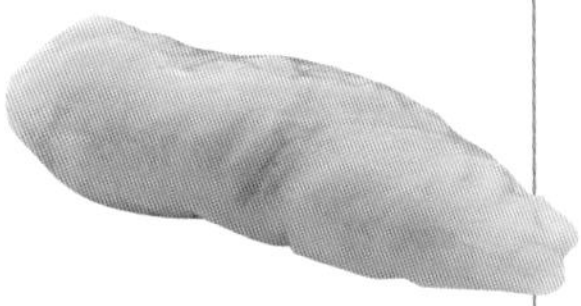

牛・豚のヒレにあたる部分で、脂肪が少なくやわらかい。刺身のほか、湯通ししてあえ物、吸い物の種などにする。

### ■ひき肉

しょうがなどを加えてくさみをとり、つくねやそぼろにして利用する。

| 食品番号 | 食品名 | 廃棄率 | エネルギー | 水分 | たんぱく質 | 脂質 | 脂肪酸 飽和 | 一価不飽和 | 多価不飽和 | コレステロール | 炭水化物 | 食物繊維総量 プロスキー変法 | AOAC法※ | ナトリウム | カリウム | カルシウム | マグネシウム | リン | 鉄 |
|---|---|---|---|---|---|---|---|---|---|---|---|---|---|---|---|---|---|---|---|
| (11) | | % | kcal | g | g | g | g | g | g | mg | g | g | g | mg | mg | mg | mg | mg | mg |
| 030 | うし かた 脂身つき 生 | 0 | 231 | 62.0 | 17.1 | 19.8 | 7.23 | 9.10 | 0.83 | 66 | 0.3 | – | – | 59 | 290 | 4 | 18 | 160 | 2.1 |
| 034 | うし かたロース 脂身つき 生 | 0 | 295 | 56.4 | 16.2 | 26.4 | (10.28) | (12.31) | (1.00) | 71 | 0.2 | – | – | 50 | 260 | 4 | 16 | 140 | 0.9 |
| 046 | うし ばら 脂身つき 生 | 0 | 381 | 47.4 | 12.8 | 39.4 | 12.79 | 21.87 | 0.99 | 79 | 0.3 | – | – | 56 | 190 | 3 | 12 | 110 | 1.4 |
| 047 | うし もも 脂身つき 生 | 0 | 196 | 65.8 | 19.5 | 13.3 | 5.11 | 6.39 | 0.56 | 69 | 0.4 | – | – | 49 | 330 | 4 | 22 | 180 | 1.4 |
| 059 | うし ヒレ 赤肉 生 | 0 | 177 | 67.3 | 20.8 | 11.2 | 4.35 | 4.80 | 0.50 | 60 | 0.5 | – | – | 56 | 380 | 4 | 23 | 200 | 2.4 |
| 089 | うし ひき肉 生 | 0 | 251 | 61.4 | 17.1 | 21.1 | 7.25 | 11.06 | 0.63 | 64 | 0.3 | – | – | 64 | 260 | 6 | 17 | 100 | 2.4 |
| 123 | ぶた ロース 脂身つき 生 | 0 | 248 | 60.4 | 19.3 | 19.2 | 7.84 | 7.68 | 2.21 | 61 | 0.2 | – | – | 42 | 310 | 4 | 22 | 180 | 0.3 |
| 129 | ぶた ばら 脂身つき 生 | 0 | 366 | 49.4 | 14.4 | 35.4 | 14.60 | 15.26 | 3.50 | 70 | 0.1 | – | – | 50 | 240 | 3 | 15 | 130 | 0.6 |
| 130 | ぶた もも 脂身つき 生 | 0 | 171 | 68.1 | 20.5 | 10.2 | 3.59 | 4.24 | 1.24 | 67 | 0.2 | – | – | 47 | 350 | 4 | 24 | 200 | 0.7 |
| 163 | ぶた ひき肉 生 | 0 | 209 | 64.8 | 17.7 | 17.2 | 6.24 | 7.55 | 1.62 | 74 | 0.1 | – | – | 57 | 290 | 6 | 20 | 120 | 1.0 |
| 176 | ロースハム | 0 | 211 | 61.1 | 18.6 | 14.5 | 5.35 | 5.94 | 1.61 | 61 | 2.0 | – | – | 910 | 290 | 4 | 20 | 280 | 0.5 |
| 183 | ばらベーコン | 0 | 400 | 45.0 | 12.9 | 39.1 | 14.81 | 18.00 | 3.57 | 50 | 0.3 | – | – | 800 | 210 | 6 | 18 | 230 | 0.6 |
| 186 | ウインナーソーセージ | 0 | 319 | 52.3 | 11.5 | 30.6 | 10.98 | 13.42 | 3.59 | 60 | 3.3 | – | – | 740 | 180 | 6 | 12 | 200 | 0.5 |
| 188 | ドライソーセージ | 0 | 467 | 23.5 | 26.7 | 42.0 | 15.61 | 17.98 | 4.47 | 95 | 2.6 | – | – | 1700 | 430 | 27 | 22 | 250 | 2.6 |
| 195 | 焼き豚 | 0 | 166 | 64.3 | 19.4 | 8.2 | 2.51 | 3.31 | 1.02 | 46 | 5.1 | – | – | 930 | 290 | 9 | 20 | 260 | 0.7 |
| 198 | ゼラチン | 0 | 347 | 11.3 | 87.6 | 0.3 | – | – | – | 2 | 0 | – | – | 260 | 8 | 16 | 3 | 7 | 0.7 |
| 218 | にわとり 手羽 皮つき 生 | 35 | 189 | 68.1 | 17.8 | 14.3 | 3.98 | 7.13 | 1.99 | 110 | 0 | – | – | 79 | 220 | 14 | 17 | 150 | 0.5 |
| 219 | にわとり むね 皮つき 生 | 0 | 133 | 72.6 | 21.3 | 5.9 | 1.53 | 2.67 | 1.03 | 73 | 0.1 | – | – | 42 | 340 | 4 | 27 | 200 | 0.3 |
| 221 | にわとり もも 皮つき 生 | 0 | 190 | 68.5 | 16.6 | 14.2 | 4.37 | 6.71 | 1.85 | 89 | 0 | – | – | 62 | 290 | 5 | 21 | 170 | 0.6 |
| 227 | にわとり ささみ 生 | 5 | 98 | 75.0 | 23.9 | 0.8 | 0.17 | 0.22 | 0.13 | 66 | 0.1 | – | – | 40 | 410 | 4 | 32 | 240 | 0.3 |
| 230 | にわとり ひき肉 生 | 0 | 171 | 70.2 | 17.5 | 12.0 | 3.28 | 5.31 | 1.90 | 80 | 0 | – | – | 55 | 250 | 8 | 24 | 110 | 0.8 |

**Memo** ブロイラー　おもに3か月未満で出荷される大量生産のにわとり。英語の「broil」（あぶる・焼く）からそうした料理に向く肉という意味。

## ぶた［大型種肉］

### ■ロース 脂身つき
ピンク色のやわらかい肉に白色の厚い脂肪層がある。こくがあり、とんかつやソテーに適している。

### ■ばら 脂身つき
赤身と脂肪が層になっていて、三枚肉ともいわれる。煮込み、スープなどに向く。

### ■もも 脂身つき
肉質がやわらかいうちももはソテー、煮込み、焼き肉、煮物などに適している。

### ■ひき肉
●合いびき肉

かたい部位をひいたもの。豚肉と牛肉を混ぜてひくと牛のうま味と豚の脂分がほどよい。ぎょうざやしゅうまいなどに使われる。

## 加工品

### ●ロースハム
ぶたのロース肉を丸ごと塩漬してくん製にしたもの。

### ●ウインナーソーセージ
羊腸または人工ケーシングに詰めてソーセージに加工したもの。

### ●焼き豚
豚肉をタレにつけてからあぶり焼きにしたもの。

### ●ベーコン
ぶたばら肉を成形、塩漬にしてから乾燥させ、くん製にしたもの。

### ●ドライソーセージ
塩漬後、非加熱のまま、細菌が繁殖できなくなるまで低温乾燥させたもの。

### ●ゼラチン
ぶたの皮や結合組織、骨のなかにあるたんぱく質からつくられる。ゼリーなどの寄せ物をかためる際に使われる。

肉類 ●MEATS

（可食部100gあたり）

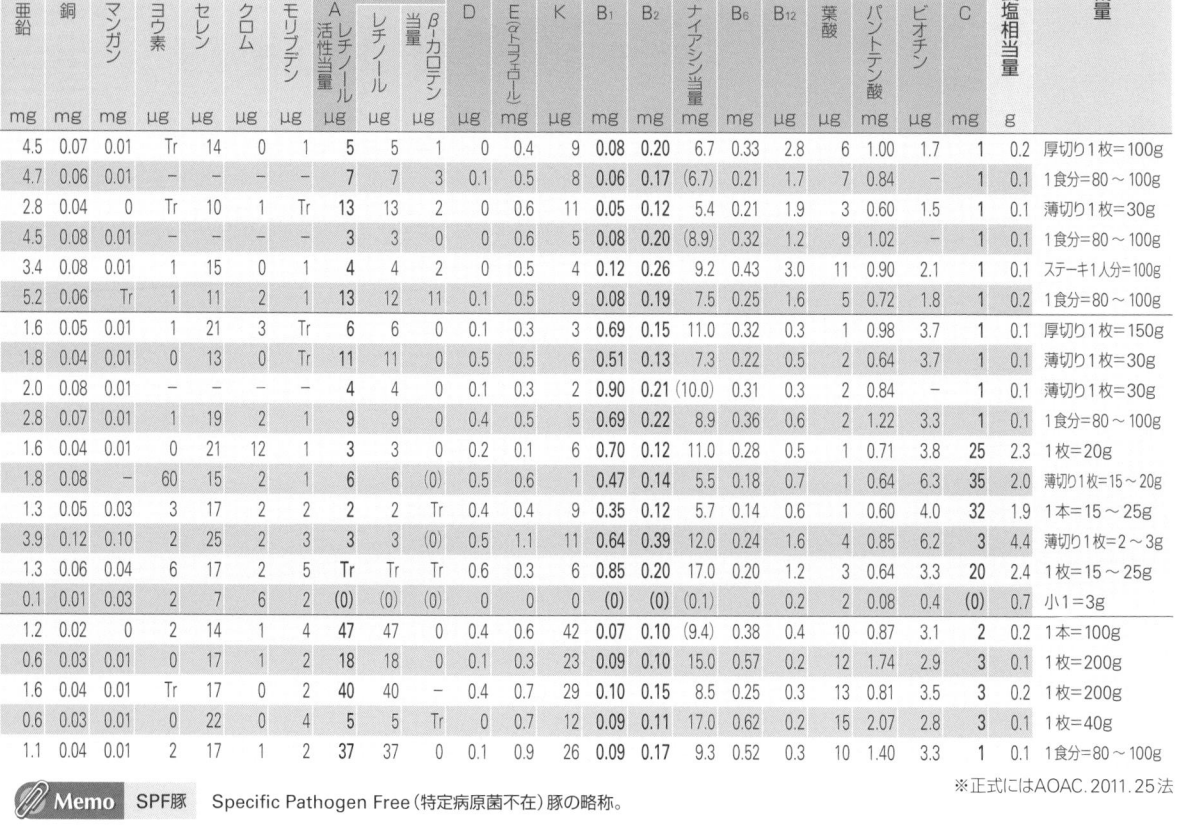

| 亜鉛 | 銅 | マンガン | ヨウ素 | セレン | クロム | モリブデン | ビタミン（脂溶性） | | | D | E（α-トコフェロール） | K | ビタミン（水溶性） | | | | | | | | | 食塩相当量 | 概量 |
| | | | | | | | A レチノール活性当量 | レチノール | β-カロテン当量 | | | | B1 | B2 | ナイアシン当量 | B6 | B12 | 葉酸 | パントテン酸 | ビオチン | C | | |
| mg | mg | mg | µg | µg | µg | µg | µg | µg | µg | µg | mg | µg | mg | mg | mg | mg | µg | µg | mg | µg | mg | g | |
| 4.5 | 0.07 | 0.01 | Tr | 14 | 0 | 1 | 5 | 5 | 1 | 0 | 0.4 | 9 | 0.08 | 0.20 | 6.7 | 0.33 | 2.8 | 6 | 1.00 | 1.7 | 1 | 0.2 | 厚切り1枚=100g |
| 4.7 | 0.06 | 0.01 | – | – | – | – | 7 | 7 | 3 | 0.1 | 0.5 | 8 | 0.06 | 0.17 | (6.7) | 0.21 | 1.7 | 7 | 0.84 | – | 1 | 0.1 | 1食分=80～100g |
| 2.8 | 0.04 | 0 | Tr | 10 | 1 | Tr | 13 | 13 | 2 | 0 | 0.6 | 11 | 0.05 | 0.12 | 5.4 | 0.21 | 1.9 | 3 | 0.60 | 1.5 | 1 | 0.1 | 薄切り1枚=30g |
| 4.5 | 0.08 | 0.01 | – | – | – | – | 3 | 3 | 0 | 0 | 0.6 | | 0.08 | 0.20 | (8.9) | 0.32 | 1.2 | 9 | 1.02 | – | 1 | 0.1 | 1食分=80～100g |
| 3.4 | 0.08 | 0.01 | 1 | 15 | 0 | 1 | 4 | 4 | 2 | 0 | 0.5 | 4 | 0.12 | 0.26 | 9.2 | 0.43 | 3.4 | 11 | 0.90 | 2.1 | 1 | 0.1 | ステーキ1人分=100g |
| 5.2 | 0.06 | Tr | 1 | 11 | 2 | 1 | 13 | 12 | 11 | 0.1 | 0.5 | 9 | 0.08 | 0.19 | 7.5 | 0.25 | 3.6 | 5 | 0.72 | 1.8 | 1 | 0.1 | 1食分=80～100g |
| 1.6 | 0.05 | 0.01 | 1 | 21 | 3 | Tr | 6 | 6 | 0 | 0.1 | 0.3 | 5 | 0.69 | 0.15 | 11.0 | 0.32 | 3.0 | 1 | 0.98 | 3.7 | 1 | 0.1 | 厚切り1枚=150g |
| 1.8 | 0.04 | 0.01 | 0 | 13 | 0 | Tr | 11 | 11 | 0 | 0.1 | 0.5 | 6 | 0.51 | 0.13 | 7.3 | 0.22 | 0.5 | 2 | 0.64 | 3.7 | 1 | 0.1 | 薄切り1枚=30g |
| 2.0 | 0.08 | 0.01 | – | – | – | – | 4 | 4 | 0 | 0.1 | 0.3 | 4 | 0.90 | 0.21 | (10.0) | 0.31 | 0.3 | 2 | 0.84 | – | 1 | 0.1 | 薄切り1枚=30g |
| 2.8 | 0.07 | 0.01 | 1 | 19 | 2 | 1 | 9 | 9 | 0 | 0 | 0.4 | 5 | 0.69 | 0.22 | 8.9 | 0.36 | 0.6 | 2 | 1.22 | 3.3 | 1 | 0.1 | 1食分=80～100g |
| 1.6 | 0.04 | 0.01 | 0 | 21 | 12 | 1 | 6 | 3 | 0 | 0.2 | 0.1 | 6 | 0.70 | 0.12 | 11.0 | 0.28 | 0.5 | 1 | 0.71 | 3.8 | 25 | 2.3 | 1枚=20g |
| 1.8 | 0.08 | – | 60 | 15 | 1 | 1 | 6 | 6 | (0) | 0.5 | 0.6 | 1 | 0.47 | 0.14 | 5.5 | 0.18 | 0.7 | 1 | 0.64 | 6.3 | 35 | 2.0 | 薄切り1枚=15～20g |
| 1.3 | 0.05 | 0.03 | 3 | 17 | 2 | 2 | 2 | 2 | Tr | 0.4 | 0.4 | 1 | 0.35 | 0.12 | 5.7 | 0.14 | 0.6 | 1 | 0.60 | 4.0 | 32 | 1.9 | 1本=15～25g |
| 3.9 | 0.12 | 0.10 | 2 | 25 | 2 | 3 | 3 | 3 | (0) | 0.5 | 1.1 | 11 | 0.64 | 0.39 | 12.0 | 0.24 | 1.6 | 4 | 0.85 | 6.2 | 3 | 4.4 | 薄切り1枚=2～3g |
| 1.3 | 0.06 | 0.04 | 6 | 17 | 2 | 5 | Tr | Tr | Tr | 0.6 | 0.3 | 6 | 0.85 | 0.20 | 17.0 | 0.20 | 1.2 | 3 | 0.64 | 3.3 | 20 | 2.4 | 1枚=15～25g |
| 0.1 | 0.01 | 0.03 | 2 | 7 | 6 | 2 | (0) | (0) | (0) | 0 | 0 | 0 | (0) | (0) | (0.1) | | 0.2 | 2 | 0.08 | 0.4 | (0) | 0.7 | 小1=3g |
| 1.2 | 0.02 | 0 | 2 | 14 | 4 | 4 | 47 | 47 | 0 | 0.4 | 0.6 | 42 | 0.07 | 0.10 | (9.4) | 0.38 | 0.4 | 10 | 0.87 | 3.1 | 2 | 0.2 | 1本=100g |
| 0.6 | 0.03 | 0.01 | 0 | 17 | 1 | 2 | 18 | 18 | 0 | 0.1 | 0.3 | 23 | 0.09 | 0.10 | 15.0 | 0.57 | 0.4 | 12 | 1.74 | 2.8 | 1 | 0.2 | 1枚=200g |
| 1.6 | 0.04 | 0.01 | Tr | 17 | 0 | 0 | 40 | 40 | – | 0.4 | 0.7 | 29 | 0.10 | 0.15 | 8.5 | 0.25 | 0.3 | 13 | 0.81 | 3.5 | 3 | 0.2 | 1枚=200g |
| 0.6 | 0.03 | 0.01 | 0 | 22 | 0 | 4 | 5 | 5 | 0 | 0.1 | 0.7 | 12 | 0.09 | 0.11 | 17.0 | 0.62 | 0.2 | 15 | 2.07 | 2.8 | 3 | 0.1 | 1枚=40g |
| 1.1 | 0.04 | 0.01 | 2 | 17 | 2 | 2 | 37 | 37 | 0 | 0.1 | 0.9 | 26 | 0.09 | 0.17 | 9.3 | 0.52 | 0.3 | 10 | 1.40 | 3.3 | 1 | 0.1 | 1食分=80～100g |

📎 **Memo** SPF豚　Specific Pathogen Free（特定病原菌不在）豚の略称。

※正式にはAOAC. 2011.25法

## ■うずら卵 [Japanese quail's eggs]

汁の実、ゆで卵にして飾りつけなどに使われる。

## ■鶏卵 [Hen's eggs]

すぐれたアミノ酸組成をもつ。生食のほか、卵の調理性を利用したさまざまな料理に利用される。

### サイズ規格表

| 種類 | 基準（鶏卵1個の重量） | ラベルの色 |
|---|---|---|
| LL | 70g以上～76g未満 | 赤 |
| L | 64g以上～70g未満 | 橙 |
| M | 58g以上～64g未満 | 緑 |
| MS | 52g以上～58g未満 | 青 |
| S | 46g以上～52g未満 | 紫 |
| SS | 40g以上～46g未満 | 茶 |

## 卵のいろいろ

### ■ヨード卵

鶏の飼料に海藻などを混ぜ、普通卵の約20倍のヨウ素を含ませた卵。

### ■DHA卵

鶏の飼料に魚油を添加し、不飽和脂肪酸であるドコサヘキサエン酸を多く含ませた卵。

### ■ビタミンE強化卵

ビタミンEを強化した卵。1個あたり、通常の約3～7倍のビタミンEを含む。

## 卵の調理性

### ■熱凝固性

温泉卵は、卵白が半熟で卵黄が固まった状態の半熟卵のことで、よく温泉の湯でゆでられることからこの名がついた。卵白は73℃以上にならないと完全に凝固せず、卵黄は68℃くらいでほぼ凝固する性質をもっているため、65～70℃の湯に20～25分間入れておくと温泉卵ができる。

### ■卵白の起泡性

卵白のたんぱく質（グロブリン）の性質。温めるとよく泡立つ。砂糖を加えて安定させ、菓子に利用したものがメレンゲである。

### ■卵黄の乳化性

卵黄中のレシチンは水と油を乳化させる働きがある。マヨネーズはこの働きを利用している。

| 食品番号 (12)(13) | 食品名 | 廃棄率 % | エネルギー kcal | 水分 g | たんぱく質 g | 脂質 g | 脂肪酸 飽和 g | 脂肪酸 一価不飽和 g | 脂肪酸 多価不飽和 g | コレステロール mg | 炭水化物 g | 食物繊維総量 プロスキー変法 g | 食物繊維総量 AOAC法※ g | ナトリウム mg | カリウム mg | カルシウム mg | マグネシウム mg | リン mg | 鉄 mg |
|---|---|---|---|---|---|---|---|---|---|---|---|---|---|---|---|---|---|---|---|
| 002 | うずら卵 全卵 生 | 15 | 157 | 72.9 | 12.6 | 13.1 | 3.87 | 4.73 | 1.61 | 470 | 0.3 | – | – | 130 | 150 | 60 | 11 | 220 | 3.1 |
| 004 | 鶏卵 全卵 生 | 14 | 142 | 75.0 | 12.2 | 10.2 | 3.12 | 4.32 | 1.43 | 370 | 0.4 | – | – | 140 | 130 | 46 | 10 | 170 | 1.5 |
| 005 | 鶏卵 全卵 ゆで | 11 | 134 | 76.6 | 12.5 | 10.4 | 3.04 | 4.15 | 1.40 | 380 | 0.3 | – | – | 140 | 130 | 47 | 11 | 170 | 1.5 |
| 010 | 鶏卵 卵黄 生 | 0 | 336 | 49.6 | 16.5 | 34.3 | 9.39 | 13.00 | 4.54 | 1200 | 0.2 | – | – | 53 | 100 | 140 | 11 | 540 | 4.8 |
| 014 | 鶏卵 卵白 生 | 0 | 44 | 88.3 | 10.1 | Tr | Tr | Tr | Tr | 1 | 0.5 | – | – | 180 | 140 | 5 | 11 | 11 | Tr |
| 003 | 普通牛乳 | 0 | 61 | 87.4 | 3.3 | 3.8 | 2.33 | 0.87 | 0.12 | 12 | 4.8 | – | – | 41 | 150 | 110 | 10 | 93 | 0.02 |
| 004 | 加工乳 濃厚 | 0 | 70 | 86.3 | 3.4 | 4.2 | 2.75 | 1.14 | 0.14 | 16 | 5.3 | – | – | 55 | 170 | 110 | 13 | 100 | 0.1 |
| 005 | 加工乳 低脂肪 | 0 | 42 | 88.8 | 3.8 | 1.0 | 0.67 | 0.23 | 0.03 | 6 | 5.5 | – | – | 60 | 190 | 130 | 14 | 90 | 0.1 |
| 013 | 加糖練乳 | 0 | 314 | 26.1 | 7.7 | 8.5 | 5.59 | 2.16 | 0.26 | 19 | 56.0 | – | – | 96 | 400 | 260 | 25 | 220 | 0.1 |
| 014 | クリーム 乳脂肪 | 0 | 404 | 48.2 | 1.9 | 43.0 | 26.28 | 9.89 | 1.37 | 64 | 6.5 | – | – | 43 | 76 | 49 | 5 | 84 | 0.1 |
| 016 | クリーム 植物性脂肪 | 0 | 353 | 55.5 | 1.3 | 39.5 | 26.61 | 7.38 | 1.73 | 21 | 3.3 | – | – | 40 | 67 | 50 | 6 | 79 | 0 |
| 025 | ヨーグルト 全脂無糖 | 0 | 56 | 87.7 | 3.6 | 3.0 | 1.83 | 0.71 | 0.10 | 12 | 4.9 | – | – | 48 | 170 | 120 | 12 | 100 | Tr |
| 027 | ヨーグルト ドリンクタイプ 加糖 | 0 | 64 | 83.8 | 2.9 | 0.5 | 0.33 | 0.11 | 0.02 | 3 | 12.2 | – | – | 50 | 130 | 110 | 11 | 80 | 0.1 |
| 033 | ナチュラルチーズ カテージ | 0 | 99 | 79.0 | 13.3 | 4.5 | 2.73 | 1.00 | 0.13 | 20 | 1.9 | – | – | 400 | 50 | 55 | 4 | 130 | 0.1 |
| 034 | ナチュラルチーズ カマンベール | 0 | 291 | 51.8 | 19.1 | 24.7 | 14.87 | 5.71 | 0.70 | 87 | 0.9 | – | – | 800 | 120 | 460 | 20 | 330 | 0.2 |
| 035 | ナチュラルチーズ クリーム | 0 | 313 | 55.5 | 8.2 | 33.0 | 20.26 | 7.40 | 0.89 | 99 | 2.3 | – | – | 260 | 70 | 70 | 8 | 85 | 0.1 |
| 036 | ナチュラルチーズ ゴーダ | 0 | 356 | 40.0 | 25.8 | 29.0 | 17.75 | 6.39 | 0.67 | 83 | 1.4 | – | – | 800 | 75 | 680 | 31 | 490 | 0.3 |
| 038 | ナチュラルチーズ パルメザン | 0 | 445 | 15.4 | 44.0 | 30.8 | 18.15 | 7.11 | 0.94 | 96 | 1.9 | – | – | 1500 | 120 | 1300 | 55 | 850 | 0.4 |
| 040 | プロセスチーズ | 0 | 313 | 45.0 | 22.7 | 26.0 | 16.00 | 6.83 | 0.56 | 78 | 1.3 | – | – | 1100 | 60 | 630 | 19 | 730 | 0.3 |
| 042 | アイスクリーム 高脂肪 | 0 | 205 | 61.3 | 3.5 | 12.0 | 7.12 | 2.79 | 0.34 | 32 | 22.4 | 0.1 | – | 80 | 160 | 130 | 14 | 110 | 0.1 |

**Memo** カラザ　生の卵黄についている白いひものようなもの。英語の「chalaza」で、「卵帯（らんたい）」のこと。

# 乳類 →●MILKS

## ■牛乳 Milk

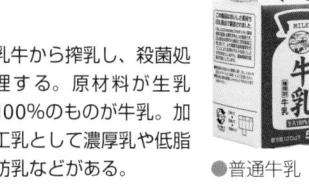

乳牛から搾乳し、殺菌処理する。原材料が生乳100%のものが牛乳。加工乳として濃厚乳や低脂肪乳などがある。

●普通牛乳　●加工乳 濃厚　●加工乳 低脂肪

## ■クリーム Cream

生乳を遠心分離し、脱脂乳と分けた純粋な乳脂肪分クリームと、植物性脂肪を主原料に添加物を加えたクリームがある。

●乳脂肪　●植物性脂肪

## ■加糖練乳

Condensed whole milk, sweetened

生乳または脱脂乳に加糖して濃縮した練乳。コンデンスミルクともいう。

## ■ヨーグルト Yogurt

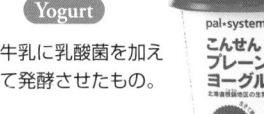

牛乳に乳酸菌を加えて発酵させたもの。

●全脂無糖プレーンヨーグルトと呼ばれるもの。

●ドリンクタイプ 飲むヨーグルトと呼ばれるもの。

## ■ナチュラルチーズ Natural Cheeses

原料乳を乳酸菌とレンネットなどで発酵させる。

●カマンベール 白カビの軟質チーズ。中身はペースト状。

●ゴーダ 半硬質チーズ。ピザやサンドイッチに。

●カテージ 高たんぱくで低カロリー。サラダやケーキに。

●クリーム クリーミーな味わい。クラッカーにつけたり菓子材料に。

●パルメザン 超硬質チーズ。粉チーズにされる。

## ■プロセスチーズ Processd cheese

熟成させていない1種類または数種類のチーズを加熱して混ぜ、成形したもの。加熱処理しているので保存がきく。

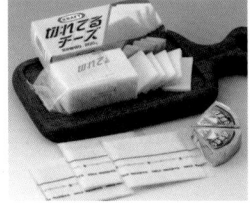

## ■アイスクリーム Ice cream

乳製品を主原料にし、卵・砂糖・香料・安定剤などを加えて空気を入れながら凍らせた氷菓。

（可食部100gあたり）

| 亜鉛 | 銅 | マンガン | ヨウ素 | セレン | クロム | モリブデン | ビタミン（脂溶性） | | | | | | | ビタミン（水溶性） | | | | | | | | | 食塩相当量 | 概量 |
|---|---|---|---|---|---|---|---|---|---|---|---|---|---|---|---|---|---|---|---|---|---|---|---|---|
| | | | | | | | A レチノール活性当量 | レチノール | β-カロテン当量 | D | E(α-トコフェロール) | K | B₁ | B₂ | ナイアシン当量 | B₆ | B₁₂ | 葉酸 | パントテン酸 | ビオチン | C | | |
| mg | mg | mg | μg | μg | μg | μg | μg | μg | μg | μg | mg | μg | mg | mg | mg | mg | μg | μg | mg | μg | mg | g | |
| 1.8 | 0.11 | 0.03 | 140 | 46 | 0 | 8 | 350 | 350 | 16 | 2.5 | 0.9 | 15 | 0.14 | 0.72 | 3.2 | 0.13 | 4.7 | 91 | 0.98 | 19.0 | (0) | 0.3 | 中1個=10～12g |
| 1.1 | 0.05 | 0.02 | 33 | 24 | 0 | 4 | 210 | 210 | 7 | 3.8 | 1.3 | 12 | 0.06 | 0.37 | (3.2) | 0.09 | 1.1 | 49 | 1.16 | 24.0 | 0 | 0.4 | 中1個=50～60g |
| 1.1 | 0.05 | 0.03 | 20 | 25 | 0 | 2 | 170 | 160 | 4 | 2.5 | 1.2 | 11 | 0.06 | 0.32 | (3.3) | 0.09 | 1.8 | 48 | 1.18 | 25.0 | 0 | 0.4 | 中1個=50～60g |
| 3.6 | 0.13 | 0.08 | 110 | 47 | 0 | 12 | 690 | 690 | 24 | 12.0 | 4.5 | 39 | 0.21 | 0.45 | 3.8 | 0.31 | 3.5 | 150 | 3.60 | 65.0 | 0 | 0.1 | 1個分=16g |
| 0 | 0.02 | 0 | 2 | 15 | 0 | 4 | 0 | 0 | 0 | 0 | 0 | 1 | 0 | 0.35 | 2.9 | 0 | Tr | 0 | 0.13 | 6.7 | 0 | 0.5 | 1個分=35g |
| 0.4 | 0.01 | Tr | 16 | 3 | 0 | 4 | 38 | 38 | 6 | 0.3 | 0.1 | 2 | 0.04 | 0.15 | 0.9 | 0.03 | 0.3 | 5 | 0.55 | 1.8 | 1 | 0.1 | 1C=210g |
| 0.4 | Tr | 0 | 24 | 3 | 0 | 4 | 35 | 34 | 14 | Tr | 0.1 | 1 | 0.03 | 0.17 | 0.9 | 0.05 | 0.4 | 11 | 0.52 | 3.5 | Tr | 0.1 | 1C=210g |
| 0.4 | 0.01 | 0.01 | 19 | 3 | 0 | 4 | 13 | 13 | 3 | Tr | Tr | 2 | 0.04 | 0.18 | 1.6 | 0.04 | 0.2 | 11 | 0.52 | 2.0 | Tr | 0.2 | 1C=210g |
| 0.8 | 0.02 | 0.01 | 35 | 6 | 0 | 4 | 120 | 120 | 20 | 0.1 | 0.1 | 6 | 0.08 | 0.37 | 1.8 | 0.02 | 0.1 | 1 | 1.29 | 3.2 | 2 | 0.1 | 大1=20g |
| 0.2 | 0.02 | ‐ | 8 | 2 | 1 | 14 | 160 | 150 | 110 | 0.3 | 0.4 | 14 | 0.02 | 0.13 | 0.1 | Tr | 0.2 | 0 | 0.13 | 1.2 | 0 | 0.1 | 大1=15g |
| 0.2 | 0.03 | ‐ | 7 | 1 | 0 | 4 | 9 | 1 | 99 | 0.1 | 4.0 | 5 | 0.01 | 0.07 | 0.4 | 0.01 | 0.1 | 0 | 0.17 | 0.4 | 0 | 0 | 大1=15g |
| 0.4 | 0.01 | Tr | 17 | 3 | 0 | 4 | 33 | 33 | 3 | 0.1 | 0.1 | 5 | 0.04 | 0.14 | 1.0 | 0.04 | 0.1 | 11 | 0.49 | 2.5 | 1 | 0.1 | 1C=210g |
| Tr | Tr | 0.01 | 10 | 2 | 0 | 3 | 5 | 5 | 1 | Tr | Tr | Tr | 0.01 | 0.12 | 0.6 | 0.03 | 0.2 | 1 | 0.30 | 1.2 | Tr | 0.1 | 1C=210g |
| 0.5 | 0.03 | ‐ | 9 | 14 | 0 | 4 | 37 | 35 | 20 | 0 | 0.1 | 2 | 0.02 | 0.15 | 3.4 | 0.03 | 1.0 | 21 | 0.48 | 2.2 | (0) | 1.0 | 大1=10g |
| 2.8 | 0.02 | 0.01 | 14 | 14 | 1 | 8 | 240 | 230 | 140 | 0.2 | 0.9 | 1 | 0.48 | 4.7 | 4.7 | 0.08 | 0.9 | 47 | 0.49 | 6.3 | (0) | 2.0 | 1切=30g |
| 0.7 | 0.02 | 0.01 | 14 | 7 | 0 | 10 | 250 | 240 | 170 | 0.2 | 1.2 | 12 | 0.03 | 0.22 | 2.1 | 0.08 | 3.1 | 11 | 0.42 | 2.4 | (0) | 0.7 | 1切=30g |
| 3.6 | 0.02 | 0.01 | ‐ | ‐ | ‐ | ‐ | 270 | 260 | 170 | 0 | 1.6 | 12 | 0.03 | 0.33 | (6.2) | 0.05 | 1.9 | 29 | 0.32 | ‐ | (0) | 2.0 | 1切=30g |
| 7.3 | 0.15 | ‐ | ‐ | ‐ | ‐ | ‐ | 240 | 230 | 120 | 0.2 | 0.8 | 15 | 0.05 | 0.68 | (10) | 0.05 | 2.5 | 10 | 0.50 | ‐ | (0) | 3.8 | 大1=5g |
| 3.2 | 0.08 | ‐ | 19 | 13 | 2 | 10 | 260 | 240 | 230 | Tr | 1.1 | 2 | 0.03 | 0.38 | 5.6 | 0.01 | 3.2 | 27 | 0.14 | 2.1 | 0 | 2.8 | 1切=20g |
| 0.5 | 0.01 | ‐ | 13 | 4 | 0 | 7 | 100 | 100 | 45 | 0.1 | 0.2 | 5 | 0.06 | 0.18 | 0.5 | 0.03 | 0.4 | Tr | 0.72 | 2.6 | Tr | 0.2 | 中1個=80g |

📝Memo　チーズのふるさと　カマンベール（フランス）・ゴーダ（オランダ）・チェダー（イギリス）・パルメザン（イタリア）

※正式にはAOAC.2011.25法

### ■オリーブ油 (Olive oil)

オリーブの果実をしぼる。イタリア料理などに欠かせない。ドレッシングなどにも使われる。

### ■サフラワー油 (Safflower oil)

紅花の種子をしぼる。リノール酸を多く含む。淡色で淡泊なので、ドレッシングなどにも使われる。

### ■牛脂 (Beef tallow)

牛の脂を溶かして精製したもの。すき焼きなどに使われる。

### ■ラード (Lard)

豚の脂を溶かして精製したもの。炒め物、菓子材料などのほか、溶かして揚げ油として使うとしっとりと揚がる。

### ■バター (Butter)

牛乳を遠心分離してできたクリームを殺菌、かくはんし、乳脂肪を集めて練り上げたもの。2～3%の食塩を加えたものと、菓子材料などに使う無塩タイプのものがある。

### ■ごま油 (Sesame oil)

ごまを煎らずに生のまま採取し精製したもの。透明でクセがなく、ゴマリグナンが豊富。

### ■調合油 (Blend vegetable oil)

2種類以上の原料を混ぜてつくる。大豆油となたね(アブラナの種子)油が一般的。ドレッシングやマヨネーズのほか揚げ油にも適している。

### ■マーガリン (Margarine)

マーガリンとは、精製した油脂に粉乳や発酵乳・食塩などを加えて乳化し、練り合わせた加工食品。

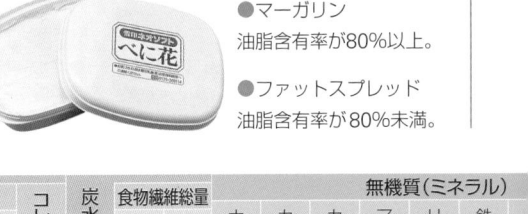

●マーガリン
油脂含有率が80%以上。

●ファットスプレッド
油脂含有率が80%未満。

| 食品番号 (14)(15) | 食品名 | 廃棄率 % | エネルギー kcal | 水分 g | たんぱく質 g | 脂質 g | 脂肪酸 飽和 g | 脂肪酸 一価不飽和 g | 脂肪酸 多価不飽和 g | コレステロール mg | 炭水化物 g | 食物繊維総量 プロスキー変法 g | 食物繊維総量 AOAC法※ g | ナトリウム mg | カリウム mg | カルシウム mg | マグネシウム mg | リン mg | 鉄 mg |
|---|---|---|---|---|---|---|---|---|---|---|---|---|---|---|---|---|---|---|---|
| 001 | オリーブ油 | 0 | 894 | 0 | 0 | 100 | 13.29 | 74.04 | 7.24 | 0 | 0 | – | – | Tr | 0 | Tr | 0 | 0 | 0 |
| 002 | ごま油 | 0 | 890 | 0 | 0 | 100 | 15.04 | 37.59 | 41.19 | 0 | 0 | – | – | Tr | Tr | 1 | Tr | 1 | 0.1 |
| 025 | サフラワー油 ハイリノール | 0 | 883 | 0 | 0 | 100 | 9.26 | 12.94 | 70.19 | 0 | 0 | – | – | 0 | 0 | 0 | 0 | Tr | 0 |
| 006 | 調合油 | 0 | 886 | 0 | 0 | 100 | 10.97 | 41.10 | 40.94 | 2 | 0 | – | – | 0 | Tr | Tr | 0 | Tr | 0 |
| 015 | 牛脂 | 0 | 869 | Tr | 0.2 | 99.8 | 41.05 | 45.01 | 3.61 | 100 | 0 | – | – | 1 | 1 | Tr | 0 | 1 | 0.1 |
| 016 | ラード | 0 | 885 | 0 | 0 | 100 | 39.29 | 43.56 | 9.81 | 100 | 0 | – | – | 0 | 0 | 0 | 0 | 0 | 0 |
| 017 | 無発酵バター 有塩バター | 0 | 700 | 16.2 | 0.6 | 81.0 | 50.45 | 17.97 | 2.14 | 210 | 0.2 | – | – | 750 | 28 | 15 | 2 | 15 | 0.1 |
| 018 | 無発酵バター 食塩不使用バター | 0 | 720 | 15.8 | 0.5 | 83.0 | 52.43 | 18.52 | 2.05 | 220 | 0.2 | – | – | 11 | 22 | 14 | 2 | 18 | 0.4 |
| 020 | マーガリン 家庭用 有塩 | 0 | 715 | 14.7 | 0.4 | 83.1 | 23.04 | 39.32 | 12.98 | 5 | 0.5 | – | – | 500 | 27 | 14 | 2 | 17 | Tr |
| 021 | ファットスプレッド | 0 | 579 | 30.2 | 0.2 | 69.1 | 20.40 | 20.72 | 20.02 | 4 | 0 | – | – | 420 | 17 | 8 | 2 | 10 | Tr |
| 009 | カステラ | 0 | 313 | (25.6) | (7.1) | (5.0) | 1.51 | 1.74 | 0.91 | (160) | (61.8) | (0.5) | – | (71) | (86) | (27) | (7) | (85) | (0.7) |
| 027 | どら焼 | 0 | 292 | (31.5) | (6.6) | (3.2) | (0.92) | (1.15) | (0.62) | (98) | (57.9) | (1.9) | – | (140) | (120) | (22) | (15) | (78) | (1.1) |
| 033 | まんじゅう 蒸しまんじゅう | 0 | 254 | (35.0) | (4.6) | (0.5) | (0.09) | (0.03) | (0.20) | (0) | (59.5) | (2.4) | – | (60) | (48) | (33) | (12) | (46) | (1.0) |
| 035 | まんじゅう 中華まんじゅう 肉まん | 0 | 242 | (39.5) | (10.0) | (5.1) | (1.60) | (1.97) | (0.88) | (16) | (43.4) | (3.2) | – | (460) | (310) | (28) | (20) | (87) | (0.8) |
| 059 | 米菓 あられ | 0 | 378 | (4.4) | (7.5) | (1.0) | (0.28) | (0.18) | (0.29) | 0 | (84.9) | 0.8 | – | (660) | (99) | (8) | (17) | (55) | (0.3) |
| 060 | 米菓 しょうゆせんべい | 0 | 368 | (5.9) | (7.3) | (1.0) | (0.30) | (0.22) | (0.33) | 0 | (83.9) | 0.6 | – | (500) | (130) | (8) | (30) | (120) | (1.0) |
| 075 | ショートケーキ 果実なし | 0 | 318 | (35.0) | (6.9) | (15.2) | (5.80) | (6.34) | (1.03) | (140) | (42.3) | 0.6 | – | (80) | (86) | (31) | (7) | (100) | (0.6) |
| 078 | ケーキドーナッツ | 0 | 367 | (20.0) | (7.2) | (11.7) | (3.70) | (4.28) | (2.68) | (90) | (60.2) | (1.2) | – | (160) | (120) | (42) | (9) | (95) | (0.6) |
| 097 | ハードビスケット | 0 | 422 | 2.6 | 7.6 | 10.0 | 3.98 | 3.42 | 1.12 | 10 | 77.8 | 2.3 | – | 320 | 140 | 330 | 22 | 96 | 0.9 |
| 098 | ソフトビスケット | 0 | 512 | 3.2 | 5.7 | 27.6 | 12.42 | 8.81 | 1.56 | 58 | 62.6 | 1.4 | – | 220 | 110 | 20 | 12 | 66 | 0.5 |

**Memo** オリーブの産地　イタリア・スペインの植物という印象だが、日本では香川県の小豆島がオリーブの島として有名。

## ■カステラ (Kasutera)

小麦粉、卵、砂糖を原料とするポルトガルから伝わった焼き菓子。

## ■どら焼 (Dorayaki)

小麦粉・卵・砂糖などを混ぜた生地を円形に焼き、2枚合わせて間にあんをはさんだもの。

## ■まんじゅう (Manju)

●蒸しまんじゅう
膨張剤を加えた小麦粉の生地であんを包んで蒸したもの。

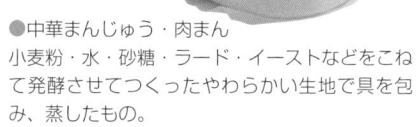

●中華まんじゅう・肉まん
小麦粉・水・砂糖・ラード・イーストなどをこねて発酵させてつくったやわらかい生地で具を包み、蒸したもの。

## ■米菓

●あられ

●しょうゆせんべい
もち米を原料とする「あられ」とうるち米を原料とする「せんべい」がある。

## ■ショートケーキ (Layered cream cake)

●いちご

スポンジケーキを生クリームやくだもので飾ったケーキ。

## ■ケーキドーナッツ (Doughnuts)

小麦粉・卵・砂糖・バターなどの生地をリング状に成形して揚げたもの。

## ■ビスケット (Biscuits)

小麦粉、砂糖、油脂を主原料とする焼き菓子。

●ソフト

●ハード

（可食部100gあたり）

| 亜鉛 mg | 銅 mg | マンガン mg | ヨウ素 µg | セレン µg | クロム µg | モリブデン µg | A レチノール活性当量 µg | レチノール µg | β-カロテン当量 µg | D µg | E α-トコフェロール mg | K µg | B1 mg | B2 mg | ナイアシン当量 mg | B6 mg | B12 µg | 葉酸 µg | パントテン酸 mg | ビオチン µg | C mg | 食塩相当量 g | 概量 |
|---|---|---|---|---|---|---|---|---|---|---|---|---|---|---|---|---|---|---|---|---|---|---|---|
| 0 | 0 | 0 | 0 | 0 | Tr | 0 | 15 | 0 | 180 | (0) | 7.4 | 42 | 0 | 0 | (0) | (0) | (0) | (0) | (0) | 0 | (0) | 0 | 小1=4g 大1=12g |
| Tr | 0.01 | 0 | 0 | 1 | 1 | 0 | 0 | 0 | Tr | (0) | 0.4 | 5 | 0 | 0 | 0.1 | (0) | (0) | (0) | (0) | 0 | (0) | 0 | 小1=4g 大1=12g |
| 0 | 0 | 0 | – | – | – | 0 | 0 | 0 | 0 | (0) | 27.0 | 10 | 0 | 0 | 0 | (0) | (0) | (0) | (0) | 0 | (0) | 0 | 小1=4g 大1=12g |
| Tr | 0 | 0 | 0 | 0 | 0 | 0 | 0 | 0 | 0 | (0) | 13.0 | 170 | 0 | 0 | 0 | (0) | (0) | (0) | (0) | 0 | (0) | 0 | 小1=4g 大1=12g |
| Tr | Tr | – | – | – | – | – | 85 | 85 | 0 | 0 | 0.6 | 26 | 0 | 0 | Tr | – | – | – | – | – | 0 | 0 | 大1=12g |
| Tr | Tr | 0 | 0 | 0 | 0 | 0 | 0 | 0 | 0 | 0 | 0.2 | 7 | 0 | 0 | 0 | – | 0 | – | – | 0 | 0 | 0 | 大1=12g |
| 0.1 | Tr | 0 | 2 | Tr | 1 | 3 | 520 | 500 | 190 | 0.6 | 1.5 | 17 | 0.01 | 0.03 | 0.1 | Tr | 0.1 | Tr | 0.06 | 0.4 | 0 | 1.9 | 大1=12g |
| 0.1 | 0.01 | 0.01 | 3 | Tr | 0 | 3 | 800 | 780 | 190 | 0.7 | 1.4 | 24 | 0 | 0.03 | (0.1) |  | 0 |  | 0.08 | 0.3 | 0 | 0 | 大1=12g |
| 0.1 | Tr | Tr | 2 | 1 | 0 | 2 | 25 | 0 | 300 | 11.0 | 15.0 | 53 | 0.01 | 0.03 | 0.1 | 0 | Tr | Tr | 0 | Tr | 0 | 1.3 | 大1=12g |
| Tr | Tr | Tr | 1 | 0 | Tr | 1 | 31 | 0 | 380 | 1.1 | 16.0 | 71 | 0.02 | 0.02 | 0.1 | 0 | Tr | Tr | 0 | 0.1 | 0 | 1.1 | 大1=12g |
| (0.6) | (0.03) | (0.10) | (8) | (15) | (Tr) | (4) | (91) | (90) | (7) | (2.3) | (2.3) | (6) | (0.05) | (0.18) | (1.9) | (0.05) | (0.4) | (22) | (0.54) | (11.0) | 0 | (0.2) | 1切=50g |
| (0.6) | (0.12) | (0.27) | (7) | (6) | (1) | (26) | (40) | (40) | (7) | (0.7) | (0.4) | (5) | (0.04) | (0.09) | (1.6) | (0.04) | (0.4) | (15) | (0.41) | (5.6) | (0) | (0.4) | 1個=90g |
| (0.4) | (0.10) | (0.33) | (0) | (1) | (1) | (22) | (0) | (0) | (0) | (0) | (Tr) | (2) | (0.03) | (0.02) | (1.1) | (0.01) | (0) | (2) | (0.12) | (1.1) | (0) | (0.2) | 1個=50g |
| (1.2) | (0.12) | (0.45) | (Tr) | (12) | (1) | (9) | (3) | (2) | (20) | (0.1) | – | (9) | (0.23) | (0.10) | (3.9) | (0.16) | (0.1) | (38) | (0.80) | (1.9) | (7) | (1.2) | 1個=80g |
| (1.6) | (0.21) | (1.07) | 0 | (4) | (Tr) | (98) | 0 | 0 | 0 | 0 | (0.1) | 0 | (0.06) | (0.03) | (2.2) | (0.06) | (Tr) | (11) | (0.63) | (2.5) | 0 | (1.7) | 10個=8g |
| (1.1) | (0.20) | (0.88) | (1) | (5) | (1) | (86) | 0 | 0 | 0 | 0 | (0.2) | 0 | (0.10) | (0.04) | (3.0) | (0.14) | 0 | (16) | (0.75) | (2.3) | 0 | (1.3) | 1枚=6~14g |
| (0.5) | (0.04) | (0.1) | (13) | (9) | (1) | (6) | (130) | (130) | (31) | (1.4) | (0.6) | (6) | (0.05) | (0.15) | (1.8) | (0.04) | (0.4) | (19) | (0.53) | (8.5) | (0) | (0.2) | 1個=80~120g |
| (0.4) | (0.06) | (0.21) | (10) | (8) | (1) | (7) | (54) | (53) | (2) | (0.9) | (1.3) | (9) | (0.07) | (0.12) | (2.0) | (0.04) | (0.3) | (16) | (0.58) | (6.4) | (0) | (0.4) | 1個=60~80g |
| 0.5 | 0.12 | 0.58 | 4 | 2 | 2 | 9 | 18 | 18 | 6 | Tr | 0.9 | 2 | 0.13 | 0.22 | 2.4 | 0.06 | – | 16 | 0.63 | 2.2 | (0) | 0.8 | 1枚=10g |
| 0.4 | 0.08 | 0.33 | 3 | 4 | 1 | 9 | 150 | 130 | 180 | Tr | 2.2 | 6 | 0.06 | 0.05 | (1.8) | 0.04 | – | 7 | 0.45 | 2.3 | (0) | 0.6 | 1枚=10g |

※正式にはAOAC. 2011. 25法

**Memo** 菓子の分類　和菓子・洋菓子・中華菓子。生菓子・半生菓子・干菓子

## ■清酒
### Sake
蒸した酒米に種麹を植えつけた米麹が材料。純米酒は米麹と水のみでつくられる。

●純米酒

## ■ぶどう酒　Wine
●白　●赤

ぶどうの果汁にワイン用の酵母を加え、発酵させる。赤ワインは赤色または黒色系ぶどうを皮ごと仕込むので赤くなる。

## ■しょうちゅう
### Shochu

麦、いも、そば、米などを麹を使って発酵させ、蒸留したもの。

## ■ウイスキー
### Whisky

大麦やライ麦などの麦芽から糖化液をつくり、発酵させて蒸留したもの。大麦麦芽のみを原材料にしたものをモルトウイスキーという。

## ■ビール
### Beer
●淡色
大麦麦芽をホップ（クワ科の雌花）で香りづけした麦芽汁を発酵させてつくる。

## ■紹興酒
### Shaoxing wine
もち米を原料とした中国の醸造酒。長く貯蔵するとこくが出るため、老酒として珍重される。紹興とは代表的な産地名である。

## ■梅酒　Umeshu

青梅の実を氷砂糖とともにしょうちゅうに漬け込んでつくる。

## ■本みりん　Mirin
本みりんは蒸したもち米と米麹をしょうちゅうに加え、発酵させてつくった「もろみ」をしぼったもの。本直しは、本みりんにしょうちゅうまたはアルコールを加えたもの。料理に甘味や照りを与える。

| 食品番号 | 食品名 | 廃棄率 | エネルギー | 水分 | たんぱく質 | 脂質 | 脂肪酸 飽和 | 脂肪酸 一価不飽和 | 脂肪酸 多価不飽和 | コレステロール | 炭水化物 | 食物繊維総量 プロスキー変法 | 食物繊維総量 AOAC法※ | 無機質（ミネラル） ナトリウム | カリウム | カルシウム | マグネシウム | リン | 鉄 |
|---|---|---|---|---|---|---|---|---|---|---|---|---|---|---|---|---|---|---|---|
| (16) | | % | kcal | g | g | g | g | g | g | mg | g | g | | mg | mg | mg | mg | mg | mg |
| 002 | 清酒　純米酒 | 0 | 102 | 83.7 | 0.4 | Tr | 0 | 0 | 0 | 0 | 3.6 | 0 | – | 4 | 5 | 3 | 1 | 9 | 0.1 |
| 006 | ビール　淡色 | 0 | 39 | 92.8 | 0.3 | 0 | 0 | 0 | 0 | 0 | 3.1 | 0 | – | 3 | 34 | 3 | 7 | 15 | Tr |
| 010 | ぶどう酒　白 | 0 | 75 | 88.6 | 0.1 | Tr | – | – | – | (0) | 2.0 | – | – | 3 | 60 | 8 | 7 | 12 | 0.3 |
| 011 | ぶどう酒　赤 | 0 | 68 | 88.7 | 0.2 | Tr | – | – | – | (0) | 1.5 | – | – | 2 | 110 | 7 | 9 | 13 | 0.4 |
| 013 | 紹興酒 | 0 | 126 | 78.8 | 1.7 | Tr | – | – | – | (0) | 5.1 | Tr | – | 15 | 55 | 25 | 19 | 37 | 0.3 |
| 015 | しょうちゅう　単式蒸留しょうちゅう | 0 | 144 | 79.5 | 0 | 0 | – | – | – | (0) | 0 | – | – | – | – | – | – | – | – |
| 016 | ウイスキー | 0 | 234 | 66.6 | 0 | 0 | – | – | – | 0 | 0 | – | – | 2 | 1 | 0 | 0 | Tr | Tr |
| 022 | 梅酒 | 0 | 155 | 68.9 | 0.1 | Tr | – | – | – | – | 20.7 | – | – | 4 | 39 | 1 | 2 | 3 | Tr |
| 025 | 本みりん | 0 | 241 | 47.0 | 0.3 | Tr | – | – | – | – | 43.2 | – | – | 3 | 7 | 2 | 2 | 7 | 0 |
| 035 | 抹茶 | 0 | 237 | 5.0 | 29.6 | 5.3 | 0.68 | 0.34 | 2.16 | 0 | 39.5 | 38.5 | – | 6 | 2700 | 420 | 230 | 350 | 17.0 |
| 037 | せん茶　浸出液 | 0 | 2 | 99.4 | 0.2 | (0) | – | – | – | – | 0.2 | – | – | 3 | 27 | 3 | 2 | 2 | 0.2 |
| 040 | ほうじ茶　浸出液 | 0 | 0 | 99.8 | Tr | (0) | – | – | – | – | 0.1 | – | – | 1 | 24 | 2 | Tr | 1 | Tr |
| 042 | ウーロン茶　浸出液 | 0 | 0 | 99.8 | Tr | (0) | – | – | – | – | 0.1 | – | – | 1 | 13 | 2 | 1 | 1 | Tr |
| 044 | 紅茶　浸出液 | 0 | 1 | 99.7 | 0.1 | (0) | – | – | – | – | 0.1 | – | – | 1 | 8 | 1 | 1 | 2 | 0 |
| 045 | コーヒー　浸出液 | 0 | 4 | 98.6 | 0.2 | Tr | (0.01) | (Tr) | (0.01) | 0 | 0.7 | – | – | 1 | 65 | 2 | 6 | 7 | Tr |
| 046 | インスタントコーヒー | 0 | 287 | 3.8 | 14.7 | 0.3 | 0.09 | 0.02 | 0.10 | 0 | 56.5 | – | – | 32 | 3600 | 140 | 410 | 350 | 3.0 |
| 049 | ミルクココア | 0 | 400 | 1.6 | 7.4 | 6.8 | 3.98 | 2.05 | 0.24 | – | 80.4 | 5.5 | – | 270 | 730 | 180 | 130 | 240 | 2.9 |
| 052 | 炭酸飲料類　果実色飲料 | 0 | 51 | 87.2 | Tr | Tr | – | – | – | (0) | 12.8 | – | – | 2 | 1 | 3 | 0 | Tr | Tr |
| 053 | コーラ | 0 | 46 | 88.5 | 0.1 | Tr | – | – | – | (0) | 11.4 | – | – | 2 | Tr | 2 | 1 | 11 | Tr |
| 055 | 麦茶　浸出液 | 0 | 1 | 99.7 | Tr | (0) | – | – | – | – | 0.3 | – | – | 1 | 6 | 2 | Tr | 1 | Tr |

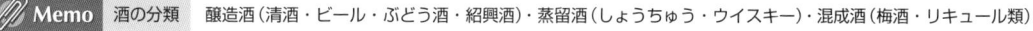

✎ Memo　酒の分類　醸造酒（清酒・ビール・ぶどう酒・紹興酒）・蒸留酒（しょうちゅう・ウイスキー）・混成酒（梅酒・リキュール類）

## お茶の木

ツバキ科に属する常緑の植物。おもに緑茶やウーロン茶に使われる中国種は葉が小さく、紅茶になるアッサム種は葉が大きめである。

### ■抹茶 (Maccha)

茶摘み前に茶の木をむしろなどで覆い、摘んだ若葉を蒸して乾燥させ、粉末状にしたもの。

### ■せん茶 (Sencha)

茶葉を蒸して乾燥させる不発酵茶。日本茶の8割を占める。

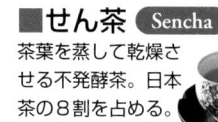

### ■ほうじ茶 (Hoji-cha)

中級のせん茶や番茶（かたくなった新芽や茎が材料の茶）を合わせ、強火で煎ってつくる。

### ■ウーロン茶 (Oolong tea)

茶葉の発酵を途中で止めた半発酵茶。中国料理とよく合う。

### ■紅茶 (Black tea)

茶葉を完全に発酵させた発酵茶。茶の形を残したリーフタイプと細かく砕いたブロークンタイプがある。

### ■コーヒー (Coffee)

コーヒーの実の種子をローストし、特有の味と香りをつける。浅煎りは酸味が強く、深煎りは苦味が強い。インスタントコーヒーは浸出液を乾燥粉末にしたもの。

●インスタントコーヒー

### ■ココア (Cocoa)

ローストしたカカオの種子から皮を除いてすりつぶし、脂肪分の一部を除いて粉末（ココアパウダー）にしたもの。ミルクココアはピュアココアに砂糖や香料などを加えた加工品。

●ミルクココア

### ■麦茶 (Mugi-cha)

煎った大麦を煮出してつくる飲料。

### ■果実色飲料 (Fruit flavored and colored drink)

フルーツをイメージした色に着色し、香料を加えた炭酸飲料。

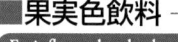
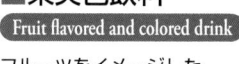

### ■コーラ (Cola)

アオギリ科に属するコーラの種子から抽出した液に甘味料や香料などで風味をつけ、カラメルで色をつけて炭酸ガスを含ませた飲料。

（可食部100gあたり）

| 亜鉛 | 銅 | マンガン | ヨウ素 | セレン | クロム | モリブデン | ビタミン（脂溶性） | | | | | | ビタミン（水溶性） | | | | | | | | | 食塩相当量 | 概量 |
| | | | | | | | A レチノール活性当量 | A レチノール | A β-カロテン当量 | D | E α-トコフェロール | K | B1 | B2 | ナイアシン当量 | B6 | B12 | 葉酸 | パントテン酸 | ビオチン | C | | |
| mg | mg | mg | µg | µg | µg | µg | µg | µg | µg | µg | mg | µg | mg | mg | mg | mg | µg | µg | mg | µg | mg | g | |
| 0.1 | Tr | 0.18 | – | – | – | – | 0 | 0 | 0 | 0 | 0 | 0 | Tr | 0 | (Tr) | 0.12 | 0 | 0 | 0.02 | – | 0 | 0 | 1C=200g |
| Tr | Tr | 0.01 | 1 | Tr | 0 | 0 | 0 | 0 | 0 | 0 | 0 | 0 | 0 | 0.02 | 0.9 | 0.05 | 0.1 | 7 | 0.08 | 0.9 | 0 | 0 | 中1缶=350g |
| Tr | 0.01 | 0.09 | – | – | – | – | (0) | (0) | (0) | (0) | – | (0) | 0 | 0 | 0.1 | 0.02 | 0 | 0 | 0.07 | – | 0 | 0 | 1本=750g |
| Tr | 0.02 | 0.15 | Tr | 0 | 2 | 1 | (0) | (0) | (0) | (0) | – | (0) | 0 | 0.01 | 0.1 | 0.03 | 0 | 0 | 0.07 | 1.9 | 0 | 0 | 1本=750g |
| 0.4 | 0.02 | 0.49 | – | – | – | – | (0) | (0) | (0) | (0) | – | (0) | Tr | 0.03 | 0.9 | 0.03 | Tr | 1 | 0.19 | – | 0 | 0 | 1杯(30mL)=30g |
| – | – | – | – | – | – | – | (0) | (0) | (0) | (0) | – | (0) | (0) | (0) | (0) | (0) | (0) | (0) | (0) | – | (0) | 0 | 1合=180g |
| Tr | 0.01 | 0 | – | – | – | – | (0) | (0) | (0) | (0) | – | (0) | (0) | (0) | (0) | (0) | (0) | (0) | (0) | – | (0) | 0 | シングル(30mL)=28g |
| Tr | 0.01 | 0.01 | – | – | 1 | Tr | (0) | (0) | (0) | (0) | – | (0) | 0 | 0.01 | Tr | 0.01 | 0 | 0 | 0.1 | 0 | 0 | 0 | 1杯(30mL)=32g |
| 0 | 0.05 | 0.04 | – | – | – | – | (0) | (0) | (0) | (0) | – | – | Tr | 0 | Tr | 0.01 | 0 | 0 | 0 | – | 0 | 0 | 大1=18g |
| 6.3 | 0.60 | – | – | – | – | – | 2400 | (0) | 29000 | (0) | 28.0 | 2900 | 0.60 | 1.35 | 12.0 | 0.96 | (0) | 1200 | 3.70 | – | 60 | 0 | 小1=2g |
| Tr | 0.01 | 0.31 | 0 | 0 | 0 | 0 | (0) | (0) | (0) | (0) | – | Tr | 0 | 0.05 | (0.3) | 0.01 | 0 | 16 | 0.04 | 0.8 | 6 | 0 | 1C=200g |
| Tr | 0.01 | 0.26 | 0 | 0 | 0 | 0 | (0) | (0) | (0) | (0) | – | 6 | 0 | 0.02 | 0.1 | Tr | 0 | 13 | 0 | – | Tr | 0 | 1C=200g |
| Tr | Tr | 0.24 | 0 | 0 | 0 | 0 | (0) | (0) | (0) | (0) | – | 0 | 0 | 0.03 | 0.1 | Tr | 0 | 2 | 0 | – | 0 | 0 | 1C=200g |
| Tr | 0.01 | 0.22 | 0 | 0 | 0 | 0 | (0) | (0) | (0) | (0) | – | 6 | 0 | 0.01 | 0.1 | 0.01 | 0 | 3 | 0 | – | 0 | 0 | 1C=200g |
| Tr | 0 | 0.03 | 0 | 0 | 0 | 0 | 0 | 0 | 0 | (0) | – | 0 | 0 | 0.01 | (0.8) | 0 | 0 | 0 | 1.7 | – | 0 | 0 | 1C=200g |
| 0.4 | 0.03 | 1.90 | 8 | 5 | 2 | 7 | (0) | 0 | 0 | 0 | 0.1 | Tr | 0.02 | 0.14 | (48.0) | 0.01 | 0.1 | 8 | 0 | 88.0 | (0) | 0.1 | 大1=6g |
| 2.1 | 0.93 | 0.74 | – | – | – | – | 8 | 8 | Tr | – | 0.4 | 0 | 0.07 | 0.42 | 1.5 | 0.07 | – | 12 | 0.90 | – | (0) | 0.7 | 大1=6g |
| 0 | Tr | 0 | – | – | – | – | (0) | (0) | (0) | (0) | – | (0) | 0 | 0 | 0 | 0 | 0 | 0 | 0 | – | 0 | 0 | 1本=515g |
| Tr | Tr | 0 | – | – | – | – | (0) | (0) | (0) | (0) | – | 0 | 0 | 0 | Tr | – | – | 0 | 0 | – | 0 | 0 | 1本=515g |
| 0.1 | Tr | Tr | – | – | – | – | 0 | 0 | 0 | 0 | 0 | 0 | 0 | 0 | 0 | 0 | 0 | 0 | 0 | – | (0) | 0 | 1C=200g |

**Memo** **CTC製法** 茶葉を「Crush-つぶす・Tear-引き裂く・Curl-丸める」の製法。短時間で浸出させるためにティーバッグなどに使われる。

※正式にはAOAC. 2011.25法

## ■ウスターソース類
### Worcester sauce

トマト・たまねぎ・にんじんなどのエキスに、香辛料・食塩を加えて熟成させ、ろ過し、砂糖や酢を加えて調味したソース。

●ウスターソース

## ■料理酒
### Sake for cooking

素材の生臭さを消す、やわらかくする、うま味やこくを出すなどのはたらきをする。

## ■トウバンジャン
### Doubanjiang

そらまめにとうがらし、麹、塩などを加えて発酵させた中国料理のからしみそ。

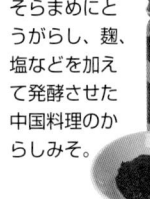

## ■ラー油
### Chinese chili

ごま油でとうがらしを煮て辛味を抽出した辛味調味料。

## ■食塩　Edible salt

海水や岩塩からつくる。成分の98％強は塩化ナトリウム。

## ■穀物酢
### Vinegar

穀類や果実をアルコール発酵させ、さらに酢酸発酵させてつくる。

## ■しょうゆ
### Soy sauce

だいずや小麦に種麹を植えつけ、食塩を加えて発酵させてできたもろみをろ過、殺菌してつくる。色と塩分濃度によってうすくちとこいくちに分けられる。

●こいくち　　●うすくち

## ■かつお・昆布だし

かつおのイノシン酸、こんぶのグルタミン酸という2種類のうま味成分の相乗効果でうま味が増す和風だし。

| 食品番号 | 食品名 | 廃棄率 | エネルギー | 水分 | たんぱく質 | 脂質 | 脂肪酸 飽和 | 一価不飽和 | 多価不飽和 | コレステロール | 炭水化物 | 食物繊維総量 プロスキー変法 | AOAC法※ | 無機質（ミネラル） ナトリウム | カリウム | カルシウム | マグネシウム | リン | 鉄 |
|---|---|---|---|---|---|---|---|---|---|---|---|---|---|---|---|---|---|---|---|
| (17) | | % | kcal | g | g | g | g | g | g | mg | g | g | | mg | mg | mg | mg | mg | mg |
| 001 | ウスターソース | 0 | 117 | 61.3 | 1.0 | 0.1 | 0.01 | Tr | Tr | – | 27.1 | 0.5 | – | 3300 | 190 | 59 | 24 | 11 | 1.6 |
| 004 | トウバンジャン | 0 | 49 | 69.7 | 2.0 | 2.3 | 0.34 | 0.29 | 1.12 | 3 | 7.9 | 4.3 | – | 7000 | 200 | 32 | 42 | 49 | 2.3 |
| 006 | ラー油 | 0 | 887 | 0.1 | 0.1 | 99.8 | (14.58) | (35.51) | (43.15) | (0) | Tr | – | – | Tr | Tr | Tr | Tr | Tr | 0.1 |
| 007 | こいくちしょうゆ | 0 | 76 | 67.1 | 7.7 | 0 | – | – | – | (0) | 7.9 | – | – | 5700 | 390 | 29 | 65 | 160 | 1.7 |
| 008 | うすくちしょうゆ | 0 | 60 | 69.7 | 5.7 | 0 | – | – | – | (0) | 5.8 | – | – | 6300 | 320 | 24 | 50 | 130 | 1.1 |
| 012 | 食塩 | 0 | 0 | 0.1 | 0 | 0 | – | – | – | (0) | 0 | – | – | 39000 | 100 | 22 | 18 | (0) | Tr |
| 015 | 穀物酢 | 0 | 25 | 93.3 | 0.1 | 0 | – | – | – | (0) | 2.4 | – | – | 6 | 4 | 2 | 1 | 2 | Tr |
| 021 | かつお・昆布だし | 0 | 2 | 99.2 | 0.3 | Tr | – | – | – | – | 0.3 | – | – | 34 | 63 | 3 | 4 | 13 | Tr |
| 026 | 洋風だし | 0 | 6 | 97.8 | 1.3 | 0 | – | – | – | – | 0.3 | – | – | 180 | 110 | 5 | 6 | 37 | 0.1 |
| 027 | 固形ブイヨン | 0 | 233 | 0.8 | 7.0 | 4.3 | 2.12 | 1.73 | 0.03 | Tr | 42.1 | 0.3 | – | 17000 | 200 | 26 | 19 | 76 | 0.4 |
| 093 | 顆粒中華だし | 0 | 210 | 1.2 | 12.6 | 1.6 | 0.55 | 0.67 | 0.17 | 7 | 36.6 | – | – | 19000 | 910 | 84 | 33 | 240 | 0.6 |
| 031 | オイスターソース | 0 | 105 | 61.6 | 7.7 | 0.3 | 0.03 | 0.02 | 0.06 | 2 | 18.3 | 0.2 | – | 4500 | 260 | 25 | 63 | 120 | 1.2 |
| 106 | テンメンジャン | 0 | 249 | 37.5 | 8.5 | 7.7 | – | – | – | 0 | 38.1 | 3.1 | – | 2900 | 350 | 45 | 61 | 140 | 1.6 |
| 034 | トマトピューレー | 0 | 44 | 86.9 | 1.9 | 0.1 | (0.02) | (0.01) | (0.03) | (0) | 9.9 | 1.8 | – | 19 | 490 | 19 | 27 | 37 | 0.8 |
| 036 | トマトケチャップ | 0 | 104 | 66.0 | 1.6 | 0.2 | 0.03 | 0.01 | 0.05 | 0 | 27.6 | 1.7 | – | 1200 | 380 | 16 | 18 | 35 | 0.5 |
| 043 | マヨネーズ　卵黄型 | 0 | 668 | 19.7 | 2.5 | 74.7 | 10.37 | 27.69 | 31.54 | 140 | 0.6 | – | – | 770 | 21 | 20 | 3 | 72 | 0.6 |
| 045 | 米みそ　淡色辛みそ | 0 | 182 | 45.4 | 12.5 | 6.0 | 0.97 | 1.11 | 3.61 | (0) | 21.9 | 4.9 | – | 4900 | 380 | 100 | 75 | 170 | 4.0 |
| 051 | カレールウ | 0 | 474 | 3.0 | 6.5 | 34.1 | 14.84 | 14.85 | 1.65 | 20 | 44.7 | 3.7 | 6.4 | 4200 | 320 | 90 | 31 | 110 | 3.5 |
| 138 | 料理酒 | 0 | 88 | 82.4 | 0.2 | Tr | – | – | – | 0 | 4.7 | 0 | – | 870 | 6 | 2 | 2 | 4 | Tr |
| 060 | からし　粒入りマスタード | 0 | 229 | 57.2 | 7.6 | 16.0 | (0.88) | (9.94) | (4.45) | (Tr) | 12.7 | – | – | 1600 | 190 | 130 | 110 | 260 | 2.4 |

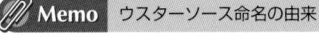 **Memo**　ウスターソース命名の由来　イギリスのウースターシャー地方が発祥地であることからつけられたとされる。

## ■オイスターソース  (Oyster sauce)

生がきを塩漬にして発酵、熟成させた特有の風味とこくをもつ中華の調味料。

## ■テンメンジャン  (Tian Mian Jiang)

小麦粉に水を加えて蒸し、麹と食塩を加えて発酵させたみそで、甘味とうま味が強い。

## ■トマト加工品

●トマトピューレー
濃縮トマトに塩と香辛料を加えたもの。

●トマトケチャップ
ピューレーにたまねぎや香辛料や調味料などを加えたもの。

## ■マヨネーズ　卵黄型  (Mayonnaise)

卵、食塩、酢、香辛料に油を少しずつ加え、乳化させてつくったソース。

## ■だし類  (Soup stock)

●洋風だし
牛もも肉をアクを取りながら加熱し、香味野菜と塩を入れてさらに加熱し、布でこしたもの。別名、スープストック。

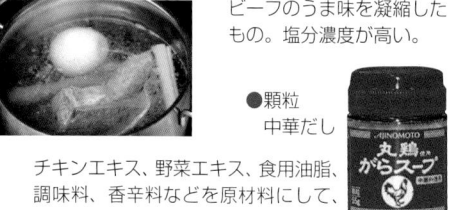

●固形ブイヨン
洋風だしの素。チキンやビーフのうま味を凝縮したもの。塩分濃度が高い。

●顆粒中華だし
チキンエキス、野菜エキス、食用油脂、調味料、香辛料などを原材料にして、中華料理用に調整した顆粒状のだし。

## ■からし  (Mustard)

●粒入りマスタード
粗挽きにしたからし菜の種子に、酢・食塩・植物油などを混ぜたもの。

## ■みそ  (Miso)

蒸しただいずに、麹、塩などを混ぜ、発酵させた日本の代表的調味料。加える麹の種類によって米みそ、麦みそ、豆みそがある。

●米みそ・淡色辛みそ

## ■カレールウ  (Japanese curry roux)

カレーソースをつくるためのベース。小麦粉・油脂でルウをつくり、カレー粉・肉エキス・調味料などが加えられている。

（可食部100gあたり）

| 亜鉛 | 銅 | マンガン | ヨウ素 | セレン | クロム | モリブデン | A活性当量 | レチノール | β-カロテン当量 | D | E(α-トコフェロール) | K | B1 | B2 | ナイアシン当量 | B6 | B12 | 葉酸 | パントテン酸 | ビオチン | C | 食塩相当量 | 概量 |
|---|---|---|---|---|---|---|---|---|---|---|---|---|---|---|---|---|---|---|---|---|---|---|---|
| mg | mg | mg | μg | μg | μg | μg | μg | μg | μg | μg | mg | μg | mg | mg | mg | mg | μg | μg | mg | μg | mg | g | |
| 0.1 | 0.10 | – | 3 | 1 | 9 | 4 | 4 | (0) | 47 | (0) | 0.2 | 1 | 0.01 | 0.02 | 0.3 | 0.03 | Tr | 1 | 0.15 | 6.5 | 0 | 8.5 | 大1=18g |
| 0.3 | 0.13 | 0.28 | – | – | – | – | 120 | (0) | 1400 | (0) | 3.0 | 12 | 0.04 | 0.17 | 1.3 | 0.20 | 0 | 8 | 0.24 | – | 3 | 17.8 | 小1=4g |
| Tr | 0.01 | – | – | – | – | – | 59 | (0) | 710 | (0) | 3.7 | 5 | 0 | 0 | 0.1 | – | – | – | – | (0) | 0 | 0 | 小1=4g |
| 0.9 | 0.01 | 1.00 | 1 | 11 | 3 | 48 | 0 | 0 | 0 | 0 | 0 | 0 | 0.05 | 0.17 | 1.6 | 0.17 | 0.1 | 33 | 0.48 | 12.0 | 0 | 14.5 | 大1=18g |
| 0.6 | 0.01 | 0.66 | 1 | 6 | 2 | 40 | 0 | 0 | 0 | 0 | 0 | 0 | 0.05 | 0.11 | 1.2 | 0.13 | 0.1 | 31 | 0.37 | 8.4 | 0 | 16.0 | 大1=18g |
| Tr | 0.01 | Tr | 1 | 1 | 0 | 0 | (0) | 0 | (0) | (0) | 0 | 0 | (0) | (0) | (0) | (0) | 0 | (0) | (0) | (0) | 0 | 99.5 | 小1=6g |
| 0.1 | Tr | – | 0 | 0 | 1 | 0 | 0 | 0 | 0 | 0 | 0 | 0 | 0.01 | 0.01 | 0.1 | 0.01 | 0.1 | 0 | 0 | 0 | 0 | 0 | 小1=5g |
| Tr | Tr | Tr | 1500 | 4 | 0 | 0 | (Tr) | (Tr) | 0 | – | 0 | 0 | 0.01 | 0.01 | (0.9) | 0.01 | 0.04 | 1 | 0.04 | Tr | 0 | 0.1 | 1C=200g |
| 0.1 | 0.01 | 0.01 | – | – | – | – | – | 0 | – | 0 | 0 | | 0.02 | 0.05 | (1.1) | 0.06 | 0 | 3 | 0.25 | – | 0 | 0.5 | 1C=200g |
| 0.1 | 0.10 | 0.10 | 1 | 2 | 0 | 0 | 0 | 0 | 0 | Tr | 0.7 | 2 | 0.03 | 0.08 | (1.1) | 0.40 | 0 | 16 | 0.28 | 0.5 | 0 | 43.2 | 1個=5g |
| 0.5 | 0.05 | 0.16 | 31 | 8 | 6 | 3 | 3 | 2 | 8 | 0 | 0.9 | – | 0.06 | 0.56 | 8.5 | 0.29 | 0.3 | 170 | 1.48 | 5.1 | 0 | 47.5 | 小1=3g |
| 1.6 | 0.17 | 0.40 | – | – | – | – | (Tr) | 0 | 0 | 0 | 0.1 | 1 | 0.01 | 0.07 | (0.8) | 0.04 | 2.0 | 9 | 0.14 | – | Tr | 11.4 | 大1=18g |
| 1.0 | 0.27 | 0.54 | 1 | 5 | 7 | 58 | 0 | (0) | 3 | 0 | 0.8 | 14 | 0.04 | 0.11 | 2.4 | 0.11 | 0 | 20 | 0.07 | 7.7 | 0 | 7.3 | 小1=7g |
| 0.3 | 0.19 | 0.19 | 0 | 1 | 2 | 9 | 52 | 0 | 630 | 0 | 2.7 | 10 | 0.09 | 0.07 | (1.7) | 0.20 | – | 29 | 0.47 | 8.9 | 10 | 0 | 大1=15g |
| 0.2 | 0.09 | 0.11 | 1 | 4 | 4 | | 43 | 0 | 510 | 0 | 2.0 | 0 | 0.06 | 0.04 | 1.7 | 0.11 | Tr | 13 | 0.30 | 5.2 | 8 | 3.1 | 大1=15g |
| 0.5 | 0.02 | 0.02 | 9 | 8 | 1 | | 54 | 53 | 3 | 0.6 | 11.0 | 140 | 0.03 | 0.07 | 0.5 | 0.05 | 0.4 | 0 | 0.43 | 7.2 | 0 | 2.0 | 大1=12g |
| 1.1 | 0.39 | – | 1 | 9 | 2 | 57 | (0) | (0) | (0) | 0 | 0.6 | 11 | 0.03 | 0.10 | 3.9 | 0.11 | 0.1 | 68 | Tr | 12.0 | (0) | 12.4 | 大1=18g |
| 0.5 | 0.13 | 0.58 | 0 | 10 | 7 | 14 | 6 | (0) | 69 | 0 | 2.0 | 0 | 0.09 | 0.06 | 1.1 | 0.07 | Tr | 9 | 0.38 | 4.1 | 0 | 10.6 | 大1=15g |
| Tr | Tr | 0.04 | Tr | 0 | 2 | 2 | 0 | 0 | 0 | 0 | 0 | Tr | 0 | Tr | 0.01 | 0 | 0 | Tr | 0 | | | 2.2 | 小1=5g |
| 1.4 | 0.16 | 0.62 | 1 | 87 | 3 | 17 | 3 | (0) | 32 | (Tr) | 1.0 | 5 | 0.32 | 0.05 | (3.0) | 0.14 | 0 | 16 | 0.28 | 23.0 | Tr | 4.1 | 小1=6g |

**Memo　重曹とベーキングパウダー**
重曹は加熱しなければ反応しない。ベーキングパウダーは常温で粉や水に反応するので、混ぜ合わせたらすぐに焼くこと。

※正式にはAOAC. 2011.25法

# 調理済み流通食品類 —●PREPARED FOODS

## ■和風料理

●とん汁　●親子丼の具　●肉じゃが

●いんげんのごま和え　●きんぴらごぼう　●紅白なます　●アジの南蛮漬け

## ■中国料理

●ぎょうざ　●八宝菜　●麻婆豆腐

## ■韓国料理

●もやしのナムル

| 食品番号 | 食品名 | 廃棄率 | エネルギー | 水分 | たんぱく質 | 脂質 | 脂肪酸 飽和 | 脂肪酸 一価不飽和 | 脂肪酸 多価不飽和 | コレステロール | 炭水化物 | 食物繊維総量 プロスキー変法 | 食物繊維総量 AOAC法※ | 無機質（ミネラル）ナトリウム | カリウム | カルシウム | マグネシウム | リン | 鉄 |
|---|---|---|---|---|---|---|---|---|---|---|---|---|---|---|---|---|---|---|---|
| (18) | | % | kcal | g | g | g | g | g | g | mg | g | g | g | mg | mg | mg | mg | mg | mg |
| 025 | 和風料理　和え物類　いんげんのごま和え | 0 | 77 | (81.4) | (3.7) | (3.4) | – | – | – | (5) | (9.1) | (2.8) | – | (480) | (270) | (120) | (44) | (88) | (1.3) |
| 028 | 和風料理　汁物類　とん汁 | 0 | 26 | (94.4) | (1.5) | (1.5) | – | – | – | (3) | (2.0) | (0.5) | – | (220) | (63) | (10) | (6) | (18) | (0.2) |
| 027 | 和風料理　酢の物類　紅白なます | 0 | 34 | (90.3) | (0.6) | (0.6) | – | – | – | 0 | (7.2) | (0.9) | – | (230) | (130) | (22) | (9) | (16) | (0.2) |
| 030 | 和風料理　煮物類　親子丼の具 | 0 | 101 | (79.4) | (8.4) | (5.2) | – | – | – | (130) | (5.6) | (0.4) | – | (380) | (120) | (21) | (12) | (88) | (0.7) |
| 033 | 和風料理　煮物類　きんぴらごぼう | 0 | 84 | (81.6) | (1.4) | (4.5) | – | – | – | (Tr) | (11.3) | (3.2) | – | (350) | (150) | (36) | (25) | (37) | (0.5) |
| 036 | 和風料理　煮物類　肉じゃが | 0 | 78 | (79.6) | (4.3) | (1.3) | – | – | – | (9) | (13.0) | (1.3) | – | (480) | (210) | (13) | (14) | (44) | (0.8) |
| 038 | 和風料理　その他　アジの南蛮漬け | 0 | 109 | (78.0) | (8.1) | (6.1) | – | – | – | (27) | (6.2) | (0.9) | – | (290) | (190) | (37) | (19) | (110) | (0.4) |
| 040 | 洋風料理　カレー類　チキンカレー | 0 | 131 | (75.2) | (5.6) | (8.8) | – | – | – | (29) | (8.4) | (1.2) | – | (540) | (170) | (20) | (13) | (58) | (0.7) |
| 018 | 洋風料理　コロッケ類　ポテトコロッケ | 0 | 226 | (55.5) | (5.3) | (12.6) | – | – | – | (14) | (25.2) | (2.0) | – | (280) | (250) | (15) | (19) | (60) | (0.8) |
| 011 | 洋風料理　シチュー類　ビーフシチュー | 0 | 153 | (74.9) | (4.1) | (12.6) | – | – | – | (18) | (7.1) | (0.7) | – | (380) | (150) | (11) | (9) | (45) | (0.5) |
| 015 | 洋風料理　素揚げ類　ミートボール | 0 | 199 | (62.1) | (10.2) | (12.5) | 3.23 | 5.33 | 2.35 | (23) | (13.4) | (1.3) | – | (460) | (240) | (22) | (26) | (86) | (0.8) |
| 004 | 洋風料理　スープ類　コーンクリームスープ　粉末タイプ | 0 | 425 | 2.1 | 8.1 | 13.7 | – | – | – | – | 67.4 | – | – | 2800 | 470 | 120 | – | 190 | 1.2 |
| 050 | 洋風料理　ハンバーグステーキ類　合いびきハンバーグ | 0 | 197 | (62.8) | (13.4) | (12.2) | – | – | – | (47) | (10.0) | (1.1) | – | (340) | (280) | (29) | (23) | (110) | (1.3) |
| 020 | 洋風料理　フライ類　えびフライ | 0 | 236 | (50.5) | (15.9) | (11.6) | – | – | – | (120) | (20.5) | (1.0) | – | (340) | (200) | (69) | (36) | (200) | (0.6) |
| 009 | 洋風料理　フライ用冷凍食品　えびフライ　冷凍 | 0 | 139 | 66.3 | 10.2 | 1.9 | – | – | – | – | 20.3 | – | – | 340 | 95 | 42 | – | 90 | 1.5 |
| 003 | 洋風料理　その他　えびグラタン | 0 | 128 | (74.1) | (5.5) | (6.9) | – | – | – | (23) | (12.1) | (0.9) | – | (380) | (140) | (97) | (17) | (110) | (0.3) |
| 002 | 中国料理　点心類　ぎょうざ | 0 | 209 | (57.8) | (6.9) | (11.3) | 3.09 | 4.43 | 2.00 | (19) | (22.3) | (1.5) | – | (460) | (170) | (22) | (16) | (62) | (0.6) |
| 048 | 中国料理　菜類　八宝菜 | 0 | 64 | (86.0) | (5.8) | (3.2) | – | – | – | (44) | (3.8) | (0.9) | – | (320) | (150) | (26) | (14) | (77) | (0.4) |
| 049 | 中国料理　菜類　麻婆豆腐 | 0 | 104 | (80.0) | (7.8) | (6.8) | – | – | – | (10) | (3.8) | (0.5) | (0.7) | (380) | (150) | (64) | (43) | (86) | (1.3) |
| 039 | 韓国料理　和え物類　もやしのナムル | 0 | 70 | (84.4) | (3.1) | (4.5) | – | – | – | 0 | (5.7) | (2.7) | – | (510) | (160) | (91) | (29) | (62) | (1.2) |

**Memo** フリーズドライ食品とは　食品を凍らせ、真空に近い状態で水分を氷からそのまま水蒸気にして乾燥させる製法（真空凍結乾燥法）で乾燥させたもの。

## ■洋風料理

●チキンカレー　●ポテトコロッケ　●ビーフシチュー

●ミートボール　●合いびきハンバーグ　●コーンクリームスープ

●えびグラタン　●えびフライ　●えびフライ　冷凍

### レトルトパウチ食品

アルミ箔とプラスチックフィルムを3層に貼り合わせた袋（レトルトパウチ）に調理・加工済みの食品を入れ、空気を抜いて密封し、高圧釜（レトルト）で120℃・4分以上の高温・高圧で殺菌したもの。

### 冷凍食品

前処理（下ごしらえ）し、-18℃以下になるよう急速冷凍して適切に包装し、-18℃以下で保管・流通しているもの。

### チルド食品

凍結しない程度の低温冷蔵で保存・輸送・販売される食品。一般的に0～10℃の温度で管理される。チルドとは冷却されたという意味。

### 粉末状食品

一般的に、液状の食品を加工によって粉末状にし、食用時に水または湯で復元する食品。

（可食部100gあたり）

| 亜鉛 | 銅 | マンガン | ヨウ素 | セレン | クロム | モリブデン | ビタミン（脂溶性） A レチノール活性当量 | レチノール | β-カロテン当量 | D | E (α-トコフェロール) | K | ビタミン（水溶性） B₁ | B₂ | ナイアシン当量 | B₆ | B₁₂ | 葉酸 | パントテン酸 | ビオチン | C | 食塩相当量 | 概量 |
|---|---|---|---|---|---|---|---|---|---|---|---|---|---|---|---|---|---|---|---|---|---|---|---|
| mg | mg | mg | µg | µg | µg | µg | µg | µg | µg | µg | mg | µg | mg | mg | mg | mg | µg | µg | mg | µg | mg | g | |
| (0.7) | (0.15) | (0.48) | (1) | (4) | (1) | (10) | (73) | (3) | (840) | (0.2) | (0.2) | (39) | (0.08) | (0.10) | (1.5) | (0.11) | (0.1) | (52) | (0.20) | (2.0) | (5) | (1.2) | 1人分=80gg |
| (0.2) | (0.03) | (0.02) | 0 | (1) | 0 | (3) | (17) | 0 | (200) | (Tr) | (0.1) | (2) | (0.03) | (0.01) | (0.6) | (0.03) | (0.1) | (7) | (0.05) | (0.8) | (1) | (0.6) | 1人分=150g |
| (0.1) | (0.02) | (0.05) | (2) | (1) | 0 | (3) | (38) | 0 | (460) | 0 | (Tr) | (2) | (0.02) | (0.01) | (0.3) | (0.03) | 0 | (19) | (0.08) | (0.5) | (6) | (0.6) | 1人分=50g |
| (0.7) | (0.04) | (0.08) | (7) | (8) | (Tr) | (3) | (57) | (51) | (69) | (0.7) | (0.4) | (14) | (0.04) | (0.13) | (2.4) | (0.09) | (0.4) | (20) | (0.53) | (7.3) | (2) | (1.0) | 1人分=200g |
| (0.4) | (0.09) | (0.16) | 0 | (1) | 0 | (3) | (86) | 0 | (1000) | 0 | (0.7) | (7) | (0.05) | (0.03) | (0.6) | (0.07) | (Tr) | (32) | (0.14) | (1) | (0.9) | 1人分=80g |
| (0.9) | (0.07) | (0.14) | 0 | (3) | (1) | (5) | (53) | 0 | (630) | 0 | (0.7) | (3) | (0.05) | (0.05) | (1.6) | (0.14) | (0.1) | (14) | (0.30) | (1.4) | (9) | (1.2) | 1人分=150g |
| (0.5) | (0.04) | (0.10) | (8) | (23) | (1) | (2) | (39) | (2) | (440) | (3.9) | (0.4) | (9) | (0.06) | (0.06) | (3.5) | (0.12) | (2.1) | (7) | (0.22) | (2.3) | (3) | (0.7) | 1人分=150g |
| (0.5) | (0.06) | (0.15) | (1) | (2) | (1) | (2) | (46) | (2) | (410) | (Tr) | (0.6) | (3) | (0.04) | (0.07) | (2.1) | (0.11) | (0.1) | (10) | (0.34) | (1.7) | (3) | (1.4) | 1人分=200g |
| (0.5) | (0.11) | (0.20) | (1) | (2) | (1) | (2) | (10) | (5) | (67) | (0.1) | (1.5) | (18) | (0.11) | (0.05) | (2.0) | (0.14) | (0.1) | (23) | (0.46) | (1.4) | (10) | (0.7) | 1個=60g |
| (0.8) | (0.04) | (0.06) | (1) | (2) | (1) | (2) | (58) | 0 | (620) | (0.1) | (0.7) | (3) | (0.03) | (0.08) | (1.9) | (0.10) | (0.1) | (13) | (0.26) | (1.3) | (4) | (1.0) | 1人分=250g |
| (0.8) | (0.10) | (0.21) | (160) | (7) | (1) | (2) | (27) | (6) | (250) | (0.1) | (1.2) | (19) | (0.15) | (0.12) | (3.9) | (0.16) | (0.1) | (24) | (0.58) | (3.4) | (1) | (1.2) | 1個=30g |
| – | – | – | 4 | 13 | 3 | 13 | 8 | 0 | 90 | – | – | – | 0.15 | 0.41 | 4.9 | – | – | – | – | 7.5 | 2 | 7.1 | 1袋=19g |
| (2.4) | (0.09) | (0.14) | (1) | (9) | (1) | (1) | (18) | (11) | (84) | (0.2) | (0.6) | (7) | (0.23) | (0.15) | (5.3) | (0.20) | (0.2) | (17) | (0.71) | (2.5) | (2) | (0.9) | 1個=120g |
| (1.3) | (0.38) | (0.18) | (4) | (18) | (1) | (2) | (13) | (13) | (2) | (0.2) | (2.2) | (16) | (0.08) | (0.05) | (4.6) | (0.05) | (0.2) | (22) | (0.57) | (3.2) | 0 | (0.9) | 1本=30g |
| – | – | – | 8 | 27 | 1 | 8 | Tr | Tr | Tr | – | – | – | 0.04 | 0.07 | 2.4 | – | – | – | – | 3.1 | 1 | 0.9 | 1本=30g |
| (0.6) | (0.09) | (0.14) | (6) | (9) | (1) | (6) | (69) | (32) | (440) | (0.1) | (0.6) | (23) | (0.04) | (0.11) | (1.4) | (0.04) | (0.3) | (13) | (0.38) | (1.6) | (2) | (1.0) | 1人分=200g |
| (0.6) | (0.07) | (0.20) | (1) | (5) | (1) | (4) | (10) | (3) | (77) | (0.1) | (0.6) | (28) | (0.14) | (0.07) | (2.6) | (0.11) | (0.1) | (22) | (0.44) | (1.8) | (4) | (1.2) | 1個=25g |
| (0.6) | (0.08) | (0.16) | (3) | (7) | (1) | (1) | (49) | (13) | (440) | (0.1) | (0.6) | (25) | (0.13) | (0.06) | (1.7) | (0.08) | (0.2) | (20) | (0.28) | (1.8) | (5) | (0.8) | 1人分=280g |
| (0.9) | (0.12) | (0.32) | (4) | (6) | (3) | (31) | (3) | (1) | (17) | (0.1) | (0.3) | (6) | (0.16) | (0.07) | (2.4) | (0.08) | (0.1) | (13) | (0.21) | (3.7) | (1) | (1.0) | 1人分=250g |
| (0.5) | (0.11) | (0.38) | 0 | (1) | (Tr) | (5) | (140) | 0 | (1700) | 0 | (1.1) | (160) | (0.05) | (0.07) | (0.9) | (0.08) | (0.1) | (64) | (0.24) | (1.5) | (9) | (1.3) | 1人分=60g |

**Memo** 冷凍食品を凍ったまま持ち帰る方法　買い物の最後に買う、1個だけではなく何個かまとめて買う、保冷剤や保冷袋を利用する、買い物袋の中央に入れて防熱するなどくふうしてみよう。

※正式にはAOAC. 2011. 25法

# 食品成分表・食品名別さくいん

## ■ 写真提供・協力

敬称略・五十音順

株式会社　カネコ種苗
株式会社　協同宣伝
株式会社　サカタのタネ
株式会社　ボルボックス

財団法人　日本こんにゃく協会
財団法人　日本食肉消費総合センター
小学館
精糖工業会

SOYBEAN FARM
チェスコ株式会社
日本食鳥協会
ブルーダイヤモンド・アーモンドグロワーズ日本支社

このほか食品メーカー各社

本書の食品成分値は、文部科学省科学技術・学術審議会資源調査分科会による「日本食品標準成分表2020年版（八訂）」に準拠しています。

　本書の食品成分値を複製または転載する場合には、文部科学省の許諾が必要となる場合があります。

　QRコードは㈱デンソーウェーブの登録商標です。

●編修

安部　サト　　　　　　徳永　弥生
小宮山雅子

表紙デザイン／難波邦夫
本文基本デザイン／難波邦夫、株式会社コンセント

基本マスター　フード＆クッキング　五訂版

● 著作者──実教出版編修部
● 発行者──小田　良次
● 印刷所──大日本印刷株式会社

〒102-8377
東京都千代田区五番町5
● 発行所──実教出版株式会社　電話〈営業〉(03) 3238-7777
〈編修〉(03) 3238-7723
〈総務〉(03) 3238-7700
https://www.jikkyo.co.jp/

002402005　　　　　ISBN978-4-407-35504-8

# ◆ 料理上手はかたづけ上手 ──洗い物の基本──

## 調理器具

- ●料理を進めながら，できるあとかたづけは同時進行！
- ●それぞれの器具に合った道具を使って汚れを落とす！
- ●こまめな手入れで清潔・長持ち！

### ざる
目の細かいざるはブラシを使うと汚れがよく落ちる。洗剤で洗ったら，よくすすぎ，ポンポンたたいて水分を切る。

### 包丁
ナイロンたわしで汚れを落とす。さびないように水分をよく拭き取る。

### まな板
●プラスチック製
ナイロンたわしなどで汚れを落とす。洗剤を使っても魚などの生臭さが取れないときは，レモンや酢で臭いを消す。

●木製
たわしや，ナイロンたわしで汚れを落とし，よく水気を切る。カビがはえやすいので，ときどき日光で乾かす。

### アルミなべ
アルマイト加工のものはスポンジと中性洗剤で洗う。

打ち出しなべはスチールたわしとクレンザーで洗う。

### ステンレスなべ
スポンジと中性洗剤で洗い，水分をよく拭き取ってから，やわらかい布でから拭きするとぴかぴかになる。

### ホーローなべ
傷つきやすいので，スポンジで洗う。こびりついた汚れは，水を入れて火にかけ，木べらでこすり取る。

### フッ素加工のフライパン
洗剤をつけたスポンジでやさしく洗う。

### 鉄製の中華なべ
たわし，金属たわしなどで洗い，空焼きして水分をとばし，うすく油を敷いて拭き取る。

### 最後に
- ●シンクの汚れもしっかり落と
- ●排水口の生ゴミもチェック。
- ●ふきんもしっかり洗って乾燥せる。

## 用途別調理器具のいろいろ

### 切る・する・おろす
●包丁
牛刀
ペティナイフ
小出刃包丁

●おろし金
金属製・プラスチック製
セラミック製

●ピーラー
●キッチンばさみ

●まな板
木製
プラスチック製

●すりばちとすりこぎ

### 洗う・水や油を切る・こす
●ざる
竹製

●ボール
ステンレス製
ガラス製

●バット

ステンレス製
プラスチック製

こし器
みそこし器
万能こし器

### すくう・混ぜる
●お玉　●網じゃくし　●穴あきお玉　●うどんお玉　●レードル　●フライ返し　●ゴムべら　●しゃもじ　●木べら　●さいば

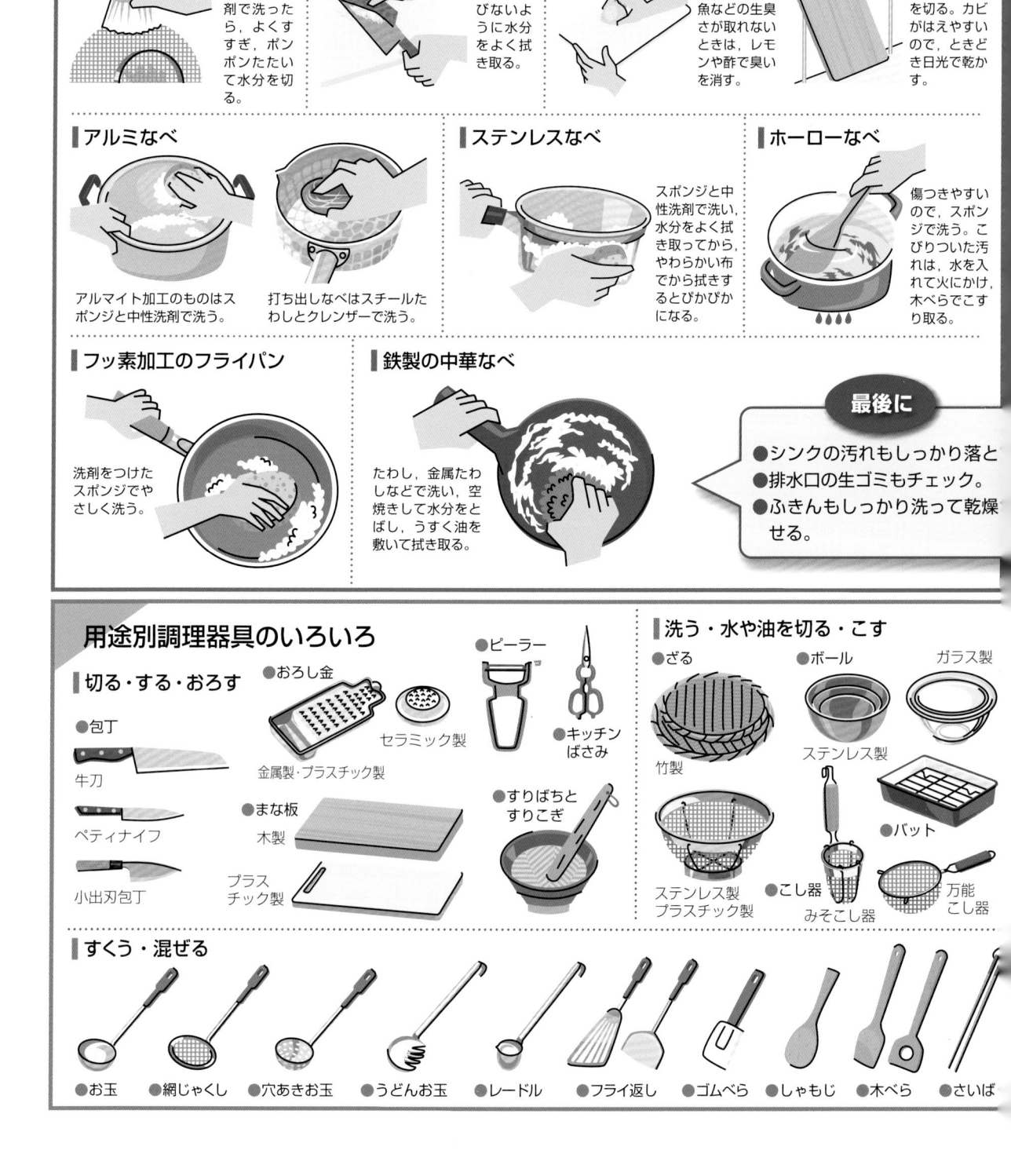